인간 이을호

인간 이을호

26

다산학연구원 편

간행사

    선생이 1998년 88세를 일기로 서세하신 후, 2000년 11월 <이을호 전서> 9책 24권이 출판되었고, 2010년 탄생 100주년을 기념하여 『현암 이을호 연구』가 간행되었다. 그리고 10여 년 사이에 몇 가지 학계의 여망을 수렴해야 할 필요성이 대두되었다. 초간본에서 빠트린 글들을 보완해야 할 필요성이 제기되었고, 현대의 독자들을 감안해서 원문 인용문 등도 쉽게 풀이하는 것이 좋겠다는 요청이 있었다. 그 가운데 가장 중요한 것은 선생의 저술들이 가지는 학술적 가치를 고려할 때 몇몇 주요 저술들을 단행본으로 손쉽게 접할 수 있도록 보완해달라는 것이었다. 이로 인해 <이을호 전서>를 <현암 이을호 전서>로 개명하고, 9책 24권 체제를 각권 27책 체제로 확대 개편하는 수정 증보판을 내놓게 되었다.

    일반적으로 선생을 가리켜 다산학 연구의 개척자라 하기도 하고, 현대 한국학의 태두라 하기도 하지만, 이는 그 일면을 지적하는 것일 뿐, 그 깊이와 내용을 올바로 판단한 것은 아니다. 선생의 학술적 탐구가 갖는 다양한 면모와 깊이는 전체적으로 고찰하기가 어렵기 때문이다.

선생의 학문 여정을 돌아볼 때 고보 시절에 이제마(李濟馬, 1838~1900)의 문인으로부터 『동의수세보원』을 익힘으로써, 인간의 근원에 대한 이해, 곧 그때까지 유행하고 있었던 주자의 성리설(性理說)로부터 고경(古經)의 성명론(性命論)으로 전환하는 계기가 되었다. 또한 경성약전을 졸업하고 중앙의 일간지에 「종합의학 수립의 전제」 등 여러 논설을 게재하고 『동양의학 논문집』 등의 창간을 주도하면서 '동서양 의학의 융합'을 주장하였던 것은 일제하에 허덕이고 있었던 민생을 구하고자 하였던 구세의식의 발로(發露)였다.

27세 때, 민족자강운동을 펴다가 일경에게 체포되어 영어의 몸으로서 『여유당전서』를 탐구하였던 것은 다산이 멸망하는 조선조의 운명을, 새로운 이념으로 광정(匡正)하고자 하였던 그 지혜를 배워서, 선생이 당면하였던 그 시대를 구하고자 한 것이었다. 광복과 함께 학교를 열었던 것은 평소에 꿈꾸었던 국가의 부흥을 교육입국을 통하여 현실에 실현시키고자 함이었다.

학술적으로 첫 업적이라고 할 수 있는 국역 『수은(睡隱) 간양록(看羊錄)』은 우리의 자존심으로서, 일제에 대응하고자 하였던 존엄의식의 발로였다. 마침내 다산의 경학연구로 학문적 토대를 쌓아, 육경사서(六經四書)에 대한 논문과 번역 등 『다산경학사상연구』를 비롯한 많은 저술을 남긴 것은 조선조 500년을 지배한 주자학의 굴레로부터, 학문적 자주성과 개방성으로서 새로운 시대의 올바른 문화를 열고자 하는 열망을 학술적 차원에서 이룬 것이었다.

선생의 학문은 난국의 시대에 국가의 앞날을 우려하여, 우리의 의식으로서 새로운 사상적 전환을 이룩하고, 한국학의 독자성을 밝혀, 현대문화의 새로운 방향을 제시한 것이라 할 수 있다. 선생의 학문은 깊고 원대한 이상에서 성장해 결실을 맺은 것임을 알 수 있으니, 그 학문세계를 쉽게 말할 수 없다는 소이가 바로 여기에 있다.

선생이 가신 지 어언 15년의 세월이 흘렀음에도 선생의 저술에 대한 기대가 학계에 여전한 것은 오롯이 선생의 가르침과 학술로 거둔 성과다. 문인으로서 한결같이 바라는 것은 선생의 학술이 그 빛을 더하고 남기신 글들이 더욱 널리 퍼지는 것이다. 이 새로운 전집의 간행을 계기로, 선생의 학문이 더욱 널리 알려지고, 그 자체의 독자성이 심도 있게 탐구되어 대한민국의 학술사에서 선생의 위상이 새롭게 정립된다면, 이것이야말로 이 전서의 상재(上梓)에 참여한 문인들의 둘도 없는 소망이다.

2013년 납월(臘月)
문인 오종일 삼가 씀

일러두기

○ 이 책은 2000년에 간행한 <이을호전서> 9권의 『부록』을 수정 분책한 것이다. 따라서 저자에 대한 객관적 서술과 사후 저자의 행록 등 추모의 글들을 모은 것이다.

○ 제1부는 저자의 의식과 그 내면세계에 대한 서술이며, 제2부는 저자에 대한 객관적 평가와 그 이해이다. 따라서 앞의 것은 탐방 및 대담이며, 뒤의 것은 그 행적에 대한 기록들이다. 자녀가 쓴 추모의 글들은 저자의 일상을 이해할 수 있다는 점에서 여기에 넣었다.

○ 제3부는 행장·연보·묘비문이다. 「묘비명」은 본래 한문으로 쓴 것인데, 교열 과정에서 국역하고 원문 뒤에 넣었다.

○ 이 책의 교열 및 교정자는 최영희이다.

현암 이을호 전서

인간 이을호
목 차

제3부 부록

현암 이을호
박사를 말한다

현암 이을호 박사를 말한다
―나와 교유 70년사

정종(鄭瑽)

현암과 나, 낙원동 하숙 시절

현암 이을호 박사와 나는 우리 고장 영광에서 비슷한 시절에 태어나 그 일생을 함께 살았다고 할 수 있을 정도로 가깝게 지냈다. 이러한 일들은 인연일 수도 있고 연분이라고 할 수도 있지만 어쩌면 서로를 위하여 우리만큼의 의미 있는 삶을 함께하였다는 것은 너무나 다행한 일이 아닐 수 없다.

이을호 박사는 내 곁을 떠나서 이 세상에는 없다. 내가 이 글을 쓰지 않을 수 없는 것은 이제 얼마 남지 않은 나의 생애를 앞에 두고 이 조그마한 글들을 통하여 그동안 우리들이 살아왔던 삶의 모습을 돌이켜 볼 때 현암 이을호 박사만큼 스스로의 길을 올바로 걸어온 현대적인 인물이 없었음을 느꼈기 때문에 나와의 우정 70년을 정리하는 마음에서 이 글을 남기고자 한다.

현암(1910~1998)을 생각할 때마다 나는 나의 젊은 날의 추억, 그것도 아주 뚜렷한 기억 속을 더듬게 된다. 우리는 같은 고향 영광 출신이라는 것만으로도 서로가 뗄 수 없는 숙명적인 만남이 되었다고 할 수 있지만, 나이로는 우리는 5년이라는 세월을 사이에 두고 태어나서 서로를 이해하고 각자의 길을 가면서도, 그러나 거기에는 서로가 아끼고 존중하는 마음이 전제가 되었음을 알 수 있다. 이 박사와 나의 기억을 더듬어 보면 그것은 1930년 초로 거슬러 올라간다. 이 박사가 1928년경에 중앙고등보통학교를 졸업하고, 경성약학전문학교에 입학했을 때, 나는 배재고등보통학교 3에 다녔는데, 그때에 우리는 낙원동에 있는 하숙집에서 함께 생활하면서 서로를 가까이서 대할 수 있었다. 그 집은 하숙을 전문으로 하였던 것이 아니라 부업 삼아서 하던 일 같았는데, 나는 그 집에서 무문(無門) 정근모(根謨, 1917~2001, 배재고 1년생) 님과 한방을 쓰게 되었다.

그때, 영광의 세 젊은이는, 청운의 뜻을 품고 무작정 상경한 박종식[朴鍾植, 1914, 남천리 박인채(朴仁埰) 님의 동생] 님이 오갈 곳이 없어서, 우리를 찾아오면 우리는 세끼 밥을 미리 덜어 두었다가 골방에서 주인 몰래 먹이는 작업을 꽤 오랫동안 계속했다. 돌이켜 보면 아름다운 추억이 아닐 수 없다. 그때에, 동갑 친구며 시골 이웃집에 살았던 허감(許鑑) 님도 현암을 자주 찾아왔다.

그 무렵 우리나라의 문화는 일제의 침략으로 쇠퇴하기 시작하였고, 책이라고는 일본말 단행본은 넘쳐흘렀으나 우리말 단행본은 가뭄에 콩 나듯 했고, 한글로 된 장편소설은 거의가 신문소설이었다. 그런데 현암은 두어 가지 신문 소설이 게재된 석간이 배달되면 보기가 바쁘게 그 자리에서 그 소설들을 읽곤 했다. 나는 그때 여러 가지의 전기들을 읽었는데 그때마다 어떤 책을 읽는 것이 좋을까 망설여

지기도 하였다. 그래서 나는 현암에게 어떤 책을 읽는 것이 좋을 것인가 묻기도 하였는데 그때 이 박사는, 루소에 관심을 가지고 자끄·앙리·베르나르댕(Jacques Henri Bernardin de Saint Pierre, 1737~1814)의 『자연의 연구』 제4부 삽화로서 쓰인 소설, 원시 자연을 배경으로 한 젊은 연인들의 순수 무구한 사랑 이야기를 그린 『뽈과 비르지니(Paul et Virgini)』(1872)를 권해 주었다. 그래서 나는 책방 거리를 헤맨 끝에 찾아낸 이 예쁘고 손바닥만 한 책들을 구하였는데 그 내용은 순정연애소설이었다. 이 소설은 루소적인 것의 형상화라는 의미 이상으로 한 순진한 소년·소녀들의 애틋한 이야기인데, 젊은 시절 나의 순박한 가슴에 조용한 파문을 일게 하는 돌멩이가 되었던 것이다. 나의 정신세계의 해저를 흐르고 있는 낭만성이며, 사랑에의 동경심을, 그 연인들의 지고지순한 첫사랑이 여지없이 흔들어 놨거나 발아(發芽)시켰을지도 모른다는 생각, 그것은 내가 좋아하는 가곡의 첫 구절을 연상하게 된다.

    내 마음은 호수요 그대 노 저어 오오
    나는 그대의 흰 그림자를 안고 옥같이 그대의 뱃전에 부서지리다.

이 박사는 나에게 일본 만화계의 원로 오까모도 잇뻬이[岡本—平]의 이야기를 들려주었다. 그때 나의 만화에 대한 지식은 동아일보에 장기 연재되었던 『허생전』을 모두 스크랩하였던 경험이 있었기 때문에 그 이야기는 매우 흥미가 있었다. 그런데 현암은 어느 날 나에게 "쟝·자끄·루소(J.J. Rousseau, 1712~78)를 주목하라"고 하였는데 그 말에 나는 매우 감동하게 되었다. 그 말로 인하여 나의 정신세계는 180도의 전환을 단행하게 된다. 그래서 나는 고보 시절에 루소의 전집 모두를 독파하게 되었고, 특히 『에밀(Emile)』(1762)은 나의 교육철학을 형성하는 데 커다란 밑바탕이 되었던 것이다.

젊은 날의 현암이 나에게 들려준 암시는 이와 같은 몇 마디였다고 할 수 있지만 그 말로 인하여 내가 받아 내고 이끌어 낸 영양소는 엄청난 것이었다. 그는 또 나에게 독서하는 법을 가르쳐 주었는데, 책을 읽는 데 '해설서'보다는 '원전'을 읽는 것이 좋다고 하였다. 이 가르침은 공부하는 사람들에게는 만고불역의 진리라고 할 수 있다.

약학전문학교를 다니던 시절 현암은 독일어와 씨름하느라 옆방에서 자주 교과서를 크게 읽었는데, 그 소리가 지금도 귀에 쟁쟁하다.

그때에 하숙집을 가끔 찾아오는 여학생이 있었는데, 그는 현암의 고종사촌 누이며 나와는 동기동창이고 전남여고 막내둥이로 광주학생 독립운동 사건에 1929년 11월 3일에 연루되어 퇴학 처분을 받고 숙명여고로 전학해 온 조을매(曺乙梅, 1916, 훗날 조정애로 개명) 님이었다. 시조시인 조운과는 이복형제인 독립운동 유공자 조철현(1898년생) 님과 현암의 고모 이영아 님 사이의 장녀였다. 어느 일요일 그는 나의 스크랩북 표지에, "때는 봄, 인생은 청춘이라"고 쓰인 걸 보더니 "아! 그럴듯한데, 자네도 제법일세그려!"라고 하였다. 우리는 그 무렵 전후해서 한 가지 맹세를 했다. 우리는 어른이 되고 늙더라도 오늘처럼 허소―하소로 통하자는 그의 제안이 그대로 지금도 지켜지고 있다.

사상의학 연구와 학문의 정립

그 당시에 영광에는 영광의 첫 신식교육기관이라 할 수 있는 영광 중학원이 있었다. 이때, 재학생으로는 조여환, 정태일, 정태송, 김맹규, 정하심, 송한웅 등이 있었는데 그때 현암 또한 같은 학생이었다. 그 후 현암은 중앙고보로 오게 되었고, 중앙고보 시절에 갑자기 폐렴을 앓게 되었는데 마침 해초 최승달이라는 사상의학 전공의 한의사를 만나서 완쾌할 수 있었다. 그러므로 현암은 자연히 사상의학과 만남이 이루어지게 되었고, 그 영향을 받아서 의학전문학교를 나오게 되었으며 동무 이제마가 쓴 사상의학 저술인 『동의수세보원』을 번역하고 사상의학을 연구하게 되었으니 그 인연은 참으로 묘한 것이었다. 현암의 주치의였던 최승달 님은 우리나라에서는 찾아보기 어려운 사상의학의 대가였는데 몸집은 컸으며 얼굴은 준수하였다. 이북 말씨를 쓰고 있는 것으로 보아서는 이제마와 직접적인 사승관계가 있었지 않았는가 이해할 수 있지만 물어보지는 않았는데 나도 가끔 들러서 첩약을 짓기도 하였다.

내가 전문학교와 '동양대학'을 다니는 동안 현암은 고향에 영광 최초의 양약국을 차려놓고 영광의 유지가 되어 일본 사람들과는 거리를 두면서 지식인들과 접촉하고 있었다.

그런데 이때에 현암은 25세의 나이로 당당히 서울의 의학 대가들과 맞서서 조선일보에 십여 차례에 걸쳐서 「종합의학수립의 전제」라는 논문을 발표하여 일약 의학계의 주목을 받게 되었다는 점이다. 오늘날 조선 후기 사회학을 전공하는 교수들은 이 논쟁을 일제하의 학술논쟁으로서 그 의미를 높이 평가하고 있지만 실제로 그 당시 영광의 시골 청년이 한국의학 논쟁의 주역으로 등장하였다는 것은 매우 의미 있는 일이라 할 수 있다. 이때부터 현암은 동양의학 잡지 창간을 지원하고 여러 논문을 발표하면서 영광지역의 중추적인 인물로서 활동하기 시작하였다.

체육단의 독립운동 사건과 영광

이때에 현암의 일생에 커다란 변화를 가져다주는 사건이 발생하였던 것이니 이른바 영광 체육단 사건이다. 이 사건이 일어나게 된 것은 모두 현암이 그 동기를 제공하여 준 것이었는데, 그것은 30년대에 세계를 휩쓸었던 덴마크 출신의 체육인이었던 닐스 북이 서울에 와서, 이른바 그가 창안한 닐스 북 체조를 강습하였는데 현암이 이 강습회에 나가서 그 체조를 배워 와서 고향의 청년들에게 이를 보급하였기 때문이었다. 그러므로 자연히 현암이 주동이 되어 체육활동을 하게 되었는데 이를 독립운동으로 여겨서 잔혹한 일제의 탄압이 시작되었던 것이니 그것이 '영광체육단 사건'이다.

1936년 순천 출신의 남승룡(南昇龍, 1913~2000)이 베를린 올림픽에서 동메달을 받아 오자 체육단에서 군민 마라톤 대회를 열었는데 이 행사를 주도한 것이 현암이었다. 그런데 그때까지 영광에서는 일체의 집회나 단체들의 행동을 금지하고 있었다. 그런데 군민 마라톤 대회는 그 명분은 전시체제에서 국민의 신체단련을 위한 행사라고 하였기 때문에 왜경들은 이를 방관할 수밖에 없었다. 그 모임의 주관은 갑술구락부가 하였는데 이는 갑술년(1934)에 창립되었기 때문에 그러한 이름을 붙인 것이다. 군민 마라톤 대회는 글자 그대로 억눌린 민족의 한을 펼 수 있는 절호의 기회로서 환희 그것이었다.

그런데 이 행사를 본 일제는 이를 독립운동으로 규정하고 많은 사람들을 검거하기 시작하였다. 그것이 이른바 '영광체육단' 사건이었다.

감옥을 형설의 등불로 밝힌 현암

현암은 이 사건의 주모자로서 1937년 7월 9일부터 39년 2월 8일까지 목포형무소에 갇힌 몸이 되었는데 이때 현암은 철옹성의 단단한 옥방을 오히려 편안한 마음으로 형설의 공을 쌓아 새로운 학문의 전환점을 마련하였다. 이러한 점은 현암만이 이루어 낼 수 있는 독특한 힘이었다.

현암과 정욱·조운·위계후 등이 옥고를 치르고 있을 때, 나는 현암의 부인 조효순 님과 긴밀하게 연락하고 현암이 바라는 대로 동양철학에 관한 서적들을 구입하여 현암에게 보냈다. 일본에서 책을 부치면 현해탄을 건너 차례차례 옥방으로 차입되었으니 지금도 이는 하나의 보람으로 기억되고 있다. 그때 안재홍·정인보 등이 다산 사후 100주기를 기념하여 『여유당전서』가 처음 간행되었는데, 현암은 이를 구입하게 되어 그의 일생은 다산의 연구로 이어지게 되었던 것이니 형무소의 옥방은 또 다른 연구실이 되었던 셈이다.

1945년 8월 15일 나는 라디오 방송에서, 내일 정오에 소화의 중대 방송이 있으니 귀를 기울이라는 내용이었다. 그리하여 8·15의 광복을 맞이하게 된 것이다.

광복의 환희, 영광 민립 중학교 시절

나는 습관처럼 현암의 사랑채로 달려갔다. 벌써 여러 사람이 모여 있었다. 여기에서 해방된 이 땅에서 무엇을 할 것인가 하는 것을 토론하였다. 이 자리에서 모두의 의견은 중학교를 세워야 한다는 것이었다. 그러나 그 당시의 실정으로는 학교를 세울 만한 큰돈을 모을 만한 재력이 없었다. 그때 현암은 영광군 전체를 통틀어서 기성회 같은 기구를 만들어야 한다고 했다. 나는 정열을 앞세우고 현암은 조직을 앞세운 것이다. 과연 그렇다. 여기에서 치밀한 사무와 조직력이 갖추어진 새로운 단계가 탄생한 것이다. 나는 그에게 모든 것을 맡기기로 했다.

이리하여 '영광민립남녀중학교'가 탄생되어 현암이 교장을 맡게 되었고, 나는 교감을 맡았다. 이때에는 적령기를 넘어선 학생들의 뜨거운 열성과 공부에 대한 굶주림에 밀려 순풍처럼 흘러갔다. 이때는 13만의 영광 군민이 우리들을 지켜보고 있었고, 정치권에서 또한 간섭하지 않았지만 점차로 좌우익이 갈리고 세력의 갈등이 일게 되면서부터 학교에도 그 바람이 일게 되었던 것이다. 그것은 정치권에서뿐 아니라 학생들 사이에서도 좌우익이 갈라지고 학교의 질서를 더 지탱하기 어려운 경지에까지 이르게 되었으니 학교를 떠날 수밖에 없었다. 그러나 돌이켜 보면 광복 후의 3년은 현암과 나 다 함께 느꼈던 생애 최고의 해이기도 했다.

현암은 광주의과대학 부속병원의 약국장으로 가게 되었고, 나 또한 광주의과대학 예과에서 철학을 강의하기로 하고 부교수로 가게 되었다. 그러나 그때 의예과는 동명동에 있었기 때문에 캠퍼스가 달랐다. 그러나 같은 대학이어서 서로 만날 수가 있었다. 그런데 이번에는 뜻하지 않은 6·25가 터졌다. 현암은 목포에서 머물며 동향의 수필가 소청(少靑) 조희관(曹喜灌, 1905~58)이 발간하는 잡지 『전우』, 『갈매기』에 원고를 쓰면서 소일하였는데 이때 현암은 쉬지 않고 문학 수업을 닦아 나갔다.

전쟁 후 광주의과대학과 대성대학을 합하여 전남대학교가 발족하자 현암은 새로운 미래를 꿈꾸기 시작하였다. 마침 내가 철학과를 만드는 일을 맡게 되자 현암은 본격적으로 동양학을 연구하려는 꿈을 불태우기 시작하였다. 그리하여 현암은 마침내 철학으로 그 학문적 전환이 이루어지게 되었고, 그러한 계기는 한국 다산학 연구의 최고봉이 될 수 있는 길을 열게 되었던 것이다. 그러나 이 길도 순조롭지만은 않았다. 그것은 약학 전공자가 어떻게 철학교수가 될 수 있느냐 하는 것과 특히 동양철학과 약학과는 다르지 않느냐 하는 것이었다. 그러나 그는 그와 같은 인식이 잘못되었음을 증명이라도 하듯이 동양철학에 대한 업적을 내놓게 되었다.

이때 영광 불갑면 출신의 유학자 수은(睡隱) 강항(姜沆, 1567~1618)의 『간양록』이 발견되자 현암은 이를 번역하였고 이 책이 출판되었기 때문이다.

강항은 일본에 주자학을 전해준 인물이다. 영광군 유봉리(流峰理)에서 태어나 어려서 신응시[辛應時: 백록(白麓)]에게 배우고 다음엔 성혼(成渾, 牛溪, 1535~98)에 입문하고 이퇴계, 이율곡의 영향을 받았는데 정유재란 때에 포로가 되어 후지하라 세이카에게 주자학을 가르쳤던 것이다. 그가 쓴 포로의 기록 간양록이 처음으로 발견됐는데 이를 현암이 발굴 번역하여 학계의 주목을 받게 하였던 것이다.

이 번역은 마침 호남신문사 사장이었던 노산 이은상(殷相, 1903～82) 님께 원본과 원고를 보여주게 되어 노산의 주선으로 그 책이 세상에 나오게 되었던 것이다. 그리하여 광주에서는 처음으로 출판기념회가 열리게 되었던 것이다.

이와 같은 노력은 현암을 약학자로서가 아니라 동양학자로서 이해하게 되는 계기가 되었는데 현암은 또한 『맹자』를 번역하여 『한글맹자』를 펴내게 되었는데 이는 광복 후 우리나라 한글 번역서로서는 처음이었던 것이다. 이러한 계기는 그를 동양학 교수로서 이론이 없음을 증명하여 주었기 때문에 총장 또한 그러한 문제를 입 밖에 내지 않았다.

일찍이 공자는 학이불염(學而不厭)하고 교이불권(敎而不倦)하였노라고 하였는데 현암의 학구정신이 바로 그것이었다. 그러면 현암의 학구정신이란 무엇인가? '무'에서 '유'를 창조해 낸 현암의 정신이 바로 그것이다. 그러한 점에서 현암은 입지전중의 인물로도 손색이 없다. 한국의 역대 사상가 한 사람을 놓고, 현암이 다산학에 바친 만큼의 양적·질적 성과를 능가할 만한 경우가 흔치 않기 때문이다. 그건 앞으로의 후학들에게서나 기대해 봐야 할지 모르겠다.

동양학계에 우뚝 선 현암

42세(1952)로 강사생활을 시작하고, 45세(1955)에 전임교수가 된 현암은 만학도로서, 동양철학계의 초년병으로 입대한 셈이 되었기에 밤을 낮으로 잇는 근면성과 노력이라는 이름의 전가(傳家)의 보도가 여한 없이 발휘되었고, 나아가서는 대학신문에도, 지난날 피난 시절의 목포에서 문학수업을 바탕으로 아름다운 글들을 많이 남겼던 것이다.

다산 정약용과의 만남

그때 전남대학에서는 다산의 유배지였던 강진군 귤동의 다산「초당」을 답사하는 계획이 있었다. 이때 주 멤버는 현암 외에 이혁(李爀) 학장과 양상하(楊相夏, 1909~75) 교수 등 사학(史學) 관계 교수님들이 모여서 최초로 답사를 하게 되었다. 그 초당은 한일합방 전까지는 다산이 가르친 제자들, 곧 다신계(茶信契)의 후손들이 제사도 지내고 그럭저럭 유지되었지만, 일제와 광복을 거치면서 팽개치다시피 되었었다. 현암이 쓴 대학신문에 실렸던 「답사기」에 잘 나타나 있다. 이 일을 계기로 현암은 다산학을 연구하기 시작하였고 다산 초당 재건운동이 전개되기에 이르렀으니, 현암의 힘과 대학신문사의 위력이 크다 아니할 수 없다.

또한 현암이 다산의 첫 연구 논문이라고 할 수 있는 「유·불상교의 면에서 본 다산」은 이 답사를 통해서 얻은 귀중한 업적이라고 할 것이다.

그것은 곧 「초당」에서 산길을 따라 오르면 보은산방(寶恩山房)[고성사(高聲寺)—백련사(白蓮寺)—만덕사(萬德寺)]이 있는데 다산은 거기에서 혜장(惠藏, 1772~1812)을 만나게 되었는데, 그는 다산보다 열살 아래요, 성은 김씨며 해남 출신이었다. 다산은 그에게 아암(兒庵)이란 호를 주었다. 두 분은 나이 차를 뛰어넘어 그야말로 유·불상교로 다시없는 인간관계를 맺었건만 스님은 40세를 일기로 열반한다. 속세의 눈물겨운 무상감에 빠진 다산은 그 뒤에 속명 장의순(張

意恂)이라 불리던 초의(草衣대사, 1786~1866)와 새로운 교류의 문을 열게 되니, 스님은 다산(1762~1836)보다 24세 연하다. 현암이 그 후반생을 통하여 연상이고 연하고, 청탁을 불고하고 학문적인 교우를 맺기로 하는 그 원칙을 지킨 건 다산으로부터 학습한 것임을 알 수 있다.

나의 은사 백성욱(1897~1981) 박사의 『송수기념불교학논문집』(1959)에 이 논문이 실리게 되어, 마침내 현암은 무명교수의 이름을 벗고 새로운 길을 열게 되었던 것이다.

이때부터 현암은 『여유당전서』를 다시 보았고 다산의 『논어고금주(論語古今註)』를 바탕으로 『한글논어』를 번역하였다.

그는 이를 계기로 주자학의 아류를 벗어나지 못하고 있는 관념론적이며, 이론적인 유학이 아니라, 공자의 수사학(洙泗學)적이며 다산의 실학적인 사상으로서 전환하였던 것이니 이는 사상의학의 실사구시적 사고를 바탕으로, 현대 약학적 소양을 기초로 하였기 때문에 다시 한번 그의 학문적 전환이 이루어진 것으로 보인다.

73년 상반기에 쓰인 논문 「대학경의(大學經義)의 반주자학적 고찰」(한국철학연구 3집)이나, 저서 『한국 개신유학 사상론』(1980, 박영사)이나, 논문 「한석지(韓錫池)의 유교사상」─반주자학적 시각의 「명선록(明善錄)」을 중심으로─(한국 공자학회간 『공자와 현대』2, 1990) 등의 작업이 그러한 것들이다.

현암은 언제부터인가 아무리 나이가 어린 후배라 할지라도 자신을 내세우지 않고 묻고 토론하는 것을 즐겨하였다. 이러한 태도는 젊은 학자들이 본받을 점이다. 일본의 잔재라고 할 수 있는 학벌 중시의 풍토에 시골 선비의 중앙진출은 왕도가 따로 있을 수 없었다.

그리하여 마침내 현암의 백성욱 박사의 논문집에 실린 그 논문이 연세대학의 백낙준(1895~1990) 박사의 인정을 받게 되었는데 백낙준 박사는 직접 전남대학교 총장에게 전화를 걸어, "이을호 교수를 내가 만나 보고자 하니 급거 상경해 달라고 전해 주시오"라고 했다. 최상채 총장은 또 얼마나 놀랐겠는가? 백 총장은 장관 시절에 최 총장에게 발령장을 수여한 당사자이었기에 더했을 것이 뻔하다.

현암은 만감이 교차하는 심정으로 당시의 유일한 호남선인 태극호를 타고 상경하여, 조지 백을 만나, 연구비를 받게 되고, 뒤이어 홍 교수도 만나 친교를 맺게 된다. 조지 백이 현암을 「연세대」 교수 초빙으로까지 발전하지 않은 것은 유감된 일이지만 만약에 그렇게 되었다면 대학이나 본인에게 무척 많은 변화가 생겼을지도 모른다.

현암의 인간 승리

이 논문을 계기로 현암은 한국철학자로 급부상하게 되고, 한국철학회와 회장 열암 박종홍(1903~76) 박사와, 예동(芮東) 김두헌(1903~81) 박사를 만나면서부터 한국사상의 정립운동으로 옮겨 감에 따라, 그분들과 현암과의 관계는 날로 깊어졌다. 또한 그 당시 미개척 분야라 할 수 있는 다산학의 전공자인 현암을 높이 여기게 되었다. 그리고 열암이 서울대학교 대학원장이 되어서는 백낙준 박사의 지원으로 이루어진 「다산경학사상연구가」가 학위논문으로서 인정되었던 것이니 열암의 협조와 노력은 지극한 것이었다. 또한 이 논문은 이병도(1896~1989) 님의 소개로 을유문화사에서 단행본으로 간행되었다.

현암은 마침내 인간승리의 정상 등정으로 쾌재를 부르게 된다. 타

고난 재주와 학습에 의한 아름다운 문장력과 체질화한 노력 제일주의와 부단함의 조직적인 건강관리 등, 인생경영학적 승리였고, 또 이는 인간 공자의 유훈을 이어받고 실천궁행하는 다산을 그대로 배워, 근근자자로 시종일관하는 적극성과 참여정신의 인간성을 체질화시킨, 성과의 승리였다고 할 수 있다.

75년경 정년을 1년쯤 앞두고 현암은 「정년기념논문집」을 간행하였는데 그때, 서울에서 박종홍 박사와 언론인 천관우(1925~91) 님 등 실학관계 학자들과 좌담회를 갖게 되었다. 나와 소장 고재기 님은 밖에서 진행과정을 지켜보았다. 이러한 과정으로 간행된 책이 『실학논총』이었다.

전남대학교 철학과의 대도약을 꿈꾸며

위에서와 같은 인간승리와 학문적인 결실 덕으로 현암은 「전남대학교」 정년(1955~76) 2년 뒤에 국립광주박물관의 초대 관장으로 취임하여(1987), 장장 11년간이나 재직한다고 하는 기록적인 일을 이루었다. 그것은 오로지 황수영 박사의 후원이었다. 국립중앙박물관장이었던 황수영(1918) 박사는 동경대학 경제학부 출신으로 개성 박물관장이었던 우현(又玄) 고유섭(1904~44)에게 사사했다고 전해진다. 현암은 상경할 때마다 자주 만나 오랜 교분을 쌓았는데 이는 1963년에 현암이 전남대학교 박물관장으로 있을 때부터였다. 그때 광주박물관이 건축 중에 있었는데 최순우 관장은 현암을 초대관장으로 추천하는 것이다.

이와 같이 최순우 님과는 시종일관 한결같고, 기복도, 부침도 없는 인간관계를 유지하였으니 이는 다산에게 배운 것이며 또한 유교적인 소양에서 온 것으로 보인다.

맹자는 "천시(天時)는 불여(不如) 지리(地利)요, 지리는 불여 인화(人和)"라고 하였거니와 작고한 영광의 향토사가인 효천(曉泉) 이기태(李基兌, 1932~2000) 님은 "현암 선생은 사람을 헐뜯는다거나 폄하하는 일이 없을 뿐 아니라, 어떤 분에게도 불평 같은 것을 터뜨리는 따위의 일이라곤 없었다"라고 나에게 말했다.

한국공자학회의 탄생과 현암

70년대 말쯤, 그러니까 현암이 「전남대학교」를 정년퇴임(1976. 2.)하고 2년 뒤 광주박물관장으로 취임(1978)하기 전후에 그를 서울에서 자주 만났는데 그때 현암은 그 당시 유신 국회의원이었던 소설가 송지영(宋志英) 님을 만나러 간다고 하여 함께 가게 되었다. 나는 그의 소설 『천풍』을 재미있게 읽기도 해서 그저 가자는 데 동의했을 뿐이다. 그런데 그는 나를 보더니 내가 쓴 글이 항상 젊어서 자기보다 연하인 줄 알았노라고 하면서 "공자학회를 만들어 동학들이 자주 만나 연찬 활동을 해 보시지요"라고 하였다(1980. 4. 25.). 그때 나는 "옳거니! 당신 같은 저널리스트가 우리가 미처 생각하지 못한 굿 아이디어를 주셨군요"라고 생각하고 "『천풍』을 재미있게 읽었는데 계속해서 소설을 쓰시지 않으시고"라고 했다. 우리는 물러나오면서 한국공자학회 창립을 의논했고, 초대 회장으로 성균관장 성낙서(成樂緒, 1905~88) 님을 모시기로 하고 부회장 류정동(柳正東) 교수와 나로 하되, 내가 견마지로를 다 하기로 했다. 이러한 과정을 통하여 80년 11월 22일(토) 대학문화관에서 창립총회 겸 제1회 연구 논문발표를 갖게 되었으니 실로 공자학회의 탄생은 현암과 나의 동행으로 송지영을 만난 결과로서 이루어진 것이었다.

나는 5년 후에 2대 회장이 되면서 그동안의 성과를 『공자사상과 현대』로 묶었고(1985), 다시 5년 뒤에는 「대우재단」의 도움으로 제2집이 나왔다(1995). 2대 회장 일은 원광대학교 철학과 중심으로 이어져 갔다. 이리하여 한국공자학회는 어느새 10년 연륜이 감겼다.

현암은 첫 책에 『공자사상과 다산경학』을, 두 번째 책에는 『한석지(운암)의 유교사상』—반주자학적 시각의 『명선록』을 중심으로—을 쓰고, 나는 「인간 공자와 사인 사인주의」를, 그리고 「학·사상보(學·思相輔)의 원리」를 각각 썼다.

지금 「한국공자학회」는 7대 회장 김병채 교수(한양대학교 철학과)가 잘 이끌어 가고 있으니, 흐뭇하기만 하다.

오석천 박화성과의 마지막 만남

현암의 정년퇴임 무렵(76년) 현암과 나는 석천(昔泉) 오종식(吳宗植, 1906~76) 님이 후두암으로 운명의 날만을 기다리고 있다는 소식을 듣고 서대문 적십자 병원 입원실로 문병을 갔었다. 한때는 한국의 언론계를 주름잡았고, 강한 자존심과 안하무인으로서 강인하던 그였고 또한 학문적으로는 성서사상을 관통하고, 공자학을 공부한다고 하여 나를 더욱 좋아하시고 나의 『공자사상의 인간학적 연구』에 대한 서평도 써 주신 분이었다. 그이가 가시고 1주기가 되어 후배들이 추모집을 내게 되었는데 나는 거기에 「동양철학자로서의 석천 오종식—큰 선배」라는 글을 썼다. 그때 현암은 서둘러 가 보아야 할 데가 있다고 하였다. 그곳은 박화성[1904~88, 영광에 와 있을 때의 본명은 경순(炅順) 님의 댁이었다. 현암이 영광중학원 2년을 수료하였으니까 "그러면 이 선생은 내 제자로군요! 오늘 이렇게 노제자를……"이라고 했다. 박화성 님은 손님을 맞을 때면 언제나 옷매무새를 바로잡고 화장을 다시 고치고 단정하게 앉곤 했다. 영광중학원 시절 이야기도, 조운(1900~?) 선생 이야기도 잠깐 곁들였다. 언젠가 효천 이기태 님이 찾아뵈었을 때는 "조운 선생 시집도 냈으니 다음은 소청(少靑) 조희관 님을 밝히라"고 하더라고 했다. 50년대 말 내가 방문했을 때는 「한국일보」에 실린 나의 글 「설악산 천불동 계곡은 공포지대」라는 글을 읽었다며 "정 교수, 영광사람이 아니랄까 봐 박력 있게 잘 썼던데"라고 했었다.

박화성 님은 우리에게 그대로가 옛 고향이요, 곧 1920년대 옛 영광의 얼굴 그대로였다. 그런데 현암과 나는 또 한 번 옛 고향과 작별을 고하지 않으면 아니 되었다. 영원한 작별을 전제로 한 석천과 화성 님과의 영원한 작별을 생각하면서 또한 우리는 우리들의 차례가 다가오고 있다는 것을 느꼈다. 현암은 그들의 뒤를 따르고 나는 죽음의 대합실에 앉아 차례만을 기다리고 있을 뿐이다. 나는 그 뒤에 박화성 님의 장지에도 갔다. 퍽 추운 날씨였다.

내가 '성암수련원'에 거처하고 있을 무렵(1991. 7.~98. 2. 18.)에 광주에서 현암을 만났다. 임진란의 전남사료 편찬에 열심하고 있을 때이다. 현암은 말했다. 충무공이 진중에서 한 친구에게 띄운 서찰에 "약무호남(若無湖南) 무국가(無國家)"라는 말이 나온다는 것이었다. 이건 무척 놀라운 이야기가 아닌가! 원래 가까운 친구끼리의 편지란 자기고백의 요소가 짙은 법이다. 일반적 글발에서는 문맥의 논리적 귀결로서 엉뚱한 말이 들어갈 수가 더러 있기는 하지만 편지 글의 경우는 다른 진실성을 포함하기 때문에 이는 매우 다른 특징이 있는데 현암은 이를 발견한 것이다. 이제는 일반적으로 인용되고 있는 이 말이 현암에 의하여 쓰이게 된 것이다.

나의 죽음이 현암을 위해 마련될 때

내가 만난 현암의 마지막 모습은 지울 수가 없다. 돋보기조차 쓰지 않았던 두 눈의 시력도 흐려 있지 않았고 정신 기운도 맑아 보였으나, 요지부동의 자세로 천장만 쳐다보면서 입을 꼭 다물고 반듯이 누워 있었다. 내가 떠날 때는 어떠한 모양일까? 저렇게 조용히 복되게 갈 수 있다면 얼마나 다행한 노릇인가! 나의 경우 확실한 것은 반듯이 눕는 버릇이 없고 언제나 이쪽저쪽 눕는 버릇인데, 숨이 이어지고 있으면 평소의 버릇을 따르게 되지 않을까.

한 잎 두 잎 낙엽처럼 땅에 져버리고 벌거벗은 나무에 매달린 마지막 잎새처럼 나 혼자만이 여기 고향에 덩그렇게 남아 이 장문의 글발을 초하고 있다.

괴테(Goethe, 1749~1832)의 젊은 날(31세, 1780. 9. 6.)의 시(詩) '방랑자의 밤노래(Wanderers Nachtlied)'의 맨 끝 구절은 정말로 나를 두고 노래 부른 것만 같다.

> 산봉우리마다에/ 쉬임이 깃들었도다/ 나뭇가지 끝에는/ 하느적거리는/
> 바람마저 자고/ 새소리도 숲속에 잠들었도다// 기다리라, 조금만/
> 이윽고 그대에게도 쉬임이 찾아오리니 Warte nur, balde/ Ruhest du auch.

말문을 닫으며

현암과의 오랜 세월을 돌아보니, 그가 태어난 지 5년 뒤에 내가 태어났으니, 그것은 뒤따르는 고향 선배의 손목을 잡아끌고 앞질러 힘차게 달려가도록 밀어 주라는 누군가의 뜻이 깃들어 있었는지 모른다.

'다리'라는 것은 남을 건너게 하지만 저는 건너지 못하는 것인데, 어쩌면 나는 그것으로 만족해도 좋을 것인가?

현암이 지금까지 살아 계셔서 이 장황한 글, 나의 이 글발을 읽으신다면 나의 사랑 이야기를 어떻게 받아들이실까? 어쨌든 사랑은 주는 데 있고 받는 데 있지 않다는 나의 생각엔 변함이 없다. 언제나 말을 아꼈던 현암은 언제인가 나의 '한국 속담의 철학적 접근'을 위해 다산의 속담집인 『이담속찬』을 추천해 주면서, 내가 쓴 『고향의 시인들과 시인들의 고향』(1995, 동남풍)을 가리켜, 온버림은 "문학평론에도 일가를 이루었어!"라고 칭찬해 주었다. 현암도 그런 말을 하는 경우가 다 있었나 싶었다.

현암이시여! 이젠 할 만큼 했으니 일 욕심일랑 다 버리시고 편히 쉬소서! 나는 현암의 생각이 나면 영광의 우산(牛山)공원 동편의 추모비에 혼자서라도 오르고 있지요. 효천이 곁에 있다면 내가 날로달로 더 늙어, 막상 오르기 힘들더라도 부축을 해 주었을 텐데, 하는 생각이 있을 뿐이지요. 돋보기 없이도 활자를 읽을 수 있는 밝은 눈과 희어질 줄 모르는 검은 머리나, 나 주시고 떠나실 게지, 사실 이 글은 2001년 10월 27일(토) 현암의 사적비 제막식에서 행한 나의 추모사에 몇 마디를 덧붙여 사모의 글을 쓴다는 것이, 군살이 너무 많이 붙었기에 이렇게 길어졌음도 무엇인가 못 다한 말이 남아 있을 것만 같은 느낌이 드는 건 무슨 까닭인가요?

이 용만한 글을 현암의 5주기를 맞는 영전에 올린다.

2002년 음력 9월 22일(음)

영광 '청우재'에서

온버림

제2부

이을호와의 대화

1. 지성 탐방─이을호 박사

정진백

우리의 빛고을에 이을호 박사라는 '정정한 현역'이 살고 있다. 우리 나이로는 일흔세 살인데 흔히 계산되는 숫자로야 굉장한 노인인셈이다. 그런데 그는 그렇지 않다. 그는 오히려 요즈음 젊은것들하고는 비교할 수 없을 만큼 대단한 정력의 의욕적인 활동으로 쉴 날이 없다.

'이을호' 하면 금방 광주 사람들 '의식 속의 광채'로 존재하고 있을 만큼 그는 '은퇴의 황혼'을 거부하며 살고 있다. 편안하게 유유자적해야 할 그에게 이 지방의 학계, 문화계, 행정관서 그리고 뜻있는 모든 주민이 일을 떠맡겨 성가시게 하는지도 모른다.

그는 지금도 일흔셋의 나이가 믿기지 않을 만큼 안경도 없이 자디잔 글자를 다 헤아리고 있고, 정정한 목소리, 변형되지 않은 당당한 체격을 가지고 있어 사람이 어떻게 늙어야 하는가를 깨닫게 해 준다.

이을호.

우리가 한 번쯤 드나들며 구경만 하는 것만으로도 전통과의 맥이 접목될지 모르는 '국립 광주 박물관'의 관장으로 우뚝 서 있다. 우리의 전통문화를 아끼는 마음으로 또는 옛것의 아름다움에 심취하고픈 욕구로 가끔씩 틈내어 박물관을 찾아보면 언제든지 만날 수 있는 '현존하는 위인(偉人)'이다.

이을호는 1910년 경술합방 되던 해에 전라남도 영광군 영광읍에서 태어났다. 더구나 그는 불행하게도 네 살이 되던 해 아버님을 여의고 홀어머니 밑에서 자라났다. 그나마 다행이었던 것은 자수성가한 조부님의 그늘로 경제적인 면에는 별 어려움이 없었던 사실이다.

여섯 살이 되던 해 서당에 들어가 『천자문(千字文)』과 『사략(史略)』을 배우기 시작했던 그는 아홉 살에 그의 고모부 조철현의 주선으로 신학문을 배우러 영광 보통 학교에 들어갔다. 그는 그때 처음으로 길게 땋은 머리를 짧게 자르게 됐다고 했다.

그때 보통학교는 6년제였는데 그는 성적이 좋아서였는지 5학년 때에 중학기성회 1학년으로 편입했다. 그런데 안타깝게도 일종의 민립중학(民立中學)이라는 취약적인 기반의 재정 악화로 그가 다닌 지 두 해 만에 그 학교는 문을 닫게 되어 버렸다. 이 중학기성회라는 것은 그가 네 살 때, 그러니까 고창고보 등이 생겨났을 때 영광군민의 십일조에 의해서 탄생된 뜻깊은 학교였었다.

그 이후에 그는 큰마음 먹고 서울로 올라가서 중앙 고등 보통학교에 들어갔다. 거기서 별다른 어려움 없이 공부에 열중하였는데 그는 학교 졸업에 임박해서 상급 학교 진학 문제로 약간의 난관에 봉착하게 됐다. 당시 국내 정세는 일본으로의 유학 추세가 지배적이었고 경성 제국 대학은 한국 사람이 들어가는 비율이 적어 입학이 아주 어려운 형편이었다.

그는 그런 국면에서 상급 학교를 포기하기로 했다. 그때는 학교를 나와 봤자 관리에로의 벼슬길밖에 없는 현실이었고 그 길은 그의 성격상 도저히 맞지 않았다. 그런데 설상가상으로 그는 건강까지 나빠져 몸져눕게 되어 버렸다. 요새로 말하면 폐가 좀 아픈 것 정도라 쉽게 낫지만 그때만 해도 그리 간단한 것은 아니었다.

그런 곤경 속에서 그가 지금껏 잊지 못하는 은혜로운 만남을 갖는다. 황해도가 고향인 서울의 한의학자 최승달(崔承達)과의 만남이었다. 최승달의 도움으로 그는 한방의 사상의학(四象醫學)에 의해서 병을 고치게 됐고, 병을 고쳐준 최승달의 권고에 따라 사상의학 연구를 목적으로 경성 약학 전문학교에 들어갔다.

그는 약학교를 나온 후 고향으로 돌아와 고향에다 양·한약을 겸해 호연당(浩然堂)이라는 이름으로 약국의 간판을 걸었다. 그리고 고향에서 정말체조(丁抹體操; 덴마크)라는 것을 젊은 층에 보급하면서 체육단을 조직하였으며 그것만으로는 미흡해 순수한 문화동호인의 모임으로 갑술구락부(甲戌俱樂部)를 형성시켰다. 그 구락부는 표면상으로는 합법적인 활동을 벗어나지 못했지만 몇 년이 지나는 사이에 점차 반일적인 색채를 드러냈다. 그런 불씨가 자라는 가운데 만주사변이 터졌고 그만 일제검거에 걸려 버렸다. 그래 가지고 스물여덟 살의 9월부터 서른 살 되던 해 2월까지 꼬박 일 년 반을 형무소에서 보냈다. 그런데 그것은 운명적인 인생 일대의 해후였다. 그는 갑자기 들이닥친 인생의 변화 속에서 망연자실하지 않고, 다산 선생이 자기의 유배 생활을 하늘이 준 기회로 풀어 독서와 저술에 열정을 쏟았듯이 이을호 역시 그러했던 것이다. 자기에게 주어진 공백을 능동적으로 활용해 사서삼경을 비롯해서 동양철학에 관한 주요 서적을 거의 다 섭렵하게 되었다. 그때 읽은 책이 요새 대학의 동양철학과를 졸업한 수준만큼은 되었다니 오늘의 이을호가 있게 된 근본을 이해하기가 손쉬워진다.

이을호는 그로부터 5년 후 해방을 맞아 다시 약국을 경영하였다. 그러다가 왠지 무사안일이 역겹고 창조적인 열망에 좀이 쑤셔 9월 초에 정주[靜州, 영광(靈光)의 옛이름] 연학회(硏學會)를 조직했다. 어쩜 그것은 저 멀리 그가 허망하게 그만두게 된 열다섯 시절의 민립중학교와 연결되었다. 그는 너무나 아쉽게 끝나 버린 열다섯 살 때의 학교생활을 기필코 재생하고자 애썼다. 그리하여 네 살 먹었을 때의 군민 십일조를 회상하며 '나의 재산은 내 것만은 아니다' 하는 소신으로 토지의 절반을 조부님 이름으로 내놓았다. 그것이 하나의 박토에 뿌려진 씨앗이 되어 서서히 군민의 호응을 받게 되었고 드디어는 학교가 설립되어 그는 두 해 동안 학교를 맡아 운영하였다.

그러다가 그는 당시의 추악하고 치열한 정치싸움을 도저히 눈 뜨고 볼 수가 없어서 광주로 나와 광주 의과 대학 약국장이 되었다. 그러나 그는 약국장으로 근무를 하면서도 하나의 직업인으로만은 만족할 수가 없었다. 그래서『맹자』를 많은 대중에게 보급시키고자 우리말로 번역을 해서 손 닿는 대로 사람들에게 익혔고 그 후 6·25사변 때에는 목포의 피난생활 중에『간양록』을 내놓았다. 그런 세월의 흐름 속에서 차츰 번역 솜씨도 생기고, 사실 약국장은 적성과 조화되는 것만은 아니어서 그는 마흔여섯 살 되던 해인 1956년에 학문에 대한 탐구욕으로 전남대학교 문리과대학 강사로 새 인생의 발걸음을 떼어 놓았다. 그리하여 1975년 정년으로 퇴직할 때까지 꼬박 30년을 동양철학과 다산학, 그리고 호남문화에 관해 진력하였다.

그는 자기의 인생을 회고하며 인생은 긴 안목으로 보아야 한다고 자꾸만 강조했다. 그리고 자기에게 주어진 인생의 고난을 슬기롭게 극복할 때 후회 없는 삶이 이룩된다고도 했다. 또한 일시적인 괴로움은 큰일을 맡겨주기 위한 실험의 장이자 머지않아 그 위를 비춰줄 구원의 빛이라고도 했다. 그는 자신이 왜정 치하에서 수난을 겪지 않았더라면 심오한 학문을 접하지도 못한 채 그냥 약장사로 끝났을 텐데 천금 같은 감옥살이 덕으로 다산 공부를 하게 됐고 1967년에는 서울대학교에서 「다산경학사상」이라는 논문으로 철학박사를 취득하였다고 말하였다.

'다산과 이을호', 그 창조적인 만남의 혼이 시사하는 바를 조금은 알 것 같았다.

그는 최근에 '다산학연구원'이라는 것을 차려 가지고 『다산학보』를 펴내고 있는데, 돈과 지위로는 잴 수 없는 기쁨에 늙는 줄 모르고 산다며 파안대소했다.

이을호는 확실히 허튼 속진(俗塵)에 따라 국천척지(跼天蹐地)하거나 좌고우면(左顧右眄)하지 않은 지성(至誠)의 학자다. 그는 수즉다욕(壽則多辱)이 통하지 않는 몸가짐으로 뜻을 꺾지 않고, 그 몸을 욕되게 하지 않는다[不降其志, 不辱其身]의 품도(品度)로써 의연히 살아가는 이 시대의 마지막 선비인지도 모른다.

정: 박사님께서는 오랫동안 대학에 계셨고, 우리 호남지방의 문화

연구에 심혈을 다해 봉사하셨습니다. 그런가 하면 개신 유학과 실학사상 분야의 높고 깊으신 학문의 온축은 더할 수 없이 빼어난 큰 봉우리에 비할 수 있겠습니다. 오늘 저희가 이러한 자리를 기획한 것은 너무도 외외(巍巍)로우신 박사님을 모시고 많은 사람들의 공통된 의문 부호를 해독해 보고자 하는 절실한 마음에서입니다. 그럼 먼저 오늘의 이 시대 상황 속에서 가장 중요한 것은 인간성에 대한 관심이랄 수가 있겠는데 유교적 입장에서 신성(神性)과 인간성을 어떻게 보시는지 말씀해 주시죠, 인간의 종교적 심성이랄까요.

이: 이 문제는 유교적인 입장에서 볼 때에는 우선 유교가 종교냐 아니냐 하는 근원적인 문제에서부터 풀어 나가야 된다고 생각합니다. 그러나 그러한 절실한 문제는 학문적인 각도에서 풀어야 할 것이고…… 단적으로 말하면 유교에 있어서는 어느 의미로 보아서 현대 종교에서 가장 중요시하는 신에 대한 문제를 그렇게 절대적으로 떠받들려 하지 않는다는 점입니다. 조금 극단적인 표현으로 얘기하자면 유교에서는 오히려 신성을 부인하는 입장이기 때문에 그러한 차원에서 유교는 현대의 일반적 종교와는 거리가 먼 그런 형태의 종교가 아닌가 하는 판단을 나는 하고 있습니다. 그러면 유교는 어디다 그 기본을 두었느냐 하는 문제가 제기되는데 유교는 주로 인간성이라고 할까 인간의 문제라고 할까 한 걸음 더 나아가 생각해 보면 인간의 윤리적인 문제라고 할까 이러한 면이 신에 대한 문제보다도 훨씬 두드러지게 강조된 그러한 자세를 취하고 있습니다. 물론 그렇다고 해서 중국 고대에 있어서 전혀 신을 문제 삼지

않았느냐 하면 그렇지도 않습니다. 문화의 근원이 되는 중국 고대 사상 가운데서 상제(上帝)라는 개념이 있습니다. 그러니까 요즈음 용어로 말하면 하느님이라는 개념과 부합되는 것이 되겠는데 그것을 하늘과 관련해서 상제의 천이라고 할까요. 이런 걸 어느 의미에서 종교적인 차원으로 승화를 시키면 현대 종교와도 연결될 수 있는 일단의 소지는 없잖아 있습니다. 그러나 그것을 아주 깊이 다루지 않고 거기에서 인간의 문제로 머물러 버렸기 때문에 현대 종교와 멀어지지 않았느냐 하는 생각을 해 봅니다.

정: 그런데 박사님, 유교라는 것이 종교적인 범주에 들어가는지 의문이라 하더라도 종교를 초자연적인, 초인간적인 신앙이라고 이름하고 또 종교는 내 마음이며 내 마음에 있는 것이라고 할 때 인간에게는 인류가 생기면서부터 보편적으로 어떤 종교심이라는 것이 내재한 것이 아닌가 생각됩니다. 따라서 인간에게는 인간적인 것, 동물적인 것이 존재하는 동시에 반드시 신성이 공존하고 있다고 보는데 그 신성과 인성에 대해서 좀 더 소상히 설명해 주시죠.

이: 유교의 인성론적인 입장에서 살펴볼 때에 선진시대로 올라가서 공자와 맹자 두 분이 성(性)을 어떻게 보았느냐 하는 것부터 얘기하고 그다음에 성리학적인 입장에서는 성을 어떻게 보았는가를 말해 가는 것이 좋지 않을까 생각합니다. 『논어』가운데서는 공자께서 오히려 성(性)이니, 천(天)이니, 도(道)니 하는 말씀을 잘 안 했어요. 그렇기 때문에 아마 유교의 근원적인 면에서 볼 때는 성의 문제는 애초에 공자 자신은 다루지를

않았어요. 그런데 『논어』 가운데 한 군데 나오는 데가 있어요. 성은 서로 가깝고[性相近]. 습관은 서로 멀다[習相遠]라고 한 것이 그것입니다. 여기에서 성과 습관을 나누어서 얘기했는데 그때에 말한 성이라는 것은 굳이 말하자면 천성(天性)이라고 할까요, 모든 사람이 공통으로 가지고 있는 선천적인 것이 되겠지요. 이러한 입장에서 성이라는 글자를 썼는데 그 성이 선하냐, 악하냐 하는 윤리적 설명을 공자는 안 했어요. 단 『논어』 가운데에 "사람은 본래 세상에 태어날 때부터 곧다[人之生也直]"고 말했습니다. 곧다는 것은 바르다는 것인데 그 개념이 맹자에 와서 선하다는 것으로 풀이되고 우리의 덕성의 근원이라고 풀이됩니다마는 대체로 공자께서 그런 정도로 얘기한 성이 공자께서 돌아가신 뒤로는 완전히 맹자와 순자가 서로 둘로 갈라진 것입니다. 결국 유(儒)라는 개념 밑에서 성이라는 것이 성악설과 성선설의 둘로 갈라지는데 후대에 와서 성선설만이 유교의 정통으로 굳어졌고 성악설은 정통에서 벗어난 것이 되어 버렸기 때문에 마치 유(儒)가 아닌 비유(非儒)의 설같이 되었다고 볼 수 있겠습니다.

그래서 그 이후에 이 성에 대한 문제는 『중용』이라는 책 가운데에서 1차 철학적으로 정리가 되지 않았나 생각됩니다. 그런데 『중용』이라는 책에 나오는 말 가운데에 "하늘의 명령을 일러 성이라 하고[天命之謂性] 성대로 따름을 일러 도라 하며[率性之謂道] 도를 닦음을 가르침이라 이른다[修道之謂教]"는 이 구절을 성의 입장에서 주목해야 할 구절이 아닌가 생각합니다. 그래서 그중에서 천명지위성의 성을 어떻게 보아야 하느

냐 하는 것은 천명지위성 가운데에 나오는 성이 단순한 성이
아니라 천명과 관련된 성이라는 것은 분명히 해석해 두어야
할 것으로 생각합니다. 그래서 성은 물론 거기에서는 인성입
니다. 이 이성이라는 입장, 신성의 개념과는 조금 다른 것이지
요. 그 뒤에 송나라 학자들은 또 다르게 보았습니다마는 천명
과 관련된 성으로 『중용』에서는 그렇게 얘기하고 있다는 점을
주목해야 할 것입니다. 1차 선진시대의 성은 그렇게 되었던
것인데 그 뒤에 한나라로 내려오면서 선악혼설(善惡渾說)도 나
오고 성백지설(性白紙說)도 나오고 해서 여러 가지 성에 대한
설이 나왔습니다마는 그것들은 유교적인 입장에서 보아야 할
는지 일반론적인 입장에서 보아야 하는지 모르지만 아마 일반
론적인 입장에서 보아야겠지요.

유교에 관련지어서 보기는 어렵지 않느냐 생각합니다.

그러면 중용을 얘기하기 전에 맹자의 설을 잠깐 얘기해야 되
겠습니다. 맹자는 주로 성(性) 자(字)를 얘기하면서도 성선(性
善)을 말할 때에 그의 정은 선할 수도 있다[乃若其情則可以爲善]
고 했어요. 그러므로 맹자에 와서는 성(性) 자(字)와 정(情) 자
(字)가 확연히 개념적으로 구별되지 않은 것으로 저는 보고 있
습니다. 성 자를 놓을 자리에다가 정 자를 썼어요.

그러면 후세 사람들은 정을 성의 움직임(性之動)이라 하였으니
성이 움직일 때에는 정이라고 합니다. 그러므로 인성이 근원
적인 입장에서는 성이 되지만 그것이 움직여서 희로애락으로
나타날 때는 정이 되는 것입니다. 그런데 그 후에 뚝 떨어져
서 송나라 때에 주자학파에 의하여 성을 천리(天理)로 보았는

데 이것은 유교에 있어서는 중요한 한 계기가 되었고 성론에 있어서도 새로운 계기를 마련한 것이지요. 그러한 의미에서 조금 전, 앞서의 성은 인성이던 것이 천리의 성이 될 때에 객관적인 하나의 존재로서의 성이 됩니다. 그러한 입장으로 바꾸어진 유교의 성은 불교에서 말하고 있는 불성과 오히려 더 가까운 의미를 볼 수 있습니다. 그것이 주자에 와서 본연지성 (本然之性)과 기질지성(氣質之性)으로 크게 나누어지는 것으로 보겠습니다. 이 때문에 유교가 성리학이라는 이름으로서 유교의 개념이 굳어질 정도로, 성리학이 곧 유교냐, 유교의 하나의 대명사로써 성리학이냐 할 정도로 성리학이 유교에 있어서 철학적으로 중요한 의미를 가지게 되지 않았나 합니다.

그래서 우리나라에 성리학이 들어온 뒤로 성정론(性情論)에 있어서도 이퇴계, 이율곡, 기고봉 등 여러분의 해석이 구구하게 달라집니다. 여기에서 정리하는 입장으로 성론을 마무리해 본다면 유교의 성론에는 두 가지 입장이 있습니다. 하나는 성리학적인 입장인데 주자학파에서는 이것을 성리학이라고 했습니다. 성은 곧 천리(天理)라고 했는데 중용에서는 천명지위성 (天命之謂性)이라고 했습니다. 이 구절은 분명히 천명이 성이라는 것입니다. 그러면 성을 천명과 관련해서 이해해야 하느냐에 따라서 그 근본적인 입장이 달라집니다. 왜냐하면 천리는 이법(理法)입니다. 거기에서 어떤 인격적인 것은 생각할 수가 없습니다. 그런데 천명이라고 하면 논어나 맹자나 선진시대에 쓰인 천명은 분명히 상제와 관련된 천명임에는 틀림없지 않느냐 생각돼요. 그러면 상제와 관련시켜서 천명을 얘기한다면 상제는 인격적인 개념이 거기에 깃들여 있는 것입니다.

나는 최근에 그것을 성리학 대신에 성명학(性命學)이라고 이름 붙이고 있습니다. 이렇게 되면 인간이 존재로서의 천명을 "중용"에서는 규정한 것이지 인간 밖에는 한 걸음도 나갈 수 없는 것입니다. 그래서 그 천명이 『중용』에서 구체적으로 나누어집니다마는 지금 얘기가 길어지기 때문에 다른 얘기는 줄여야 할까 생각합니다. 그것을 유교에서는 무엇이라고 하느냐 하면 도심(道心)이라고 합니다. 인심(人心)과 도심(道心)을 둘로 구별하는데 그중에서 인심은 중(中)을 잃은 부중(不中)이지요. 그리고 도심은 희로애락 모든 것이 기꺼워할 만한 때는 기꺼워하는 것이고 슬퍼할 때는 슬퍼하는 것이고 노할 때는 노하는 것이어서 회로애락 그 자체가 악이 아니라 회로애락이 중에 맞으면 성(聖)이요, 중에 맞지 않으면 불성(不聖) 곧 범인이라고 봅니다. 그렇기 때문에 칠정(七情)은 성인이나 범인이나 다 같이 가지고 있지만 그것이 중할 때는 성이요, 부중한 때는 범부이고 그 중한 심을 도심이라고 보고 부중한 심을 인심이라고 합니다. 기독교에서는 신성과 인간성을 구분하고 있고 불교에서는 진리의 경지에 도달하면 성과 정을 나눌 필요가 없이 어느 정도 완전무결하게 될 수 있다는 경우를 설파하여 화엄학에서 누구나 성불하여 부처님과 똑같이 될 수 있다고 했습니다. 유교에서도 맹자의 말에 사람마다 다 요순(堯舜)이 될 수 있다고 했습니다[孟子 道性善하사대 言必稱堯舜하시고 而實之日 人皆可爲堯舜]. 요순은 이상적인 하나의 인간으로 표상되어 있지만 신에 가까운 개념으로써 역시 최고 인격신에 가까운 것이니까 유교에서는 인간도 역시 신의 문턱에까지 갈 수 있다는 가능성이 있고 결론지어 이것이 바로 중요한 해답이랄 수 있겠습니다.

정: 논어에 공자의 생(生)에 대한 대답으로 "아직 생도 모르는데 어떻게 죽음을 알 수 있겠느냐[未知生焉得知死]"라는 말이 있습니다. 오늘날 우리는 혼란의 극을 달리며 가치관의 부재 속에서 좌표를 상실한 채 기계문명과 거대조직 사회 속에서 표류하고 있다 할 수 있습니다. 인간의 재발견과 자기의 재인식이 간절히 요청되는 이 고도의 산업시대에서 참으로 바람직한 생의 의미에 대해서 말씀해 주시죠.

이: 예, 이 점은 오늘의 동시대인 누구나 다 공감하며 피부로 느끼고 있습니다마는 오늘의 현실이 참 어려워요.

나는 유교적인 입장에서 생을 두 가지로 보고 싶습니다. 하나는 생물학적인 생입니다. 중용에 "천지는 제 위치에 있고 만물은 제대로 발육한다[天地位焉萬物育焉]"라는 말이 있습니다. 만물이 제대로 발육한다는 이것이 결국 유교의 궁극적인 목표입니다. 현실적인 면에서 그 만물이 무엇이냐 하는 것이 문제가 되겠습니다마는 그 만물이라는 것이 인간도 금수도 다 포함되는 것이 아닌가 생각합니다. 다시 말하면 만물이라는 것은 모든 목숨을 가진 것을 가리킨다고 볼 때에 사랑도 그 안에 들어가고 그래서 후세 인간들이 생물지심(生物之心)이란 것까지 얘기하고 있어요.

말하자면 만물을 살게 하는 그 자애로운 마음이란 결국 만물이 생의 즐거움을 최대한도로 향유할 수 있는 전설 속의 요순

시대 같은 그것입니다. 유교에서는 애초부터 죽음 그 자체는 생각하지 않습니다. 다시 말해서 장자에 있어서는 생이 곧 죽음이고 죽음이 곧 생이라 해서 생사일여(生死一如)로 보고 있지만 유교에서는 현실적인 입장에서 죽음의 그림자는 찾아보기 어렵지 않느냐 이렇게 일단 전제를 하고 싶습니다. 맹자에 이런 얘기가 있습니다. "첫 닭 울음 무렵에 일찍이 일어나서 부지런히 착한 일만 하는 이는 순임금의 무리요, 일찍 일어나서 부지런히 재리만 구하는 이는 도척의 무리니 순임금과 도척의 구별은 재리와 선의 사이에 있다[鷄鳴而起하여 孳孳爲善者는 舜之徒也요 鷄鳴而起하여 孳孳爲利者는 蹠之徒也니 欲知舜與蹠之分인데 無他 利與善之間也니라. 『맹자』]"란 말이 있어요. 그러니까 결국은 인간이 산다는 것은 선행을 하는 것입니다. 인간이 그만큼 하루하루 그 선행을 축적하는 것이 유교에서 말하는 하나의 인생이고 그중에서 선이라는 개념과 생의 개념이 결부되었을 때 인위적인 가치 속에서 생의 의미를 발견하려고 하는 것이 유교가 아니냐 싶어요. 인생을 살아가며 선을 행함에 있어서 제왕이라는 다스리는 사람의 입장에서는 생물적인 인간을 어떻게든 최대한 생을 향유할 수 있도록 만들어 주어야 하고, 하나의 개인, 하나의 개성, 개체적인 인간의 입장에서 보면 날마다 선행을 하는 윤리적 삶 속에서 생의 의미를 찾아야 하지 않느냐, 나는 그렇게 생각해요. 왜냐하면 『맹자』에 "삶을 버리고 죽어서 의를 찾아라[舍生取義]"라는 말이 있습니다. 또 『논어』에 "자신을 죽여서 인을 이룩하라[殺身成仁]"고 한 말이 있습니다. 그러면 생의 가치가 생을 버릴 수 있는 그

죽음보다도 더 중요한 것인데 선을 위해서는 죽음을 택하고 생을 버리라고 했습니다. 거기에 유교의 생에서 초탈하여 죽음에 이르는 길이 있습니다.

정: 격변하는 복잡한 현실의 와중에서 자칫 나약해지기 쉬운 우리의 빈곤한 정신력은 어떠한 도덕률을 실천함으로써 곤고한 삶을 초극할 수 있을까요? 현대의 제반환경에서 생태학적 위기를 느끼며 이제는 발전적인 면에서 뭔가 다르게 살아야 하겠다는 것을 자꾸 생각해 보며 어떤 모색을 꿈꾸게 되는데요. 구체적으로 올바른 환경에의 인식과 양식 있는 대응을 위해 오늘의 우리 현실에 꼭 필요한 '일용할 정신의 양식'을 박사님께 부탁드립니다.

이: 그러니까 아까의 말과 이어지는데 우리 사회에 과학적인 발달에 의한 변화가 너무 급속도로 이루어졌어요. 사실 우리는 그간의 기술 발전을 모색하는 과정에서 많은 시행착오를 저질렀습니다. 조국의 근대화니 산업발전이니 하는 가시적인 외형에 급급할 수밖에 없다 보니 좋든 나쁘든 서구 사회의 고도로 앞선 기술지식을 수용할 수밖에 없었던 것입니다. 그리고 산업사회로의 발돋움은 많은 대중들의 잘 살고 싶은 기본적 욕망에 불을 댕겨 주었어요, 산업사회로 진입해 가니까 우리 생활이 굉장히 편리해지고 물적으로 풍요로워졌잖아요. 그런데 선진 구미 제국의 과학과 기술을 받아들이면서 이 나라 사람들의 심성은 오히려 황폐해져 버린 현상이 독초처럼 퍼져 있어 주목해야 할 문제점으로 제기되고 있습니다.

고대사회에서의 변화라는 것은 아시다시피 아주 완만하게 진행되어 왔잖아요. 그때는 일시에 이루어지는 그렇게 큰 변화가 없었어요. 일상생활의 변화가 백 년 전이나 이백 년 전이나 거의 같은 동질성을 유지하며 점진적으로 개선되어 갔을 뿐이었지 않습니까? 그러니 고전적인 가치관도 그 정통성을 잃지 않고 일관된 맥락으로 내려오는 기준으로서의 도덕률인 고로 갈등도 있을 턱이 없었어요.

그러다 현기증이 날 만큼 놀라운 속도로 지금부터 불과 몇십 년도 못 되는 시기에 그러니까 해방 후가 되겠는데 아무튼 그때부터 우리는 너 나 할 것 없이 어지럼병을 앓게 됐어요. 산업사회가 조정하는 행복감과 감각적 욕망의 지배하에 예속된 거지. 산업사회는 원래 소비·소외·대중화 그런 거 아니오? 그런저런 소용돌이 속에서 민족문화의 주체적 정통이라든지 우리의 혈관을 타고 연면히 내려온 가치기준 등이 갈수록 소멸되어 가고 있어 우리는 뿌리째 흔들리고 있는 거예요. 산업사회가 남겨 놓은 엄청난 병폐이지요. 지금부터라도 우리가 반성해야 할 것은 산업의 낙후에서 벗어나 풍요한 사회를 이루려는 시책과 물질만능사상의 팽배로 이루어진 반문화적 분위기가 현대인의 가치관을 지배하게 된 지금까지의 오류를 인식하고, 산업사회의 욕망과 물질의 유혹에서 벗어나 주체로서의 안목이 갖춰질 때 아마 우리는 올바른 삶의 가치관을 세울 수 있지 않을까…….

그럼 여기서 이제 구체적인 도덕률이 문제가 되는데 내가 볼 때 도덕률의 가치기준이라는 것은 선천적이냐 후천적이냐 하는 걸로 구분하고 싶습니다. 후천적인 것은 생활의 실용성과 이어지는 얘기가 되겠는데, 즉 어떠한 변화가 있을 때 그러한 변화의 외적 조건이 당장에는 합당한 가치로써 느껴진다면 어찌 됐든지 그것에 효율성의 값이 있어 그것에 맞추면 바로 실천적 도덕률의 의미를 지니겠지요. 그러나 그러한 외형적인 시세에 따른 도덕률보다는 선천적인 시각에서 도덕률은 살펴져야 됩니다.

예를 들어, 칸트의 지상명령이라는 표현 같은 것은 선천적인 의미를 가지고 있고 또 동양의 성현 맹자 같은 이는 양지양능 (良知良能)입니다. 꼭 인간은 경험이나 교육의 힘에 의하지 않고 본래 가지고 있는 것으로 선악과 정사를 판단할 수 있다고 했지요. 거기에 대한 구체적인 문제는 더욱 깊어지고 한없이 넓지만 아무튼 우리는 우리의 문화적 주체성과 정통성을 존중하여 바르게 계승 보존하면서 선진 제국의 과학기술과 산업발전을 수용한다면 그러한 실제의 생활 속에서 가장 바람직한 가치관이 나올 수 있지 않을까 합니다.

정: 시간과 공간을 주관적 표상에 지나지 않는다고 관념론적인 해석을 가한 이도 있고(버클리), 칸트 같은 이는 시간과 공간의 객관적 현실성에 대한 것을 순수시간 순수공간으로 해석을 하기도 했습니다. 어쨌든 시간과 공간은 단순한 주관적 표상이라기보다는 하나의 모든 사물의 실현가능 근거가 된다고 보는 것이 일반적 흐름 같습니다. 우리가 역사를 배운다는 것이 시간과 공간을 배운다는 하나의 가장 가까운 길이 아닌가 생각이 들고요, 그리고 이를테면 기독교의 역사관은 일반적 역사를 관통하는 것으로 구속사[救贖史, Heilsgeschichte: 주강생원

년(主降生元年)에서 30년까지]의 관점에서 역사를 해석하고 인간구원, 믿음과 소망과 사랑이 실현 가능한 하나의 바탕을 시간과 공간이라고 그러지 않습니까?

박사님! 성현들의 큰 가르침을 그 바탕에 두고 현대라는 시간과 현실이라는 공간을 조명해 주시겠습니까? 오늘은 과연 어떠하며 이 땅은 지금 어떤지도 부연해 주시고요.

이: 맹자의 시간관념으로 천시(天時)라는 개념이 있어요. 천시는 지리만 같지 못하고[天時不如地利], 지리는 인화만 같지 못하다[地利不如人和]는 말 가운데에 천시라는 말은 시간개념이 아니겠어요? 시간개념을 유가에서는 역사적인 현실을 의미하는 것으로 이해하고 있는 것 같아요. 역사적인 어떠한 조건이나 현실도 역사적인 상황의 변화 속에서 이해를 하고 있어요. 이러한 사실 변화 속에서 시간을 이해하려고 하는데 그 변화가 우리 인간적인 입장에서는 자연의 기후 변화라든지 일월이 대체한다든지 이런 자연현상을 가지고 사시의 시간개념을 이해하지만 인사(人事)로 말하자면 우리 생활이 변하는 것도 역사개념으로 이해하려고 하는 입장에서 시간 개념을 봤는데 이 시간개념과 유교의 개념하고는 또 역시 윤리적인 개념으로 시간을 이해하게 됩니다. 맹자가 말하는 천시의 개념에는 "사시행언(四時行焉)"이라는 자연현상 혹은 역사적인 어떠한 현실적인 개념이 들어 있지만 『중용』에서의 시간개념은 완전히 윤리적인 것이 됐습니다. 왜냐하면 '군자'는 시중(時中)이라 하였는데 이 시의 개념과 중용의 개념은 하나로 묶여 버렸어요. 그러면 『주역(周易)』에서는 시가 어떻게 나왔느냐 하면 시의(時義)

라는 말이 나와요. 그런데 "시의재(時義哉)"라는 구절이 나오는데, 또는 "시재(時哉)"라고도 했지요. 이 '시(時)'자 하나를 써 놓고 그 '시' 자가 중용의 의미까지도 내포하고 있고, 의(義)의 의미까지도 그 속에 들어 있습니다. 이것을 우리가 어떻게 이해해야 하느냐 하면 이것은 완전히 현실을 윤리적인 개념과 윤리적인 가치로 시간을 이해하려고 했던 것이 아니냐 싶어요. 윤리적인 가치를 떠나면 시간은 존재하지 않습니다. 시간도 무의미한 것이고 현실도 무의미하다는 것이에요. 우리 생활 자체도 무의미하고 역사 자체도 별 의미가 없는 것이 됩니다. 인간 생활이라는 것은 인의에 의해서 이루어진 하나의 기록이요, 이것이 하나의 역사요, 시간이기 때문에 존재하는 것이지 만일에 그렇지 않다면 시(時)란 존재하지 않는 것이에요.

그러면 그 시간개념을 어디서 얻어 왔느냐 하면 연대 계산으로서의 시간 개념보다도 일월과 음양의 상대적인 변화 관계의 자연현상에서 이루어진 시간과 공간 개념을 파악하려고 한 『주역』의 근본원리가 아닐까, 나의 소견은 그래요. 태극에서 음양이 나오고, 음양에서 사상(四象)이 나오고, 사상에서 춘하추동이 나왔습니다. 이렇게 근본적으로 소급해 봤는데 그 후 송나라 때 주무숙(周茂叔)에 의해서 태극의 개념이 무의 개념과 연관이 되었다고 보입니다. 선진유가에서 무의 개념이 중용에 조금 나오기는 나옵니다. "뭇 하늘의 일은 소리도 없고 냄새도 없으니 지극하구나[上天之載無聲無臭至矣]"라는 말이 중용의 끝 구절에 나와요. 그래서 아주 무의 개념에까지 이르는 직전에 『중용』은 끝맺고 말았는데 주무숙이 태극 위에다 무자

(無字)를 놓았습니다. 그러니까 결국 유가에 있어서 시간개념과 공간개념을 후세에 와서 무의 개념과 연결시키려 했고 그 무의 개념을 구체적으로 설명해 보려고 했습니다. 영겁(永劫)이란 개념도 따지고 보면 숫자적인 개념이 아니라 무의 개념이 아니냐고 나는 해석하는데 그것은 후세 사람들이 그렇게 끌고 간 것이지 유가 본연의 위치는 윤리적인 역사의 형성을 통해서 시간개념을 설정하려고 했던 것입니다. 그러니까 유교는 윤리를 떠나서는 어떻게 설명이 안 되는 것입니다. 그러니까 시간과 공간을 단순히 잴 것이 아니라 원형이정(元亨利貞)의 윤리가 주는 빛을 받아서 언제나 오늘이 나의 생에 있어서 엄숙한 심판이라고 생각함으로써 날마다 내가 새로워지는 그 생이 진정한 의미에 있어서의 충일(充溢)된 시간과 공간의 역사가 되지 않겠느냐 생각돼요.

정: 박사님! 물질 없는 정신, 정신 없는 물질 이것은 공허한 것이 아니면 맹목적인 것이 되기 쉽지요. 그런 점에서 정신과 물질은 보다 긴밀하게 상호 보완하는 관계가 아닌가 싶습니다. 고전성의 줄기에서 볼 때는 정신이라고 하는 것이 일종의 상위개념에 속하고 물질이라는 것은 하위개념에 속한다고 하는, 그래서 정신적인 것은 천상적인 것에 가깝고, 물질이라는 것은 지상적인 것에 가까운 것이라고도 할 수 있지 않겠습니까? 그런데 현금에 이르러서는 세태가 유물론적이랄까, 물질 위주랄까 이러한 사상으로 흐르고 있음을 보게 됩니다. 아울러 정신과 물질의 조화가 파괴되어 가는 암담한 불균형의 양상에 대한 각성이 사회 일각에서 대두되고 있습니다. 이러한 문제

점을 새롭게 성찰하여 진단해 보는 의미로 박사님께서 정신과 물질의 관계를 정립해 주시지요.

이: 흔히 이원론적인 입장에서 물질과 정신을 아주 양극적인 어떠한 요소처럼 보는 견해가 있는데 변증법적인 얘기 같습니다마는 양극적인 것을 우리가 하나로 받아들일 수 있는 입장은 논리적으로는 설명이 좀 불가능한지 모르지마는 그러한 입장에서 이 문제를 지금 다루고 있지 않느냐 그렇게 볼 수 있겠습니다.

그렇다면 이러한 전제 밑에서 생각할 때에 유교에서는 물질을 어떻게 생각하느냐 하면 유교처럼 물질을 존중시하는 종교는 없지 않느냐 이렇게 보고 싶습니다. 왜냐하면 역사적으로 볼 적에 선진시대의 묵자학파와 유학파가 서로 갈리는 입장이, 유교는 물질의 풍부를 기대하는 데 있었습니다. 그것이 문화요, 예(禮)로서 거기에는 소비적인 물질이 따르게 되고 이것이 절약해야 한다는 입장이 묵자학파요, 그 풍부한 하나의 생산력에 기대해서 하나의 주(周) 문화를 형성하려고 하는 그러한 입장이 유의 입장이라고 볼 때 유에서는 오히려 물질적인 풍요를 문화의 형태로 다듬고자 하는 입장이지 물질적인 풍요를 없애고 이를 무시한다는 입장은 아닌 것으로 보게 될 때 필연적으로 부(富) 문제가 따르겠지요. 부라는 것은 물질적으로 풍부함이 아니겠어요? 『논어』에 나오는 몇 가지 얘기를 더듬어 보면 "부와 귀는 그것을 사람들이 바라는 것이지만[富與貴是人之所欲也] 옳은 방법에 의해서 얻어진 것이 아니면 [不以其道得之] 그것을 차지하지 말라" 했는데 어쨌든 지위가 있어야 백성을 다스리고, 백성의 참 뒷바라지를 해 줄 수 있는 것이라면 부가 거기에 수반된다고 했을 때에 부귀는 무조건 배격할 것이 아니라 옳지 않은 부귀만을 배격해야 한다는 것입니다. 공자께서 "옳지 않은 부와 귀는[不義而富且貴] 내게는 뜬구름과 같다[於我如浮雲]" 하였는데 공자는 불의에 주의를 둔 것이지 부귀를 그냥 쓸데없는 것으로 생각한 것은 아닙니다. 이렇게 보기 때문에 『논어』에서 "부하되 교만하지 않으면 어떠합니까 한즉 부하되 예를 좋아함만 같지 않느니라[富而無驕 何如, 不如富而好禮者也]" 한 것을 보면 좋은 점으로 부를 받아들였습니다. 그러니까 빈천이 되었거나 부귀가 되었거나 그것은 정의에 어긋난 것을 얘기한 것이지 부귀 그 자체를 얘기한 것은 아니지요. 이러한 입장이 선진 유학자들의 입장입니다. 그러면 거기서 맹자로 넘어오게 되면 항산(恒産)과 항심(恒心)의 문제가 있지 않습니까? 항산이 있어야 일반 백성은 항심을 가지지만 항산이 없더라도 항심을 가질 수 있는 것은 군자예요. 그런 입장에서 볼 때 군자의 입장에서는 물질적인 것은 자제해야 하지 않겠어요?

그렇게 할 수 있는 능력을 요구한 것입니다. 물질을 어떻게 조화를 유지하면서 조절할 수 있느냐 하는 것을 요구한 것이지 아주 그것을 극단적으로 배격한 것은 아닙니다. 그러니까 안연 같은 사람도 안빈낙도(安貧樂道)한 것이 아니겠어요? 가난해도 그것을 즐길 수 있는 이런 경지가 부를 그대로 영위하면서 부에 도취한 것 이상의 것으로 그 점을 인정한 것입니다. 그렇기 때문에 군자도 이 세상을 살아 나가기 위해서는 결국은 맹자가 주장한 바 있듯이 과욕주의(寡欲主義), 과욕이라는 말은 욕심을 조절한다는 것으로 풀이할 수 있는데…… 물질의 존귀함을 하나의 요건으로 받아들이고 그것을 정신적인 입장에서 어떻게 조절해 나가느냐를 소중히 생각한 것이에요. 그 후에 송대로 내려와서 이원론적인 생각으로 흐르지 않았는가 싶습니다. 이것은 인간의 성을 본연지성(本然之性)과 기질지성(氣質之性)의 둘로 나누어 가지고 본연지성을 우위에다가 놓고 기질지성의 청탁수박설(淸濁粹駁說)을 내놓아 가지고 인간 선악의 갈림길을 기질지성에다가 둔 것입니다. 물욕의 악에 빠질 수 있는 그것을 기질이라는 어떠한 물질적인 개념으로 묶어 놓음으로써 물질이 유교에서 아주 사악한 어떠한 개념으로 조금 바꾸어지지 않았느냐 이러한 면에서 선진유학을 본다면 우리는 달리 보아야 할 것이 아닌가. 그래서 나는 이 문제를 이렇게 다루고 싶어요. 물질과 정신이라는 것을 분리해서 생각하려는 입장은 나는 바람직하지 않다. 그런 의미에서 볼 때 물질과 정신은 뗄 수 없는 관계가 아니냐, 그러나 우리가 올바로 갈 수 있는 상식으로 삼아야 할 자료는 정신적인 가치의 세계이지요—물질적인 지표에 우리의 삶을 치중하면 인간으로서의 삶은 혼란에 빠지게 되고 후퇴를 거듭하다 결국은 파멸을 맞이하겠지요. 그것은 오랜 역사의 교훈입니다.

정: 동양의 자연관은 주로 노자의 도덕경에서 발전되어 왔지요. 노자가 말한 자연을 좀 더 깊게 관찰하면 유와 무는 서로 공존하며[有無相生], 어려움과 쉬움은 서로 이루게 되며[難易相成] 앞과 뒤는 서로 따르는 것[前後相隨]이라 하였습니다(『도덕경』 2장).

다시 말해서 서로 마주 보는 카테고리는 비록 그 이름은 피차 같지 않으나 하나의 뿌리에서 나왔으며 둘이 하나로 보일 때를 황혼함[玄]이 더할 수 없음이라 한 것이지요[玄之又玄 衆妙之門]. 이는 사람과 자연은 본질적으로 다른 존재이며 자연 역시 사람이 아닌 다른 존재이나 그 둘의 관계를 하나로 맺을 때 비로소 신비의 경지에 이르게 됨을 말한 것으로 받아들여집니다. 즉, 자연과 인간관계를 신비롭게 맺어 나가자고 주장한 것으로 이해되는데 그 공동체로서의 연대관계를 부쉬 버리고 인위의 영지(英智)에 의해 자연을 정복해 대립되어 있는 게 현시대입니다. 따라서 문명의 혜택이 주는 눈부신 편리가, 잘 짜인 회의 조직이, 너무 인간을 고독하게 하지 않나 하는 절실한 느낌을 가져 봅니다. 박사님, 이제 인간이 수단으로밖에 취급되지 않는 물질문명에 의한 인간의 소외 현상과 고도의 기술지배에 의해 반스 패커르의 말처럼 "몇 사람의 조작에 의해 규격화되고 최면술에 걸린, 동류화된 그리고 거세된 인간들"의 파괴된 삶, 그리고 가치기준의 몰락으로 지주 없이 방황하는 황폐한 정신풍토로 가뜩이나 어지러운 오늘날의 산업사회가 가진 병인은 무엇일까에 대해서 말씀해 주시겠습니까?

이: 우선 자연관이 달랐지요. 일반적으로 이야기하듯이 서양에서는 자연을 신의 피조물이라고 보는데 동양에서는 주체로 인식했지요. 동양이 유한건곤(有限乾坤)으로 자연의 한계를 의식했다면 서양은 인간의지를 기준치로 삼아 자연을 수단화했습니다. 동양에서 인문적인 발달을 반대한 이가 노자인데, 인문이라는 것은 외형적민 문화의 형식 아녜요? 반대로 인문주의적인 입

장을 취한 것이 공자입니다. 그러면 왜 노자가 반대했느냐, 그 것은 인문주의가 지나치게 발달함으로써 반자연주의로 떨어지기 때문이었지요.

반자연이란 말을 하늘(天)이란 말로 표현하고…… 하늘이라는 것이 자연의 형태적인 측면으로도 이해되지만 어떤 하늘의 조화, 하나의 자연의 법칙 이런 것이 맞는 개념이겠지요. 그런데 그 하늘이라는 개념을 노자는 구체적으로 자연이라 이렇게 표현했어요. 도법자연, 또는 자연을 따라야 한다 그랬어요. 왜 공자를 반대하느냐, 자연의 법칙에 어긋날까 싶다. 그리하여 인간이 자연의 법칙에 어긋나면 그것은 반인간적 반자연적으로 인간이 몰락해 간다. 그리하여 무의미한 삶을 산다. 이런 이야기지, 그런 것을 바탕에 두고 기술 문명을 생각해 볼 때 우리가 뒤져 있는 기술 문명을 받아들이되 그것이 요즈음처럼 반자연주의적으로 반인간적으로 치닫게 될 때에는 그것을 경계해야지 않겠냐 하는 경각심이 생깁니다.

반인간적인 반자연주의적인 방향으로 기술 문명이 발달하게 되면 그게 공해현상으로 나타나게 되고…… 하기야 전라도 사람들은 아직도 편안한 편이지요. 공해의 혜택을 안 받고 있으니. 아무튼 기술적인 개발과 생태 순환을 무시한 성장 위주의 발전만 가속화될 때 문화적인 것마저 파괴될 우려가 큽니다. 우리가 관리함과 효율성의 극대화만 꾀하게 될 때 말이지, 남대문도 헐어버리자는 극단적인 이야기가 나오지 않는다고 장담할 수 있어요? 없단 말예요.

오늘을 사는 대다수 사람들이 기술을 받아들이는 데 급급해 가지고서 답답하리만큼 사람답게 생각하는 여유들을 못 가지고 있어요. 그런 소용돌이 속에서 과거의 생활문화마저 총상실(總喪失)되어 가고 있지 않나 싶어. 예를 들어, 농촌지붕을 개량한다, 철대식 가옥을 신축한다 할 때 너무 마구잡이에요. 그러면 옛날의 가옥 구조는 어쨌느냐, 그렇지 않았거든. 그때는 우리의 풍토와 생활에 맞게끔 이루어졌어요. 그리고 하늘의 혜택을 놓치지 않고 철저히 이용한 구조였어. 그런데 문물의 도입으로 전통의 지혜는 폐기 처분되어 버리고 식민정책까지 합세를 해 우리는 어느새 자기 비하를 당연시하게 받아들이고…… 자기의 것, 자기의 집은 무조건 불편하고 초라하고 비루하다고 쉽게 독단하여 파괴의 변혁을 감행하고 있는 겁니다. 이 시점에서 우리는 우리의 모든 것을 주의 깊게 살펴야 할 필요가 있어요. 인간이 바깥에 있는 물질세계만을 본다면 그야말로 나약한 하나의 생물체에 불과하지만 인간의 내면에 가지고 있는 헤아릴 수 없는 슬기와 능력과 가치는 규정할 수 없도록 무한한 것입니다. 현대사회가 안고 있는 여러 가지 모순을 극복함에 있어서 우리가 마음을 다해야 할 것은 문명의 공해가 극심해진 것이나, 부존자원의 고갈이나, 오염된 생태계나, 파괴되기 직전의 자기 환경이 중요한 문제가 아닙니다. 눈에 보이는 것의 현상적인 문제보다는 이 시대를 살아가는 사람들의 세계를 보는 근본적인 눈이 더욱 문제입니다. 다시 말해 인간이 내부의 자아를 도외시하고 외부적 껍데기에만 급급하고 극히 개인주의적인 자기중심으로 욕망 충족과 그것의 확대만을 행복으로 받아들이려는 위험한 사고방식이 가장 큰 무서움이에요.

종말의 원인은 항상 바깥이 아닙니다. 인간이 자기 스스로 설 수 있는 창조적인 힘을 봉쇄해 버렸기 때문에 그런 환경을 자초한 것이지요.

정: 오늘날 종교의 중요한 과제는 인간성 회복이 아니겠습니까? 그런데 그것이 해결되지 못한 데에 종교의 고민이 있다고 봅니다. 오히려 미증유의 기록을 과시하며 기름져 가는 현대 종교의 양적 팽창과 종교 인구의 저변 확대와는 반비례적으로 오늘의 세계는 정신적인 무질서 상태, 인간관계의 상실, 실추된 인간 존엄성 등의 위기에 봉착해 있는데 현대의 종교적 상황과 유교의 침체에 대해서 설명해 주시죠.

이: 이런 문제는 관점에 따라서 여러 가지로 볼 수 있으리라고 생각해 봅니다마는 지금 현재 목전에 나타난 유교의 침체 상태나 불교나 기독교의 양적 팽창에는 다 같이 문제를 안고 있다 할 수 있습니다.

나는 일단 한국 사회가 이조 500년 동안에 걸쳐서 유교 사회로 굳어지기 전까지는 그렇게 심한 계층 사회가 아니었다고 보고 있습니다. 고려 이전까지만 하더라도 불교는 그 기반을 대중에 두었다고 할 수 있어요. 그런데 유교의 형성 과정은 소위 상위 계층인 사대부에만 전적으로 의존한 거지, 대중 유교가 아니었어요. 그렇잖아요? 양반의 유교, 지배자들의 유교, 관료들의 유교였지, 대중하고는 별 상관이 없었어요. 그저 대중에게는 무엇을 요구했느냐, 일상생활의 기준인 충효열의 윤리적 기능만을 강조했어요.

대중적인 기반이라는 것은 전혀 없었던 거여.

그러면 그 500년 동안에 불교는 어쨌느냐, 겨우 명맥을 유지하며 만신창이의 상처를 입으며 산속에 묻혀 있었지요. 그리하여 유교 중심의 체제에서 기복 불교식으로 뒷걸음질해 결국은 소외된 부녀자층에서나 그 설 자리를 찾았습니다.

그러다 새로운 사상이 절실히 요구되는 어느 시기에서 기회를 잡은 기독교가 들어와서 제외된 계층의 대중을 흡수해 갔지요. 사실 한국 사람에게는 우리나라만의 특이한 천부의 종교성이 있는 것이 아니냐 하는 판단을 해 봅니다. 한마디로 우리 민족은 종교적 민족이에요. 민중의 저층에 자존해 있는 샤머니즘이 아주 강한 정신으로 살아 있습니다. 이러한 정신을 되살리며 오랜 어둠에 잠겼던 민중에게 여명의 눈을 뜨게 한 것이 기독교입니다. 샤머니즘의 민족 신앙과 기독교 사이에 동화습합(同化習合)이 형성되도록 우수한 방략(方略)으로 민중을 포섭했어요. 몇몇 학자들이 지적한 바대로 예로써 성서를 우리말로 번역할 때 여호와를 천주 또는 하나님이라 번역하여 소리가 서로 통하게 한 것이라든지 조선제사(祖先祭祀) 허용, 상복습용(喪服襲用), 상장시(喪葬時)의 낭독 음조 등은 우리 고유 종교의 바탕에 순응 습합한 태도를 엿보이게 하지요. 샤머니즘에 그처럼 긍정적인 성향을 가진 기독교였기에 지금 들판의 불길처럼 널리 퍼져 가고 있는 거예요.

그러한 양적 팽창에 문제점을 제기한다면 한국 민족 고유의 신앙에 순응하여 오늘의 이만 한 위치에 선 기독교로서의 가장 큰 과제는 서구로부터의 벗어남입니다.

즉, 우리에게 연면히 이어져 내려온 우리의 전통을 보다 깊이
있게 살펴 바로 거기에서 새로운 사상의 뿌리를 찾아야 되리
라고 봅니다. 그것이 무엇이냐, 기독교는 스스로를 개인주의
적으로 해석하지 말고 가정의 실지회복(失地回復) 등을 통해
우리가 그 고유의 공동체의식을 촉발할 수 있는 길을 마련해
주어야 한다고 난 생각합니다. 그리고 유교의 현 상황을 살펴
본다면 그간 대중적인 기반을 갖지 못한 상태에서 거의 모든
것을 불교, 기독교에 빼앗기다 보니까 이제는 자기 위치마저
위기에 처해 있다, 난 그렇게 분석합니다. 그럼 앞으로 유교는
어디서 해결을 해야 하는가. 그것은 유교의 본질이라는 문제
가 규명되지 않고서는 유교는 다시 소생하기 어려울 것이 아
니냐, 그렇게 생각할 수 있습니다. 조금 더 깊이 있는 설명을
위해 일단 유교를 세 가지로 나눠 봅시다. 우선 원시 유학으로
서 순수한 유교 사상인 공맹시대의 때 묻지 않은 선진유학이
있습니다. 그런데 그것이 한나라로 넘어가서 다소 그 질이 변
하였습니다. 특히 음양오행설이 당시에 성행하여 『주역』이 유
교의 경전이 되었고 윤리적 의미가 더불게 되어 어느 면에서
는 인생론적 유학이 우주론적 유학으로 전이했다고 볼 수도
있지요. 그리고 송나라 때에 와서는 성리학이라는 철학적인
차원으로 바뀌었습니다. 본래적인 유교와는 다른 입장인 셈이
지. 이 세 가지 변천 과정을 겪어서 오늘에 이르렀는데 전체적
으로 생각하면 자기 나름대로 유학을 볼 수 있느냐 하는 것이
문제입니다. 하나의 사회적인 입장에서 사회적 기능으로 볼
때 유교는 한 걸음 벗어나야 되고 지나친 형식주의적인 것에

대한 유교의 반성이 필요하지 않느냐 보입니다. 한 가지 예로 요즈음 혼례는 정체불명의 양상인데 지금으로부터 몇백 년 전에 주자가 가례를 만들었던 때와 마찬가지로 유가의 입장에서는 새로운 현대적인 사회질서의 하나의 어떤 방향 제시가 유가적인 예(禮)개념에 의하여 새롭게 현실화되어야 한다는 것입니다. 결론적으로 오늘날 인간관계를 소홀히 여긴 나머지 폐색적(閉塞的)이고 고식적(姑息的)인 결과를 당면하고 있는 위기에서 하나의 돌파구를 마련해야 되지 않느냐 하는데 나는 선진유학의 본질 속에서 희망과 기대를 걸고 있습니다.

정: 오늘의 종교가 일반적으로 안고 있는 병폐는 본연의 진리를 망각해 버리고 있는 것이 아닐까 합니다. 즉, 기독교는 기독교대로 불교나 유교는 그 나름대로 제각기 자체 정비와 성찰과 각성을 통해서 현대 상황의 제반 과제를 해결해야 할 때가 된 것이라고 생각합니다.

박사님, 오늘의 바람직한 종교의 성격은 무엇이겠습니까? 종교의 의미가 이 시대에서 강한 설득력을 가질 수 있는 결정적인 방향타는 없을까요? 앞으로의 종교가 가야 할 정도(正道) 말입니다.

이: 대체로 요즈음 종교의 기능이 사회 개혁과 역사의 방향을 계도하는 것이 아니라 거기에 편승하고 반성 없이 거기에 더욱 신념과 힘을 부여함으로써 그릇된 일이었다면 그릇된 방향으로 내치닫게 했고, 옳은 일이었다면 또 옳은 일에 대한 전진적인 구실을 해 왔습니다. 사회의 흐름이 물질주의적인 경향, 무비판적인 욕망충족, 물질획득을 통한 부의 축적, 이런 공리

주의적인 것에 대해서 종교는 어떤 깊은 인간의 자세라는 것을 비판해 주지 아니하고 다만 그릇된 욕망적 인간의 긍정 이론에 동조하지 않았는가 해요. 일반적으로 가시적인 물질적인 경험적인 관능적인 행락 위주의 행복, 이런 것에 대해서 무비판적이라는 것은 종교가 본래 가야 할 방향을 놓쳐 버렸다고 보아야 합니다. 그래서 사회적인 소금 역할을 하고 인간으로 하여금 참된 길을 가야 할 조명 구실을 해야 할 종교가 그릇된 역사의 방향으로 내달리는 데 가속화하여 정신적인 고무를 하지 않았던가. 오늘날 인류 문명이 물질 만능주의, 행락주의에 빠져든 것은 그릇된 인간 긍정주의에서 출발했다고 나는 보고 있어요. 이러한 그릇된 인간 긍정주의가 오늘의 상태를 가져왔다고 보고, 인간으로 하여금 자기 밑을 들추어 볼 수 있는 부단한 반성과 끝없는 지혜를 공여(供與)하는 것이 종교의 역할이라고 생각해요. 구체적으로 문제가 되는 사항을 각 종교에서 살펴보면 불교나 기독교는 지나치게 내세관적이거나 신적이다 보니 현실과는 좀 유리된 것이 아니냐는 생각을 갖게 돼요. 인간의 문제가 일차적인 것이 아니고 신이 무한한 권능의 절대자이고 인간은 그다음의 이차적인 문제란 말이지. 그에 반해 유교는 신의 문제보다도 인간의 문제에 중점을 두고 있습니다. 어딘가 둘이 다 부족한 셈이지요. 각기 한 가지씩 모자라는 데가 있어. 다시 말해 과연 기독교적인 방법으로써 인간이 구원되느냐, 즉 신에 대한 독실한 믿음과 절대적인 기대만 가지고서 인간이 구원될까 좀 의심스럽단 말예요. 또 유교의 입장에서 늘 이야기하는 지나친 윤리적인 문제만 가지고는 인간이 본래 가지고 있는 신앙심리에 대한 풀리지 않는 어떤 게 있지 않느냐. 그래서 결국은 신과 인간과의 관계를 하나로 조화시켜야 되지 않느냐 하는 데에 내 나름대로의 방향을 잡아 봅니다. 그러니까 신의 문제에 대해서 그렇잖아요. 요사이 기독교에서 그리스도를 그림이나 영상으로 그릴 때에 고대인의 형상보다는 현대인의 형상으로 그려야지 않겠느냐 그렇게 얘기합니다. 사실 그리스도 자제가 인간이 되어 왔다 이거예요.

그것이 상당히 중요한 문제지요. 그리스도께서 오신 지 2000년이 됐으면 그 2000년의 변화에 걸맞은 모습을 가지고 현대 사회에 설득력을 가져야 하는데 2000년 전의 그 모습 그대로라면 곤란하지 않겠어요? 외부적인 시설만 현대화해 가지고 편리하게 번성해 가는 현상을 볼 적마다—그런 생각이 더욱 간절합니다. 불교나 기독교가 오늘날 놀랄 정도의 웅장한 시설만으로 서로를 경쟁하듯 하는 천상은 본질적인 종교 발전에 있어서 큰 해악입니다. 물질 만능주의 앞에서 인간의 참다운 존엄성은 지탱되기 어렵고 세계는 파멸로 빠져들기 때문이지요. 그렇기 때문에 나는 현실적인 문제로서 내부적인 종교가 가지고 있는 자체 문제에서 반종교적인 요소가 무엇이냐를 통찰할 단계에 와 있다고 봐요. 기독교도 여러 면에서 현대에 맞는 현실화가 되어야 합니다. 아울러 유교 역시 인간의 능력으로도 신의 경지까지 갈 수 있는 그런 길을 제시해야 돼요. 즉, 유교의 고집 속에 담겨 있는 전통을 살려 물질에도 꺾이지 아니하고 권력에도 꺾이지 아니하고 모든 것에 꺾이지 아니하며 의를 위해서 나는 죽을 수도 있다는 정신적인 흐름이 이어져 내려온 유산을 우리는 재창조할 필요가 있는 윤리적인 인간관 속에서 참된 인간의 모습을 찾아가는 인간으로서의 지극히 높은 차원 말입니다. 그래서 인간과 신이 하나로 밀착되어야 합니다. 소위 동학에서 인내천(人乃天)이라고 적절하게 표현하였지요. 사람이 곧 하늘이다. 거꾸로 말하면 하늘도 곧 인간이다. 얼마나 적합한 이상입니까? 하늘이 하늘로만 존재해서는 아무 의미가 없어. 우리 인간 속에 하늘이 있어야지요. 그래 인내천이란 말로 표현된 것입니다.

이제 통합해서 앞으로의 종교에 대해서 말하자면 윤리적 종교로서의 유교와 유심론적 종교로서의 불교와 유신론적 종교로서의 기독교라는 이 세 가지를 종합 분석해 볼 수 있는데 흔히 우리가 종교를 잘못 생각하면 신의 입장에서 보는 기독교가 상위의 종교가 아니냐, 이렇게 보는 경우도 있겠지만 나는 유교적인 입장에서 볼 때 유신론적 기독교와 무신론적 불교와는 서로 양극으로 보아야 되지 않겠느냐 생각하고, 반면에 윤리적 유교는 인간적인 것이 아닌가 해요. 그래서 종교의 갈 길에 대해 생각해 볼 때 아전인수라고 비난받을지 모르지만 역시 유교적인 인간 종교 바로 윤리적인 종교 이것이 앞으로 우리가 지향해야 할 방향으로서 새로운 어떤 종교 체계, 한국에 있어서의 종교적인 방향으로 채택되어야 하지 않나, 이렇게 판단이 됩니다. 물론 그 문제가 유교만의 독자적인 문제라고 강변하고 싶지는 않습니다. 다만 유교가 보다 더 그 문제에 있어서 강한 특징을 가지고 있다. 이것만은 고집하고 싶습니다. 결론적으로 어차피 종교의 공통된 핵심은 인간 구원이 중심적인 문제이지요. 그리고 우리 겨레의 자랑스러운 정신을 부활시키는 것이 종교의 사명이 아닌가 생각합니다.

정: 박사님, 범죄는 그 시대의 하나의 얼굴로서 환경의 표현일 수도 있지 않습니까? 박사님, 이 사회를 암울하게 풍미하는 일단의 생명 경시 현상에 대한 처방으로써 현대사회에 있어서의 참된 생명의 윤리에 관한 고견을 설파해 주시죠.

이: 오늘날 인간 경시의 문제가 어찌하여 이토록 우리가 위기를 느낄 정도로 심각해졌느냐 하면 오늘의 문명사회가 물질적인 데 너무 많은 가치를 부여해 많은 부작용을 일으키는 데 그 원인이 있습니다. 그리고 또 지나치게 잘 짜인 조직사회의 획일성이 인간의 비인간화를 가속화시키기 때문이지요. 아무튼 그런저런 복합요인으로 요즘은 사람들이 너무 철저하게 소외되고 망각되다 보니 인간의 가치가 영(零)에 가깝게 되어 버린 거예요. 정말 너무 위험하게 되어 버렸어. 저간의 몇몇 사회현상을 보면 너무 충격이 큽니다. 인간성이 상실되어 가도 그 절반이나 상실됐다든지 뭐 그러면 조금은 회복 가능성이라도 있는데 이렇게 완전한 영에 가깝도록 인간성이 상실되었다는 것은 엄청난 비극이라고 말할 수밖에 없어요.

저번의 의령 사건을 보고 어땠어요. 나는 망연자실한 후 사회 조류와 관련지어 보며 의령사건에서는 조그마한 촛불 같은 그런 희망적인 불빛마저도 볼 수 없지 않았느냐, 인간 자체에 대한 절박한 불안감이 엄습하지 않았느냐, 나는 그렇게 생각했어요. 그리고 거리낄 것 없이 그저 동물적 욕구충족 같은 분방한 삶으로 치닫고 있는 현대인의 외경상실(畏敬喪失)로 인한 당연한 결과가 아니냐……. 그저 눈에 보이는 형상, 드러난 효과, 개인적인 이익에만 치우치다 보면 자기 존재를 망각하게 되고 무분별한 광란까지 자행하게 되는 것 아니겠어요? 종교라는 게 뭡니까. 그래 종교라는 것이 진정으로 인간을 구원하기 위한 것이고, 인간을 구원하는 것보다도 인간성의 인간화, 인간 본질의 구현이라고 할 것 같으면 인간으로서는 인간 이상의 절대자의 존엄을 필요로 하게 되는 거 아니겠어요. 분명 여기에 종교의 존재 의의가 있다고 보고 있습니다. 절대자에 대한 어떤 존엄이 상실될 때에 종교의 의미마저 퇴색되지 않겠어요? 인간이 자기 자신에 대해 또는 신에 대해 확고한 존엄성을 갖고 있을 때 인간 회복이 가능합니다. 두려운 존재를 인식하지 못하는 인간, 바로 거기에서 인간을 잃어버리게 됩니다. 그러니까 하다못해 신에 대한 두려움이 없으면 자기 아버지라도 무서워할 줄 알아야지요. 만약 아버지도 모르는 막가는 사람이라면 법이라도 무서운 줄 알아야 그 강제성으로 죄악이 그나마 저지되지 않겠어요? 참으로 무서운 것이 없다는 것처럼 두려운 것이 없습니다.

그런 의미에서 종교는 근본적으로 인간성 의미와 인간 생명의 존재 자체를 부단히 관조함으로 해서 인간관계의 승화, 사회적인 발달, 역사적인 발전에 대해서 간단없이 자기 본 위치를 떠나지 아니하고 자기를 살펴 올바른 발전을 가져올 수 있도록 하는 그러한 기능을 해 줘야 합니다. 그런 가운데에서 긍정적이며 낙관적인 삶이 약속되겠지요.

정: 박사님, 감각적이고 물량적인 것에만 매달리며 부도덕한 인식의 오류를 추종하는 삶으로 재화나 권력 등의 우상숭배, 일반적 상도에서 벗어난 몰지각한 특수계층, 파괴된 부부 관계에서 야기되는 가정 부재, 정상에서 일탈해 가는 청소년 문제, 문란한 성 풍조 등이 마치 한여름 밤 전염병의 창궐처럼 날로 극심해 가는 오염된 현실을 순화하기 위한 인격 완성의 대로(大路)는 무엇일까요?

이: 요즈음 들어서 개인주의라는 개념이 흔하게 많은 인구에 회자되는데 나는 개인주의라는 것을 두 가지로 보고 있습니다. 하나의 자기 인격을 존엄시하는 인격주의적인 입장이 있고, 또 하나는 자기만을 위하는 이기주의적인 태도 그것을 공리주의적인 입장이라 할 수 있겠지요. 전자의 경우 자기 인격의 완성을 위해 자기를 위한다는 것은 아주 좋은 거예요. 자기 인격을 닦는다든지 항상 올바른 마음을 가진다든지 이런 것은 자기를 지극히 생각하는 것으로써 바람직한 것이죠. 문제는 후자의 경우처럼 나만을 생각한다는 데에 있어요. 다른 사람도 나와 똑같고 내가 나를 생각하는 것과 똑같이 존귀하며 똑같이 소중하게 생각해야 한다는 마음을 가져야 되는데 그러한 자세가 갖춰져 있지 않을 때 이 사회는 혼란을 일으키고 싸움이 일어나고 교류가 막혀 버리지 않습니까? 커뮤니케이션이 단절되어 버린 채 극한적인 대립과 반목만이 되풀이되고 말입니다. 나를 위해서는 저 사람을 희생시켜도 좋다는 악덕한 사고방식이 사회의 구석구석에 저구(低逑)해 갈 때 사회의 질서는 파괴되고 인간은 추악한 구렁텅이를 찾아갈 수밖에 없는 거예요.

그러니까 모든 문제의 파악에 있어서 상대적인 시각이 필요한 겁니다. 그래야 다른 사람도 나와 똑같은 개체다, 엄연한 인격체다 하는 존중스러운 태도로 대할 수 있는 거 아니겠어요? 내가 근자에 법원의 조정위원이 되어 가지고 본 바에 의하면 요사이 부부의 이혼율이 굉장히 늘어가고 있어요. 왜 이혼하는 현상이 일익(日益) 증가하느냐 하는 것도 문제이지만 또 하나 이상한 것이 있어요.

한 3, 4년 전만 하더라도 이혼을 주장하는 것은 남자들이었는데 이제는 거꾸로 됐어. 최근 들어 가지고는 여자들의 이혼 요구가 더 많아요. 이건 현대사회에서 무시할 수 없는 여자의 경제적 자신감 때문인지 모르지만 상당히 주의해야 할 문제점입니다. 아무튼 이혼의 흐름은 그렇다 하고……, 어째서 이혼이 심각한 추세로 증가일로에 있느냐, 요는 사람들이 자기만 생각하는 거예요. 저 사람하고 못 살겠다. 왜 못 살겠느냐, 돈도 없고 능력 부족이고…….

조금 전 얘기한 문제점들을 간단히 결론지으면 아주 쉬운 표현으로 세상을 서로 맞추어 가면서 살아야지 인간적으로 따뜻한 교류가 이루어지는 것 아니겠어요.

정: 박사님, 모든 힘의 근원은 자유에 있지 않습니까? 자유를 존중해서 보장해 주어야만이 존재가 성립할 수 있고 존재의 생성이 가능하고 말입니다. 또한 자유를 통해서 비로소 인간이 가지고 있는 내부의 지혜와 능력이 발휘되겠지요. 자유와 평등과 정의가 이상적으로 조화를 이루는 데서 능력은 개발되고 역사와 문명은 정상적 궤도를 달리게 되는 것이며 인간은 생

영(生榮)의 보람을 느끼지 않겠습니까? 자유를 억압해 버리거나 당치 않은 불평등이 심화되거나 정의가 무릎을 꿇고 있다면 그 사회는 활력을 잃고 역사의 방향은 맹목화되고 말입니다.

박사님, 인간의 역사가 제대로 가려면 양식과 자율성이 부단히 밝게 투사되어야 한다고 생각되는데 그러한 맥락에서 자유를 신장시키고 아울러 사회 곳곳에서 엄연히 존재하는 갖가지 불평등과 갈등을 해소하기 위한 가능성 있는 방안은 무엇일까요?

이: 이런 여러 가지 이야기를 사회과학적 방법론으로 다 설명할 수는 없고……, 철학적으로 설명할 수밖에 없군요. 자유를 억제시키고 정의로운 사회를 이룩하지 못한 가운데에서 불평등 문제가 제기되는데 그 불평등에는 권력구조상의 정치적인 불평등과 경제적인 불평등, 사회적인 계층상의 불평등, 남녀 신분상의 불평등 등으로 나눌 수가 있겠지요.

그러면 먼저 남녀 불평등의 예를 들어 이야기를 해 보지요. 남녀 불평등의 문제를 유교적인 입장에서는 남자 본위로 여자를 종속시켜 버렸다고 볼 수 있습니다. 그러나 남녀관계를 주의 깊게 생각해 볼 때 서로 대치할 수 없는 공능(功能)이 있거든……. 지금의 남존여비라는 말은 『주역』 「계사」 첫머리에 '천존지비(天尊地卑)'라는 말이 있는 데서 찾아볼 수 있습니다. 천존지비라는 말은 사실은 인간이 서 있는 것을 중심으로 해서 하늘은 위에 있고 땅은 밑에 있다는 것입니다. 공간 배열에 대한 것인데 가치관을 띤 존비로 보니 남자는 귀한 것, 여자는 천한 것이 되고 말았지요. 그러니까 남존여비라는 말도 천존지비라는 말과 같이 하늘은 위에 있고 땅은 밑에 있다는 것이라는 이치에서 볼 때에는 큰 문제가 안 됩니다. 공능이 다르니까 성격들이 다르다. 천(天)은 천의 속성이 있고 땅은 땅의 속성이 있다. 이렇게 보고 하늘의 속성은 강건한 것으로 보자. 또 양(陽)은 강건한 것이다. 땅은 음(陰)이지요. 음의 속성은 유순한 것이라고 봅니다. 즉, 하늘은 강건중정(剛建中正)하게 천지를 운행하고 땅은 유순후덕(柔順厚德)하게 하늘을 받들고 순종하라는 말이지요. 그것을 유가가 부부윤리로 끌고 내려왔는데 이상하게도 남성의 의무는 강조하지 않고 여성의 책임 추궁으로만 알고 있어요. 이것은 유가의 윤리를 근본적으로 종적 윤리로, 즉 복종윤리로 보는 전제에서 나오는 얘기 같아요. 그런데 그 종적인 윤리는 어디서 나왔느냐 하면 한대에 와서 중앙집권제가 되어 유교가 그것의 시녀로 타락되어 버렸을 때 나온 것입니다. 임금과 신하를 종적인 것으로 보거든요. 과거에는 임금과 신하가 종적인 관계가 아니었습니다. 횡적이었지요. 아버지와 자식의 관계도 마찬가지여서 아버지는 아버지의 도리를 해야 하고 자식은 자식의 도리를 해야 됐어요. 아버지는 자기의 도리를 안 하면서 자식에 대해서만 도리를 해라 이러는 것이 요구되지 않았습니다. 그러나 한대에 오면 이것이 정치적인 구조 속에 들어가서 완전히 종적으로 되어 버렸어요. 거기서 소위 삼종지도가 나온 거여……. 그러니까 진시황이 천하통일 한 다음에 한대로 넘어가서 완전히 중앙집권제가 되니까 치자(治者)가 절대자로 군림하고 절대자로 군림하기 위해 자기의 정권을 유지하는 데 필요한 유가 이론으로 합리화시키는 것이지요. 유가의 윤리가 정치 시녀로 타락되었다 할까, 그렇지.

아무튼 미시적인 관찰은 다 할 수 없고 굳이 대개나마 거시적으로 통찰하자면, 먼저 정치적 불평등의 해소는 위민(爲民)이어야 해요. 유가의 치자는 그 사람들이 근본적으로 현자(賢者)라야 된다는 것이에요. 성현이 되어야 치자가 될 수 있다고 하는 것이 근본입니다. 그러니까 치자는 동시에 교육자이지 통치라는 것이 바로 교화여. 그래서 옛날 왕궁에도 돈화문(敦化門)이 있는데 정치는 바로 교화라는 겁니다. 요컨대 어떤 법적인 권력이 막강하게 부여됐으므로 법조목의 힘에 의해서 백성을 다스리는 게 아니라 도의적인 측면에서의 높은 도의성으로 정치를 펴 나가야 된다는 겁니다. 경제적 불평등의 해소 역시 생산적 측면에서 적어도 인간의 자유 보장이 전제가 되어 생산 담당자의 개성을 존중하고 창의를 인정해서 인간 내부의 지혜에 자연 요건을 가해서 소망스러운 결과를 가져와야겠지요. 분배에 대해 공자가 이런 얘기를 했습니다. 물질이 적은 것이 문제가 아니라 고루 분배되지 않는 것이 문제다[不患寡而患不均]라고 언급했는데 분배의 기준에 모순이 없어야겠지요.

사실 미래사회는 협동을 통해서 이루어지는 것이며 거기에는 우열이 없는 것이라고 나는 봅니다. 인종 간이든 남녀 간이든 권력 관계든 경제 사회 문제든지 간에 서로 종속 개념에서 탈피하여 상호 보완 관계로 정립해 갈 때, 갈등은 해소되지 않을까 합니다.

정치적으로도 그렇고 경제적으로도 그렇고 모든 면에서의 자유와 구속, 평등과 불평등, 정의와 불의의 갈등 문제는 그야말로 천태만상으로 다양합니다. 아울러 한두 가지의 논리로 그러한 갈등을 해소하는 방안을 제시할 수도 없습니다. 다만 인간의 개발화되어 있는 특성과 자유스러운 창의에 의한 발전이라고 하는 이상을 지향해 종교와 교육은 마땅히 사람을 사람으로서 더욱 노력하게 만들고 또 자신이 스스로를 갈고 닦아 보다 높은 인간의 완성을 지향하도록 하는 것이 옳겠지요. 오늘의 이 사회에 보이게, 보이지 않게 풍미하고 있는 제반의 불평등한 양태는 우리가 가장 절실하게 요구하고 있는 부분인 인간 자체가 안고 있는 생산력의 결핍 상태가 그 혼란의 한 원인이라고 말할 수 있으니까요. 통상적으로 현대의 위기라는 것은 인간 자신이 자기 생산을 등한히 한 까닭이라고 보아야 합니다. 앞으로의 바람직한 인간상은 십자가를 짊어진 깨어 있는 현장의식으로써 이 상황의 어려움을 외면하지 않는 시대의 주인입니다. 거기에 모든 해결의 매듭이 있을 것 같아요.

정: 박사님, T. S. 엘리엇은 가족생활이 그 역할을 발휘하지 못할 때에는 문명의 퇴화 현상이 일어난다고 「문명의 정의를 위한 소고(小考)」에서 말한 바 있는데 박사님께서는 가족생활의 파괴를 가져오게 한 요인을 무엇으로 보십니까?

이: 사회 발전의 과정을 나는 이렇게 보고 싶어요. 사람이 동물의 세계에서 인간의 세계로 발전했다는 것은 우리 인간이 다른 동물보다 사회를 구성할 수 있는 능력이 훨씬 뛰어나다는 의미가 되겠지요. 그 인간들이 자신의 개인 윤리적인 세계를 갖게 된 게 하나의 가정이고 사회적인 세계를 가졌다는 것이 바로 국가가 아니겠어요? 그런데 이 지구촌을 놓고 비교해 보면

서양에서는 가족을 뛰어넘어 가지고 사회 구조 속에서 하나의 문화를 형성하고 동물의 세계에서 인간으로서의 생활 문화를 이루어 갔단 말예요. 그것이 서양에서는 기독교의 교회로 상징되지 않을까 싶습니다. 교회는 혈연적인 문제보다는 어떤 사회 조직으로서의 기능이 더 우세하다고 볼 수 있으니까……. 그런데 동양에 있어서는 사회적인 구조나 국가적인 구조를 선행해서 가족 혈연적인 구조에다가 악센트를 두었어요.

그렇기 때문에 공자는 효제(孝弟)는 기위인지본(其爲仁之本)이라 했어요. 효와 제라는 것은 인간으로서의 구실을 하고 사람답게 살아가는 기본이 된다고 말할 수 있어요. 즉, 효제는 사회윤리의 기본이 아니라 가족을 중심으로 하는 규범윤리입니다. 그런데 바야흐로 세계가 한 지붕 밑에 놓이다 보니까 한국사회의 현장에서는 가족과 사회의 윤리가 상호 충돌을 불러일으키고 있어요. 아시다시피 기독교가 전파된 이후의 교회 활동상에 그런 현상이 노출되고 있잖아요? 심한 경우에는 가정보다도 교회를 더 중요시하는 가정과 사회의 그 불편한 관계의 모순을 기독교가 분명히 안고 있습니다. 그러니까 한국사회에서 앞으로의 문제는 이 가족의 혈연적인 관계와 비혈연적인 사회의 구조가 어떻게 하나로 조화를 이룰 수 있느냐 하는 이 어려운 문제에 손쉬운 해결이 없으면 바로 거기에서 힘든 갈등이 생기리라 봅니다. 그래서 이혼 문제, 청소년 문제 등 가정생활의 여러 문제점을 내포하고 있는 것 같아요. 그런데 한편으로는 이 가족주의적인 폐단이 유교 윤리에서 오는 완고함이 현재 사회 제도상의 구조와 어우러지면서 자연스레 융화되지 못한 데에 까닭이 있지 않느냐 싶기도 해요. 유교의 전통 윤리는 지나치게 가부장적이라는 굴레의 한계로 옭아맸고 사회의 흐름은 새로운 가정의 분위기를 요구하게 되고 ……, 아무튼 그런 괴리가 문제를 던지고 있는 것 같아요. 그리하여 사람들이 과거의 가정이라는 개념이 가진 모순을 제거하기 위해 교각살우 격으로 오늘의 이 마당에서는 가정 그 자체를 뿌리째 흔들며 부인해 버리는 지경까지 오지 않았느냐, 나는 그렇게도 보고 있습니다.

정말이지 앞으로도 이런 사회 분위기가 계속된다면 문제는 꽤 심각합니다. 일례로 요즈음 성가가 한창인 사회복지 문제 같은 게 말입니다. 이 문제를 생각해 볼 때 노인복지 문제는 사실 깊이 헤아려 보면 문명의 말기 증상이랄 수 있어요. 인간 없는 가정의 비극 같은 거 아니겠어요? 서구 사회에서 개인이 완전히 국가의 도움으로 복지 혜택을 받고 양로원으로 간다는 그 가운데에는 어른을 부양해야 한다는 극히 기본적인 도덕성마저 부인되고 있어요. 이것을 만일 우리 한국사회에다 직접 도입해 보았다 생각해 보세요.

우리는 아직까지도 부모를 모셔야 한다든지, 부모와 노후 거처는 양로원보다는 역시 자식과의 동거가 제일 바람직하다고 생각하는 사고방식의 틀 속에다가 새로운 방식을 주입해 교정하려 들 때 우리 사회의 내부적 갈등이 심화되지 않을 수 있겠어요? 참으로 어마어마한 부작용이 야기될 겁니다. 왜냐하면 서구 사회는 이미 가족이라는 개념에 크게 구애받지 않고 기독교라는 종교가 부여한 사회적인 통념이 상당히 자리 잡혀 있고, 그것이 발전하여 그 사람들 생활의 기반이 되어 있거든. 그런데 한국사회에서의 사회복지제도 도입은 융화가 가능할 만한 시간의 여유가 없이 진행되고 있어요. 그런 나머지 급격한 변화가 퍽 낯설게 느껴지고 아직도 생소하기 그지없는 바다 건너의 이야기 같습니다. 그렇다고 핵가족으로의 조류를 완전히 부인한다고 곧 해결이 된다고는 생각지 않습니다.

그래서 나는 최근 들어 가정 문제를 이렇게 생각하고 있어요. 적어도 가정에 있어서의 기본적인 문제로 그 관계가 십자로의 조화가 이루어져야 한다. 그 열십자라는 것은 종적인 부자와의 관계와 횡적인 부부 관계의 만남을 뜻합니다. 그러니까 횡적인 부부 관계에 의해서 종적인 부자 관계가 단절되어 버리는 비극이 생겨서는 안 된다 이거지요. 그 말 퍽 중요합니다. 섭섭하게도 요즈음 그러한 현상이 지나치게 빈번해요. 핵가족 세상에서 부부가 제일 아니냐. 부모는 우리를 낳아 주었을 뿐이고 우리는 우리대로 독립했다. 부모는 부모대로 살아가면 되지 않느냐, 그렇게들 부르짖잖습니까? 그런데 그게 아닌 거예요……. 그렇다고 내 말이 저 5대나 10대의 선조까지 올라가서 무슨 효도를 하라는 의미는 아니고 살아 있음의 직접적인 연계 속에서 가족관계의 현재를 인정하고 하나의 새로운 가정상을 바로 세워야 되지 않겠느냐는 말입니다.

정: 박사님께서는 인간관계의 퇴화를 막을 수 있는 방법이 정신문화의 제고에 있다고 확신하시는지요? 스타이나 같은 사람은 『언어의 침묵』에서 베토벤과 모차르트의 음악이나 괴테의 문학이 나치의 유태인 학살을 구하지 못했다는 주장을 하면서,

예술의 영향이 인간의 사고방식에 줄 수 있는 영역이 얼마나 미약한가를 이야기하고 있지 않습니까? 이렇게 생각할 때에 과연 우리의 제반 정신문화가 오늘의 전락된 상황을 구원할 수 있다고 기대하실 수 있는지요.

이: 나는 인류 사회가 한낱 동물의 세계에서 인간적인 사회로 발달한 원동력을 문화라고 봐요. 하나의 민족으로서 특별한 독자성의 문화를 가질 때 그 문화에는 민족 자체의 생명이 담긴 것이고 또한 인류가 가진 '상통이 가능한 보편성의 문화'가 있겠는데 바로 거기에 우리의 인류 사회를 이끌어 가는 바닥의 힘이 있습니다. 그러니까 문화를 구체적으로 살펴보면 그 속에 종교도 들어 있고, 예술도 들어 있고, 언어도 들어 있고, 일반적인 의식주의 생활까지 들어 있어. 그야말로 사람이 살아가는 데 있어 그 모든 것이 종합된 것을 하나의 문화라는 개념으로 보게 될 때에 문화의 상실은 곧 인간 사회의 파멸을 의미하는 것으로 봐야 합니다. 나는 그런 입장에서 판단할 때 오늘의 현대사회가 점점 반문화적인 협곡으로 가게 되니까 문화라는 것은 별로 힘을 가지지 못하는 게 아니냐, 문화 이외의 다른 힘에 의해서도 인류 사회는 계속해서 발전할 것이 아니냐 등등의 그러한 위험스러운 인간의 방심 때문에 시대 상황의 위기론이 퍽 무겁게 조성되고 있는 것 아니겠어요?

사실 우리가 구미 선진국을 볼 때 겉으로 화려하고 웅대하여 그들은 더할 수 없는 문명의 위대함을 자랑하고 있는 것 같지만 실제로 그 속에는 그 거창한 문명 왕국을 순간에 위태롭게 해 붕괴로 이끌어 가는 엄청난 독소가 내포되어 있다, 나는 그렇게 보고 있습니다. 그래서 나는 상징적으로 이렇게 설명하고 싶어요. 물로 불을 끈다. 분명히 불은 물로 끄지, 하기야 요새는 다른 힘으로도 끄기야 하지마는. 그래도 물이 불을 끄는 힘을 가지고 있습니다. 그런데 만일 어느 건물이 탄다고 할 때에 한쪽에만 물을 부으면 그 불은 못 끄지요. 힘이 없다고 할까. 아무튼 불 끌 힘이 부족한 물은 객관적으로 볼 때 그 본래의 기능을 잃었다고도 단정할 수 있겠지요. 그러니까 지금의 세태가 반문화적인 방향으로 가긴 가는데 워낙 힘이 없으니까 이렇게 할 수 없다 이 말이야. 정신문화의 무력함을 인정할 수밖에 없는 안타까운 파악이지……. 역시 이 시대는 돈을 벌고 권력을 가져야 살아가는 시대지, 문화니 예술이니 종교니 하고 이야기해 봤자 그건 잠꼬대 같은 소리 아니냐, 그렇게 말할 수밖에 없는 상황인지도 몰라요.

우리 눈에도 비슷하게 와 닿고 있으니까. 한 바가지의 물이 큰불을 끌 힘을 못 가졌으니 물이 무슨 힘이 있느냐……. 그러나 결국은 물이라야 불을 끈다, 나는 그렇게 보고 있어요. 지금 서구 문화가 들어와 가지고 판을 치고 있는 그 소용돌이 속에서 우리가 조상 대대로 수천 년 동안 살아 나왔던 생활의 터전, 뼈대, 그 기반이 상실되어 가고 있어요. 언젠가 불원간에 큰일이 나고 맙니다. 우리 것이 송두리째 중심을 잃고 뒤흔들려도 위기의식마저 느끼지 못하는 이 절명의 위험 수위에서 그래도 희망의 구근(球根)이라면 정신적인 힘, 역시 의지할 때는 그것뿐이라고 결론지어 봅니다.

정: 박사님, 이제 지금까지의 '인식의 차원'을 떠나서 역사적 시각

으로 현실을 살펴봐 주셨으면 합니다. 역사란, 남의 일이 아니라 나의 일, 과거의 일이라기보다 현재의 일이라고 한다면 그것은 지나간 사실을 얼마나 생생하게 재현하느냐에 뜻이 있는 것이 아니라, 지나간 사실에서 무엇을 찾아내는가에 뜻이 있지 않을까 합니다. 따라서 역사란 우리에게 주어지는 것이 아니라, 우리의 물음에 대해서 대답을 해 주는 것이라고 누군가가 한 말이 매우 실감 있게 떠오릅니다. 또한 칼 야스퍼스 같은 이는 서기전 8세기에서 2세기까지를 '차축시대(車軸時代, Achsenzeit)'로 보아서 역사가 해이해질 때는 언제나 이 차축시대로 돌아가 거기에서 새 힘을 얻어 가지고 다시 역사를 활기차게 하는 것이라고도 보고 있습니다. 사실 한 시대의 역사란 언제나 그 전 단계 역사의 소산물이랄 수 있잖습니까? 앞으로 우리 역사의 올바른 방향에 대해서, 앞으로 나와 우리는 어떻게 살아야 하는가에 되도록 올바른 방향을 얻기 위해 그리고 현재의 나와 우리를 똑바로 알기 위한 가장 구체적이고 종합적이며 근원적인 해답을 박사님의 새로운 역사 해석으로 새롭게 과거를 더듬어 주셨으면 합니다.

이: 그런데 나는 역사가 전공이 아닌 사람이므로 먼저 문외한으로 자처하고 싶습니다. 그러나 일반의 상당한 관심사이기에 어눌하지만 평소의 소회를 말해 보자면 내가 상식적으로 볼 때 서양 사람들의 역사 발전 과정에는 변증법적인 유물사관이 그 바닥에 깔려 있어요.

동양에서의 그와 비슷한 것으로는 오행설적인 역사관이 있지요, 상극 법칙에 의한 변증법적인 정반의 원칙과 비슷한 것인데……, 그리고 이제 공자의 역사관, 바로 그것으로 내가 이야기를 하려고 하는데 춘추대의명분(春秋大義名分), 역사는 역시 올바른 정의에 의해서 발전해야 된다는 그런 사관을 나는 역사 해석의 원리로 삼겠습니다.

그러니까 단순한 사관의 기준치로 어느 시대에 일어난 사태를 볼 때 상극적인 법칙의 입장에서 기술한다면 제왕과의 싸움에서 누가 이겨 승리했다고 그러지마는 장구한 가치의 역사관으로 볼 때에는 그러한 일이야 역사의 일시적인 현상 아니겠어요? 왜냐면 역사의 주맥은 역시 명분이 끌고 가는 것이지 않냐, 거기에서 역사를 어떻게 보느냐 하는 관점의 큰 차이가 있습니다.

비근한 예가 될지 모르지만 나는 이조 500년을 보게 될 때에 상당히 회의적입니다. 이조 500년이 한국적인 500년이었느냐, 그렇지 않으면 이조 500년 동안에 한국의 맥이라는 건 끊어지고 중화풍의 맥이 존중됐던 우리 것의 암흑시대냐로 구분지어 볼 때 그 안에는 너무나 지저분한 부작용의 쓰레기로 산을 이루고 있습니다. 특히 우리의 정신사적인 문제에 있어서 사대주의는 그 패악이 단연 으뜸입니다. 도대체가 명분이 없고 떳떳하지가 못해요. 가령 정몽주는 아니 고려 충신 아녜요? 기울어 가는 나라를 바로 붙들기 위해 애쓴 충신이다, 옳음을 떠받들며 절의를 지킨 위인이다, 그렇게들 모시고 있는데 사실은 찬사의 감탄이 끊어지지 않을 만큼, 또는 역사의 귀빈 대우를 받을 만큼 위대한 충신은 못 됩니다. 그 사람은 어쨌느냐 하면 명나라 옷을 입고 명나라 말을 쓰자고 주장한 사람이에요. 나는 과연 그 사람이 민족의 주체 의식이 있던 사람이냐, 민족의 혼이 진짜 있었던 사람이냐에 많은 의심은 물론 분노를 느낍니다. 하기야 그것은 비단 정몽주 개인으로만 국한된 게 아니고 그 이후까지 명나라 연호를 계속 썼지요……. 명나라 연호, 그건 뭘 의미합니까. 그것은 우리나라 우리 겨레의 주체성의 공백 상태를 상징합니다. 바로 그것에 대한 일깨움이 실학운동으로 나왔지 않겠어요? 당시 사회의 간절한 물음에 무엇인가 대답하지 않으면 안 될 처지에서 실학은 그 위대한 싹을 틔운 것입니다. 실학사상은 기본적으로 봉건제 이조국가의 구조적인 모순을 타개하고 새로운 사회의 건설을 지향하는 것으로서 거기에는 일정한 한계가 있는 것이기는 하지만 그 당시의 사회사상으로서는 혁신적이고 진보적인 운동이었습니다. 실학 운동의 중요성이라면 자기를 찾자는 민족 주체 의식이 다시 강조됐다는 그런 의의 아니겠습니까? 이론적으로 우리의 근대 역사학을 완성시킨 단재 신채호 선생께서는 낭불사상(郎佛思想)을 주장했는데 그건 순전히 김부식의 삼국 사관에 대한 반발이거든요. 『삼국사기』는 우리 역사를 전부 중국 속에다가 예속시켜 놓은 가운데 거기서 재료를 뽑아다가 만들어 놓은 것으로서 그것은 독자성이 하나도 없다, 그거예요. 단재 선생께서는 그런 맥락에서 광개토왕의 비가 있는 집안현의 일람(一覽)이 김부식의 고구려사를 만독(萬讀)하는 것보다 낫다고 하였지요. 역사 발전이라는 것은 그래요. 결국은 조국의 민족사를 똑바로 써서 오래도록 시들지 않는 민족정기라 할까, 민족 주체 의식이라고 할까 이것이 강렬한 생명력으로 가슴마다에 숨 쉬고 있을 때 그 민족은 비로소 제 역사론 가지고 맥을 이어갈 수 있습니다. 사실 자기 고유의 맥이 없는 민족은 아무리 그 힘이 일시적으로 강대해도 국가의 흥망성쇠에 금방 좌우되어 영원한 망각의 늪에 묻혀 버리고 말아요. 몽고족 같은 게 그렇지요. 원나라라는 그 강대한 국가는 중국의 전 대륙을 점령하고 일본과 구라파 지역까지 그 위세가 작용했고 위협을 가했잖아요. 그러나 지금에 와서 과연 몽고라는 나라의 문화가 남아 있으며 민족문화의 독자성을 갖고 그 맥을 이어 왔는지 난 잘 모르겠어요(웃음). 청나라 역시 그렇지 않습니까? 만주족이란 제 문화를 못 가졌거든. 그러니까 그 넓은 대륙을 점령하고 나서도 자기 문화가 없어 결국은 한족한테 다시 흡수되고 말았지요.

그러나 우리는 떳떳한 자기 문화를 가지고 있습니다. 그 구체적인 게 뭐냐 하는 문제는 상당히 긴 얘기가 필요해요. 장엄하게 그 시대의 문화를 찬란히 개화시킨 순교자적 예술인의 창조적 고뇌가 쌓아 올린 문화의 금자탑에서 민족의 숨결과 영혼, 그리고 발자취를 읽을 수 있으며 그리고 그 질긴 생명력으로 단절되지 않고 영욕과 성쇠를 거듭하면서 어두운 낮과 밤을 밝혀 온 역사의 뜻까지 알 수 있지 않을까 합니다.

정: 우리가 우리 민족의 역사를 공연히 비하하거나 그동안의 실패를 겪는 가운데에서도 지속해 온 우리의 주체적 노력을 과소평가해서는 안 되겠지만, 아직껏 남과 북이 갈라져 있는 오늘의 역사까지가 크게 보아 실패의 역사라는 점은 바로 볼 필요가 있을 듯합니다. 오늘의 우리 역사가 획기적 발전의 거보를

내딛지 못한 원인에 대해서 진단해 주셨으면 합니다.

이: 우리의 역사를 거슬러 올라가서 생각해 보면 상당히 착잡해질 겁니다. 역사의 기록을 살펴보면 우리나라는 강대국들의 심심찮은 각축장인 양 그려져 있는데 한편으로 우리나라가 지금껏 어떻게 생명을 유지하고 살아 나왔느냐를 생각해 보면 가슴 뭉클한 묵시(默示)가 우리를 깨우쳐 줍니다. 한국 문화의 본질은 적어도 중국 문화와 대적 입장에서 파악해 볼 때 동등한 입장이었습니다. 왜냐하면 동방에 있어서 한국과 중국의 두 문화는 본질적으로 대조적인 양상을 띠고 있기 때문입니다. 이 점을 밝혀 보기 위하여 우선 자연환경의 배경을 들어 살펴보는 것이 좋을 것 같습니다. 이것은 다시 말해 문화의 발상지와 중심 무대의 문제인데 단재 신채호 선생께서는 우리의 무대를 하얼빈으로까지 봤지요. 문화 발상지에 대해서는 통례적으로 중국 문화는 황하를 중심으로 한 강하의 문화이고 우리 문화는 산악 중심의 백두산 문화라는 말로 대체할 수 있습니다. 둘 다 자연을 배경으로 하여 자연과의 조화를 이루었지마는 강하(江河)의 문화는 현실적인 데 반하여 산수(山水)의 문화는 신비적이라고 할 수 있습니다. 중국 문화가 윤리적이요, 제왕학(政治經濟)적이요, 논리적인 데 반하여 한국 문화는 종교적이요, 서민적이요, 예술적인 것은 이 때문일 것입니다. 한마디로 말해서 중국 문화는 구도적[構圖的, 하도낙서류(河圖洛書類)]인 유한수(有限數)의 문화인 데 반하여 우리 문화는 상징적(神話類)인 무한수의 문화라는 점에서도 이 둘은 구별 지을 수 있을 것입니다.

그러한 우리 문화의 성격이 갈등의 통합을 이루지 못한 정치 세력의 대립으로 국토가 이 반도로 굳어지면서 모든 면에서 급격히 힘이 약화되어 버린 것이지요. 그 취약성으로 강대국의 조종을 받게 된 게 아닙니까? 그래저래 신라의 삼국 통일은 문제점이 많은 겁니다.

압록강과 두만강 이북이 떨어져 나가 버린 뒤로 우리가 위축된 것이지 그 전에는 그렇지 않았어요. 아니 일본이야 한때는 왜구였지요. 더구나 일본은 우리 문화를 자기네 통신사로 해서 받아들여 갔지 않습니까? 정치적으로나 문화적으로나 함부로 무모한 짓을 못 했던 일본이에요. 참 격세지감입니다. 현재 우리의 숨통을 막히게 하는 남북분단도 그러한 줄기에서 생각하면 이해가 손쉬울 것입니다. 신라에 의해서 이루어진 삼국 통일 이후의 분단 상황과 맞닿아 있다 할 수 있으니까요.

여기서 문제의 핵은 현재의 타율적인 올가미를 제거하기 위해서 우리 자체의 칠이 있어야 되지 않겠느냐 이거예요. 이건 정치적인 의미를 떠나서 생각해 볼 때도 결국은 남북통일도 양쪽의 자력에 의해서 자율적으로 길을 터놓을 경우에야 비로소 서광이 비치지 않겠느냐, 누가 옳고 그르고 간에 그런 막연한 생각을 해 봅니다. 그런 것을 우리는 독일 같은 나라에서 볼 수 있잖아요, 지금은 자유중국과 중공 사이에서도 그전 기미가 조금은 보여요.

그것이 우리에게 뭘 시사해 줍니까?

앞으로 우리에게 필요한 건 장기적인 안목입니다. 그런 바탕에서의 화합이 우리 민족의 자율적인 역량으로 자라 나와야 됩니다.

정: 박사님, 역사 실패의 원인을 전부 외세에 전가시켜 버리는 것은 기회주의적 이중 인간의 비겁한 책임 회피의 태도가 아닐까 합니다. 오히려 근본적으로는 외세를 불러들이는 내부 세력이 문제가 되어야 하지 않겠는가 하는 생각이 듭니다. 박사님께서 역사와 외세와의 달갑지 않은 관계를 적확히 설명해 주시겠습니까?

이: 이 문제에 대한 답을 찾아보자면 역사를 소급해야 하는데……, 역사와 외세와의 관계에 있어서 우리 한민족처럼 그 외세에 대한 저항력이 강한 민족도 드물 거예요.

고구려의 그 강인한 민족성은 당태종 수양제가 이끌고 쳐들어온 거대한 대병을 끝내 물리쳤고, 고려 시대에 와서도 항상 변방을 귀찮게 했던 오랑캐들과 몽고족인 원나라 침략자들을 다 내쫓았잖아요. 아무튼 외세에 대한 저항력은 학문적으로 설명할 수 없는 저력을 가지고 있다는 자부와 긍지를 가져도 좋을 것 같아요. 그렇게 어마어마한 몇 차례의 국난에서 웬만한 민족이라면 물에 씻긴 듯이 없어져 버렸다고 봐야 됩니다. 이 문제를 의학적으로는 이렇게 풀이할 수가 있어요. 정복자하고 피정복자와의 관계를 설명할 때 병균은 외세다, 이 말입니다. 일테면 병균을 막아 낼 자생력이 있다면 외세는 막아 낼 수 있는 것이다 이 말이지요. 그러나 자생력이 시원치 않으면 외세가 대단치 않더라도 그 기세에 눌려 버린다는 겁니다. 그런 의미에서 그토록 어마어마한 외세가 우리의 강토를 에워쌌음에도 불구하고 지금껏 민족의 생명이 뻗어왔음은 우리의 자생력이 자랑스러운 기름이지 않느냐, 그리고 지금의 우리에게도 그것이 없어질 수는 없는 것이 아니냐는 확신이 섭니다.

우리의 그 위대한 자생력을 말살시키기 위하여 근세에 들어 일본놈들이 조선 사람들은 자치 능력이 없다, 이조 500년을 당쟁만 일삼아 외침만 당해 온 피지배 민족이다, 그렇게 악랄한 술책을 다 부렸는데 그것은 침략 행위의 정당성과 자기 합리화를 호도하기 위한 하나의 상투적인 수단이 아니겠어요. 결론적으로 외세 제거를 위한 최선의 방법으로는 우리가 자생력을 갖는 길뿐입니다. 그건 역사가 교훈적으로 밝혀 주고 있어요. 그러니까 이순신 장군 한 분의 정신력만으로도 우리 민족 전체의 정신력이 대변된 게 그거지요. 민족 대대의 오랜 전통과 배경 없이는 이순신 장군 같은 위인의 불멸할 정신력은 쉬 나올 수가 없거든요. 정말 우리 자신과 민족의 썩지 않은 생명력을 위해 숱한 역사의 명맥 속에서 외세에 대응할 슬기를 찾아야 합니다.

정: 단재 선생은 일제의 침략하에서 독립 투쟁으로 일환하며 민중의 힘이 얼마나 중요한 것인가를 인식한 데서 역사의식을 얻었다 합니다. 그것은 그의 「혁명선언」에 잘 표현되어 있지요. 민중을 의식하면서 서술한 선생의 「혁명선언」은 곧 일제에 대한 독립선언이고 민중을 위한 사회개혁론이기도 하였으니까요. 박사님, 이제 역사의 진정한 주류와 주체 세력에 대해서 이야기해 주셨으면 합니다.

이: 나는 최근에 문화 담당자라는 표현을 즐겨 쓰고 있습니다. 문화 담당의 계층이라는 말은 더욱 좋아하고…… 하나의 문화는요, 한 개인의 목쉰 부르짖음이나 또는 논리 정연한 학술적인

기록만은 아닙니다. 진정한 문화는 생활 속의 문화로서 어느 계층이 이루어져야 돼요. 우리 같은 사람이 아무리 민족문화니 향토문화니 하며 강연으로 떠들어 봐야 별 효용이 없어요. 문화를 실제의 생활 속에서 담당해 나가는 계층이 형성되어야 합니다. 더불어 같이 공감하는 기반이 잡혀야 해요. 요새 판소리다, 탈춤이다 하는 전통적인 예술을 만남에 있어서도 그냥 어정어정 모여 에헤라 놀아라 손뼉 치고 하는 게 판소리 감상회가 아니에요. 『뿌리깊은나무』에서 판소리 감상회를 열어 왔는데 어떤 효과를 거두었느냐 하면 뜻있는 젊은 층들이 많이 모여들었어요. 그건 퍽 성공적이었어요. 그 계층이 판소리를 진정으로 이해할 때에 전통 예술이 살아나고 민족문화가 이루어지는 것이지요. 요즘 텔레비전에 영 일레븐이나 뭣처럼 이묘한 괴력으로 활개를 치는데 바로 그러한 표피적 소비 패턴이 이 사회의 문화를 담당해 가지고 나갈 때에 이 사회는 위험합니다. 그것이 지금 이 시대의 문화 담당 계층입니까? 참으로 문제가 아닐 수 없어요…….

그래서 이번 가을에 전통 예술을 생활 속에 대중화시키는 방안으로 판소리 감상회를 마련할까 합니다. 모처하고 연결이 다 되어 가고 있어요. 여기 박물관에서 매주 금요일에는 판소리 감상회가 쉬지 않고 한 달 동안 열린다. 한 번씩이라도 다와서 들어 봐라, 그러한 프로그램을 가지고 어느 계층을 이루어 보려고 그래요. 의욕적으로 생동하는 새로운 계층들이 우리의 전통적인 문화를 금방 피부로 느끼고 자기 것으로 소화할 수 있는 기회를 만들어 줘야 되겠다는 겁니다. 물론 여기에는 꾸준한 노력이 필요하지요. 그냥 단순하리만큼 주체 주체 해 봤자 막연한 이야기고 뭐가 주체고 주체성 있는 문화인지 를 널리 알리고 이해시켜 하나의 구심력에 뜻을 집합시켜야 돼요. 그래야 계층이 형성되고 그것에 의해서 이 사회 이 시대 의 문화와 역사의 주체로서의 민중의 삶이 바람직하게 이끌어 져 나가야 된다는 말입니다. 바로 그런 일을 위해 문화 담당 계통에 있는 우리 같은 사람들이 성의껏 뒤에서 힘써 주고 뒷 받침해 주는 입장을 취해야지요. 각각의 한 개인이 추진하기 에는 힘에 부치는 일이 아니겠어요? 그리하여 그것이 하나의 힘으로서 주류로서 역사의 강물을 타고 도도하게 흘러야 됩니 다. 문화를 가지고 설명을 구구하게 했는데, 요는 이것을 알아 야 해요. 역사적 사실의 관찰에서 그 해답을 찾을 수 있듯이 민중적인 뒷받침이 없이는 무슨 일이나 성공하기 어려움을 말 예요. 민족과 민중의 힘은 민중 전체가 스스로 이를 깨달을 때 무한하게 파급됩니다.

정: 박사님! 우리의 현재적 상황이 역사적 연속선상에 위치함으로 써 그 성격이 규정되는 것이라면 전통 사회에서의 바람직한 문화의 융화를 史實에서 살펴보는 일은 올바른 문화 건설의 지름길이 될 것 같습니다.

우리 한민족이 북방 민족의 한 갈래로 농경시대에 접어들면서 북반구 온대 중앙인 한반도에 중심 터전을 잡고 농경문화 민 족으로 발전해 오는 과정에 있어서 우리 고유의 주체성으로 유, 불, 도교 등 중국의 문화와 사상을 수용하여 결코 자기 상 실의 소화불량에 걸리지 않고 문화 발전을 하여 왔다고 할 수 있겠습니다.

즉, 4세기 고구려에 전파되기 시작한 불교는 빠른 속도로 백제, 신라와 연결되며 문화적 토착화를 성취하였고, 특히 이타적 현실 참여나 내적 수련을 근본으로 하는 불경을 중심 경전으로 삼자 누구나 여래 될 씨가 있다는 여래장(如來藏) 사상에 투철한 승려들과 민중들의 높은 정신력은 중세 문화의 번영을 가져왔습니다.

그리고 유교에 있어서도 문화의 토착화는 성공적으로 수행되었다 할 수 있습니다. 자율적인 향촌 자치라든지, 서원교육을 통한 도학, 정치, 사창제나 향약 등의 농민 정책, 유교 문화의 지방 확산 등은 전통문화의 정신적 주류라 할 수 있겠습니다. 그런데 근래에 들어와 현기증이 날 정도로 서양 문물이 범람하고 있는 오늘의 이 시점에서 우리가 어떻게 하면 자기 문화의 내실 위에서 외래문화를 조화 있게 소화시켜 재창조할 수 있는지, 그리고 우리 민족 고유의 사상은 과연 무엇인지를 박사님께 묻고 싶습니다.

이: 우리 고유의 사상을 근자에 와서 많은 분들이 관심을 가지고 계십니다. 그런데 흔히들 말하기를 우리나라의 고유한 사상은 없고, 중국에서 들어온 유교나 중국을 거쳐 들어온 불교 그리고 도교 이런 것들이 혼합된 상태에서 우리나라 고유의 사상이 이루어지지 않았느냐 그럽니다. 그것은 우리 고유의 사상에 대해 부정적인 입장을 취하는 분들이지요. 또 하나 다른 입장은 그 유·불·도 삼교가 우리나라에 들어왔다 하더라도 우리 고유의 사상적 바탕 위에서 우리 선인들이 그것을 소화해

서 새롭게 정립한 것이다. 그렇게 긍정적인 입장을 취하는 분들이 있습니다. 전자의 경우와 같이 부정적인 위치에서 보는 사람들에 대해서는 더 말할 필요가 없고, 후자와 같은 긍정적인 측면에서 나는 이야기해 볼까 합니다.

그러면 우리 선인들이 타국의 사상과 학문과 문화를 받아들여 우리의 고유한 사상으로 발전시킨 바탕은 무엇이라고 해야 하느냐, 그것은 극히 간단해요. 그 때문에 많은 학자들의 연구 논문에 많이 인용되고 있습니다만 『삼국사기』에 보면 최치원의 이런 말이 나오지요. 나라에 현묘한 도가 있으니 이를 말하여 풍류라 한다[國有玄妙之道 曰 風流說敎之源]. 그 아주 짧은 글이지마는 그게 바로 우리나라의 고유한 도 또는 독자적인 철학입니다.

그 도는 참으로 현묘한 것으로서 간단히 설명할 수 없는 신묘한 내용을 가지고 있어요. 그것을 쉽게 풀이하면 선인(仙人)의 도, 풍류도라 하거니와 풍류란 곡풍계류(谷風溪流)로서 산수를 가까이하여 즐기는 멋이 아닙니까? 그러면 우리 고유의 사상으로 자리를 굳힌 국선도(國仙道)라고 하는 것의 알맹이는 뭐냐로 설명이 이어져야 할 것 같습니다. 이것은 나만이 이야기하는 것이 아니고 많은 분들께서 언급한 바인데 단군설화와 화랑도에 이어지고 있습니다. 단군설화는 하나의 신화이지마는 화랑도는 신라 때 구체적으로 존재했던 도인데, 이 신화와 도가 상호 연결되는 하나의 고리가 있습니다. 즉, 단군신화가 구체화된 것이 화랑도예요. 그 화랑도라는 것은 이미 상고 신화시대로부터 이미 중국 민족과는 다른바 독자적인 문화를 창조하였던 맥락을 타고 화랑도로 계승된 것입니다.

화랑도는 중국의 성현지도[聖賢之道(君子之道)]와는 달리 귀족과 대중이 한데 뭉쳐지는 도라고 할 수 있는데, 그러면 그 고유의 사상이 언제까지 이어져 왔느냐, 그것은 조선조 500년 유교의 압제하에서 기반을 잃게 됐습니다. 물론 서민의 생활 감정 속에야 조금은 남아 있는 것이지만, 그러면 시간이 좀 걸리더라도 우리 고유의 사상에 대해 구체적으로 언급을 할까요? 거기에는 긴 설명이 필요한데, 아까 내가 중국의 문화는 황하수의 문화고 한국의 문화는 백두산 문화라 했지요. 중국의 문화는 다분히 현세적인데 우리 문화는 초세간적인 탈속(脫俗)의 문화가 되겠습니다.

그런데 사실상 철학 가운데는 논리적으로 설명될 수 있는 게 있고 논리를 초월하는 철학이 있어요. 학문적으로 유클리드의 기하학 같은 것도 마찬가지가 아니겠어요? 다시 말해 뉴턴의 만유인력이 물리학 중에서는 최고인 줄 알았는데 아인슈타인의 상대성원리가 나오니까 그건 후퇴하고 말았는데, 그런 형태로 설명한다면 중국신화와 단군신화의 차이점은 어디에 있느냐, 건국신화에 있어서 크게 다릅니다.

중국은 삼황오제설(三皇五帝說)인데 그 신화의 개략을 한번 봅시다. 이 삼황오제설은 군웅할거하던 고대 중국의 사회상을 그대로 노출하였고 순전히 정치적 교체로서, 즉 화극목(火克木)에 의한 왕권교체 또한 상극사상(相克思想)의 일면을 나타내 주고 있습니다. 거기에는 수적으로 볼 경우에도 3이다 5다로 분수(分殊)된 황제 신화인데 우리 단군신화의 구조는 환인·

환웅·환검으로 연결이 되지요. 이 삼신설(三神說)은 삼황오제의 인신(人身)·사신(蛇身)·우수(牛首)와는 달리 신인일체설(神人一體說)에 근거하고 있습니다. 즉, 기독교의 삼위일체설처럼 셋이 하나입니다. 신화의 기능적인 입장에서는 다 하나의 아버지도 되고 아들도 되고 또는 신적인 입장이 돼요. 그걸 회삼귀일(會三歸一) 사상이라 하는데 이에 삼황오제의 중국 신화는 현세적이요, 우리 신화는 탈속적이라는 소이가 여기에 있습니다. 회삼귀일(會三歸一), 그러니까 셋이 하나로 돌아오는 그것은 요새 거꾸로 표현하면 삼위일체이지요. 이건 논리만으로는 설명이 안 되지만 굳이 상식적으로 이야기하면 위격(位格)만 다릅니다. 지위가 아버지의 입장에 있을 때면 아버지로 불리고 신의 지위로 있을 땐 신이 되고……, 서로 위격은 다르지만 그것은 하나의 신이지요. 얼핏 비합리적인 것 같지만 그것이 바로 설명할 수 없는 현묘지도(玄妙之道)예요. 아인슈타인의 상대성의 원리도 그렇잖아요? 삼차원의 세계, 미래가 현재의 세계로 존재할 수 있고 과거가 현재와 이어져 어떤 의미를 갖는다, 이러한 하나의 이치도 신묘하지 않습니까?

그러한 현묘한 느낌을 단군신화의 구조 속에서 찾아볼 수 있어요. 그래서 흔히 중국의 고대는 신인잡거(神人雜居) 시대라 하지만 한국의 원시시대는 신인일여(神人一如) 시대라 할 수 있을 겁니다. 이상에서 살펴본 회삼귀일의 원리가 신라의 화랑도로 연결이 됐어요. 신라의 삼국통일기의 가장 뚜렷한 정신적 지도자로서의 지주는 원효대사를 손꼽아야 하는데, 그의 출신은 화랑이었고 학문적 기반은 불교에 두었습니다. 그는 화랑으로서 국가와 민족을 생각했고 불교에 의하여 그의 사상을 체계화하였습니다. 그의 화쟁(和諍)의 논리는 귀일사상(歸一思想)에 근거한 것이고 단군신화의 회삼귀일사상(會三歸一思想)과 맥을 통하고 있음은 다시 말할 나위도 없습니다.

중국 사상은 분수(分殊)에 근거를 두고 있기에 셋으로 나눠져 있을 때 이것이 하나로 돌아가는 생각을 중국 사람들은 못 합니다. 그런데 우리는 다시 강조하지만 셋이 하나로 귀일하는 것을 굳게 믿고 신라가 실현하려 애썼어요. 방법에 있어서 문제가 많았지만……, 오늘의 우리가 회삼귀일의 이 원리를 남북통일에다 적용할 수도 있어요. 우리가 분단의 아픔을 겪고 있지만 피차의 성분과 입장이 완전히 이질적일 것만은 아니에요. 설령 이질성이 조금 있더라도 하나로 볼 수 있는 사고의 바탕 위에서 이질적일 것이 하나가 될 수 있다는 신념을 가진다면 문제 해결이 조금은 쉬울 것이 아니냐는 생각이 듭니다. 우리가 낯선 남녀 간에 만나 연애할 경우나 친구 관계를 맺을 때도 믿음을 가지고 하나라는 동질성에 서로를 맞추어 가며 의기투합할 때 가능하지 않습니까? 물론 그것은 설명만으로는 안 되고 체험과 느낌 속에서 그 이치를 깨닫는 길밖에 없지요. 그 귀일의 원리가 신라에서 가능했습니다. 왜 가능했느냐, 그것을 내가 구체적으로 논문에서 지적했습니다만 고구려는 사회 조직의 통합성을 이룩하지 못했어요. 연개소문이 도교를 장려해 가지고 불교하고 싸움을 붙여 놨어요. 거기에 따른 혼란이 어땠겠어요? 그리고 고구려의 국학 제도하고 경당 제도는 서로 다르지요. 경당은 서민들, 국학은 귀족들 이러지 않습니까? 그래서 하나가 못 됐어요. 그런데 신라의 화랑도는 아시다시피 상호 계층이 없어요. 무리들 그 불특정 다수의 대중들 속에서 화랑을 뽑은 거요. 그 바탕 위에서 원효도 나오고 김유신도 나오고 많은 인물들이 나왔어요. 그 도중(徒衆)이 하나의 원을 이루어 통일된 국가를 형성한 거예요. 그 때문에 고구려 같은 강토와 막강한 국력을 가진 나라도 내부 분열로 인해 신라에 흡수되고 만 겁니다. 신라는 통일된 가치관으로 자기들의 의지를 믿었어요. 이질적인 고구려와 백제도 하나로 합칠 수 있다는 그것을 믿었어요. 그 이론을 편 사람이 원효 대사이지요. 삼국통일을 이룩한 지대한 공로자인데, 나는 원효를 불승보다도 화랑으로 봅니다. 원효는 화랑 출신 아녜요? 그리고 삼국통일기의 불교는 이내 우리 화랑도에 소화된 불교예요. 그러니까 오늘날 원효의 연구는 불교의 연구라기보다는 화랑 불교의 연구가 되어야 합니다. 이건 아주 중요한 건데 이러한 것들의 이해 없이는 우리의 고유 사상은 설명이 어렵습니다. 화랑의 정신과 국선도의 풍류가 이조 500년의 유교적 암흑기에서도 그나마 서민 대중의 생활 감정 속에 남아 있어 완전 망각이라도 안 된 셈인데, 그래서 나는 전통문화와 고유 사상의 창조적인 발전은 그 단절됐던 조선조 500년을 다시 잇는 운동에서 출발해야 된다고 보고 있어요.

정: 박사님! 단재 선생님께서는 한국사를 인식할 때에 사대주의적인 중화문화권(中華文化圈)이라고 하는 장보다는 자주라는 개념에 기초한 한국사 인식을 새로이 시도하지 않았겠습니까? 한국사의 출발점은 「조선사 1천년상에 최대 사건」이란 논문

에서 강조된 묘청과 김부식 간의 한국사 인식의 차이로부터 출발했다고 단재는 보지요. 그리고 독특한 우리의 선사(先史)의 문제라든가, 화랑도, 발해 문제 이런 것을 통한 민족사학의 출발점을 마련하고 있는데, 사실상 단재는 우리의 역사는 그 것이 무엇을 대상으로 연구한 것이거나를 막론하고, 최소한 우리나라를 주체로 하고 우리의 역사 사실을 충실히 서술해야 할 것으로 보고 있습니다. 그러한 가운데에서 『삼국사기』는 최악의 사서라고 혹평하였지요. 『조선상고사』의 총론 및 『조선사연구초』에 나오다시피 『삼국사기』 이후에 우리나라 고대사에 대한 이해가 잘못되고 있는 것은, 사대주의자 김부식에 의해서 고대의 역사가 잘못 쓰이고 있는 데 연유하는 것으로 본 까닭이겠습니다. 박사님, 단재의 민족주의적 사관 및 선생께서 주장한 낭불사상에 대해서 언급해 주시겠습니까?

이: 아까 내가 한 설명이 들어맞는 거예요. 단재 선생께서 느끼고 말하신 것을 우리도 공감하고 있는 겁니다.

단재는 광무 개혁기에는 청년 지사로서 언론계에 종사하였고, 일제 침략하에는 중국으로 망명하여 독립운동에 가담하기도 하면서 역사를 연구하였습니다. 단재 선생은 영문학도 하시고 외국 물정도 잘 아시고 민족 독립에 뜻을 두신 분이라 그분의 애국심이 학문 선택에 있어서 국사로 향했지요. 그리고 단재 선생의 학문적 시발은 그 당시로는 새로운 관점이었던 근대 유럽의 내셔널리즘이었다고 봅니다. 그 당시의 유럽 내셔널리즘은 민족의 고유성, 고유문화, 고유 성격을 찾습니다. 단재의 민족사학이 이러한 각도에서 한국사를 다시 보고, 우리를 다시 보려고 한 점은 그 역사적 의의가 큰 것이죠. 단재의 역사 연구는 그 자체가 독립투쟁이었습니다. 안재홍은 후일 단재의 저서를 편찬하면서, 단재의 일념은 첫째, 조국의 씩씩한 재건이었고, 둘째는 그것이 미처 못 될지라도 조국의 민족사를 똑바로 써서 시들지 않는 민족정기가 두고두고 그 자유 독립을 꿰뚫을 날을 만들어 기다리게 하자 함이었다고 하였습니다 (『조선상고사』, 서문). 이는 실로 신채호를 잘 알고 신채호에 계발되어 그 스스로도 역사가가 되었던 한 민족사가에 대한 정확한 평언이지요. 그러면 단재는 어떠한 역사 이론을 가졌는가, 그는 역사학의 본질을 다음과 같이 파악했지요—역사란 무엇이뇨? 인류 사회의 아(我)와 비아(非我)의 투쟁이 시간부터 발전하며 공간부터 확대하는 심적 활동상태의 기록이니, 세계사라 하면 세계 인류의 그리 되어 온 상태의 기록이며, 조선사라면 조선 민족의 그리 되어 온 상태의 기록이니라. 무엇을 '아'라 하며 무엇을 '비아'라 하느뇨? 깊이 팔 것 없이 얕게 말하자면, 무릇 주관적 위치에 선 자를 '아'라 하고 그 외에는 '비아'라 하나니, 이를테면 조선인은 '아'라 하고 영·러·불·미 등은 '비아'라 하지만, 영·러·불·미 등은 각기 제 나라를 '아'라 하고 조선을 '비아'라 하며, 무산계급은 무산계급을 '아'라 하고 지주나 자본가 등을 '비아'라 하지만, 지주나 자본가 등은 각기 제붙이를 '아'라 하고 무산계급을 '비아'라 하며, 이뿐만 아니라……. 그리하여 '아'에 대한 '비아'의 접촉이 번극할수록 '비아'에 대한 '아'의 분투가 더욱 맹렬하여, 인류 사회의 활동이 휴식될 사이가 없으며, 역사의 전도가 완결될 날이 없나니, 그러므로 역사는 '아'와 '비아'의 투쟁의 기록이니라(『조선상고사』「총론」).—이곳에서 말하는 아나 비아는 물론 역사적인 의미가 있는 아와 비아인 것으로서, 그것은 역사상에 있어서 시간적으로 상속성이 있어야 하고 사회적으로 그 영향의 보급됨이 있어야 하는 것이었습니다. 그리고 투쟁에는 반드시 승패가 따르게 마련인데, 그가 말하는 투쟁은 아예 대한 정신의 주체의식의 확립이 없거나, 비아의 환경에 대한 순응함이 없으면 패한다는 입장에서의 투쟁이었습니다. 그러므로 그의 이와 같은 역사에 대한 본질 파악에서 보면, 그는 역사를 발전적으로 이해하고 역사적 사실의 인과관계를 사회현상 속에서 파악하려는 것이었다고 하겠으며, 외적으로는 주체성의 유지 위에서 자아를 찾고, 내적으로는 각 시대에 있어서의 여러 가지 역사적 현실을 모두 모순 상극의 관계에서 파악함으로써, 그러한 투쟁 그러한 모순 상극이 지양되는 가운데서 새로운 문화가 창조되는 것으로 이해하는—것이었다고 하겠습니다. 그리고 이와 같은 역사를 서술하는 역사학은, 시간적 계속과 공간적 발전으로서 일어나는 사회 활동 상태와 거기서 발생한 사실들을 사실 그대로 객관적으로 기술해야 하는 것이며, 저자의 목적을 따라 좌우되거나 첨부 변개하여서는 아니된다는 객관적 역사 서술로서의 역사학인 것이었습니다[단재의 역사학에 대한 미촌수수(梶村秀樹) 유홍열(柳洪烈)의 논문(論文) 및 『조선상고사』「총론」]. 다음은 묘청란(妙淸亂)의 해석인데, 단재선생은 이 사건을 낭불대유(郞佛對儒)의……, 그러니까 민족 고유문화 대 중국 의존의 대결로 보았죠. 이건 앞서 취급

했으니까 생략해도 되지 않을까 싶습니다. 거듭 강조하자면 묘청란을 계기로 한국 고유한 선도 혹은 낭도가 끊기고 사상·학술·관습·정치가 모두 사대주의로 흘렀다는 성찰의 반복뿐이겠습니다. 아무튼 단재의 투철한 민족주의 사관은 주체의식의 심각한 결핍증 속에서 사상의 방향 감각을 상실한 채 허망한 사대주의의 바다 위에서 표류하고 있는 양식 없는 지성인들에게는 값진 교훈임은 물론이고 아직도 식민사관의 미몽에서 깨어나지 못한 일반 대중들에게는 더 할 수 없이, 따끔한 각성의 침이 되고 있다 하겠습니다. 오늘날처럼 여러 가지 변수가 혼재된 사회 환경 아래서 일그러진 사대사관에 정면으로 도전해 그 개편에 헌신하고 민족의 수난기에 자강적(自强的) 독립사상을 줄기차게 고취한 단재의 의지와 용기야말로 우리의 꺼질 줄 모르는 불빛입니다.

정: 우리 지방 유림사상의 시원과 그 구체적인 조류에 대해서 자세히 설명해 주시겠습니까?

이: 조선조 성리학에는 2대 주맥이 있으니 기호학파와 영남학파가 곧 그것입니다. 고봉의 영향을 받은 율곡의 주기론을 대표로 하는 자가 기호학파의 맥을 이으며, 퇴계의 주리론의 맥을 이은 자가 곧 영남학파로 불리고 있지요. 그러나 세상 사람들이 흔히 잊어버리고 있는 중요한 사실의 하나는 다름 아니라 이러한 두 맥락이 형성되기 이전에 이루어졌던 퇴·고 양현의 사칠 논변인 것입니다. 고봉 기대승과 퇴계 이황은 명종 14년에서 21년에 이르는 약 7년간에 걸쳐서 사칠이기론에 관하여 왕복서간의 형식으로 학술논변이 계속되었지요. 이 논변은 곧

퇴계와 고봉의 학술적 이견의 논쟁에 그친 것이 아니라 조선 조 이기지학(理氣之學)의 분수령이 되었던 것이니 후일 율곡이 고봉의 설을 지지함으로써 고봉은 곧 율곡의 선하를 이루는 입장에 서게 되었음을 우리는 여기서 주목하지 않을 수 없는 것입니다. 이런 단어가 성립될지는 몰라도 이기가 우주의 기본 구성 원리라고 보고 있는데 이것은 절대 하나일 수가 없다고 주장하는 것이 바로 퇴계입니다. 퇴계는 누구의 사상을 받았느냐 주자의 사상을 추종했어요. 주자의 사고방식은 이원론적입니다. 그런데 율곡은 이런 말을 썼어요. 둘이면서도 하나, 하나이면서도 둘이다 이건데 고려 때 삼봉 정도전도 썼지요. 그러한 율곡의 이기일이이론적(理氣一而二論的)인 사상은 고봉으로부터 그 영향을 받았습니다. 다산철학 가운데도 둘은 하나로 보려고 하는 사상이 뚜렷하게 나와 있어요. 거기서 다산은 정신하고 육체의 문제를 신형묘합(神形妙合)이다 그랬어요. 흔히 우리가 말하기를 인간이라는 것의 정신과 육체를 따로 떼어 놓고 보는 경향이 있어요. 그것은 서양식의 사고방식이지요. '유물론과 유심론은 둘이 아니고 하나다' 하면 서양사들은 이해할 수 없다 그래요. 정신은 정신이다 하고 설명해야 되고 육체는 육체다 하고 설명해야 된단 말예요. 그러니까 서양철학만 가지고는 현대 의학을 제대로 못 잡습니다. 정신이 육체에 얼마만 한 영향을 미치느냐, 육체가 정신에 얼마만 한 영향을 미치느냐 이것을 하나의 입장에서 생각해 봐야 하는데 병원의 의사를 찾아가면 통상적으로 육체적인 치료과정만 밟지, 당신의 정신이 어떻다는 어드바이스를 해 주는 경우는 거의 찾아볼 수가 없습니다. 이원론적으로 분리해서 생각하기 때문에 그렇지요. 그런데 한의학은 그렇지가 않아요. 마음의 자세가 육체에 얼마만 한 영향을 주는가를 상식적으로 생각합니다. 정신을 떠난 육체만을 또는 육체를 떠난 정신만을 생각할 수는 없다 이겁니다. 정신과 육체는 하나라는 그런 개념 속에서 우리가 인간을 이해해야지 그렇지 않으면 안 돼……. 이건 하나의 관계로 일치된 신묘한 진리, 다산의 표현을 따르면 신형(神形)의 묘합이지요. 아울러 정신과 육체가 묘합된다는 이것은 최치원이 이야기한 현묘지도와 같아요. 현묘지도를 이해한 사람은 이걸 이해합니다. 그리고 현묘지도를 이해하지 못하면 다산의 이 설명도 이해가 안 갑니다. 주자는 유교의 철학은 설명을 했어도 이러한 형태의 내용을 밝힌 일이 없어요. 그 주자의 철학을 그대로 받은 이가 퇴계예요. 그리고 그 이원론을 반대한 처음의 사상가가 고봉입니다. 그런데 불행하게도 고봉이라는 분은 현상윤의 『조선유학사』 등에서 한국 유학의 정상을 퇴계와 율곡으로 간주하는 바람에 이렇게 빛을 보지 못하는 것은 못내 애석한 일이 아닐 수 없습니다. 그것은 어떤 면에서 보면 조선 후기의 유학자들이 영남 쪽에서 나오다 보니까 그랬는지 모르겠어요. 그래도 조금 나아졌는지 연전의 고봉 400주년 추념식 때는 처음으로 논문집도 나오고 그랬지요. 실제로 고봉의 유학사적 위치를 재고해 본다면 고봉은 퇴계와 율곡의 그 정상 위에 선 보다 높은 봉우리라 하지 않을 수 없습니다. 율곡은 고봉의 설을 그대로 계승하였고 퇴계는 고봉에 의하여 호발설을 추출해 냈기 때문임은 두말할 필요가 없을 것 같습니다 그런 의미에서 우리의 고봉은 한국 성리학 사상 최고봉의 위치를 점유했음을 자부해도 좋을 것입니다.

정: 그런데 박사님, 고봉 사상에 대해서 좀 더 구체적으로 말씀해 주시고 또 박사님께서 나누고 계시는 삼대 전남 문화권 가운데 백암산을 중심으로 하는 장성문화권에 대해서 포괄적으로 설명해 주시죠.

이: 그러면 이야기가 상당히 길어지는데, 사실 이런 이야기를 구체화시키자면 대화로써는 좀 무리고 긴 논문으로 이조유학사를 전부 더듬어야 할 정도입니다. 이러한 배경을 먼저 이해하고 나서 고봉의 학문을 대략으로나마 살펴봐야 합니다. 애초에 고봉이 정추만(鄭秋巒)의 「천명도설」을 비판할 때의 퇴계의 입장은 "사단은 리(理)의 발이요, 칠정은 기의 발"이라 하여 사단과 칠정이 서로 넘나들 수 없는 이원적 존재로 파악한 것인데 고봉은 이에 대하여 "대개 인심은 발하지 아니하면 성(性)이라 이르고 이미 발하면 정(情)이라 이르는 것인데 성은 선하지 않음이 없고 정은 선악이 있는 것이 정론이다. 자사는 그 전체를 가리켜 말했고 맹자는 부분적으로 발하는 것을 말한 까닭에 사단과 칠정의 구분이 있었을 따름이었지 칠정 밖에 사단이 따로 있는 것이 아니다. 이제 만일 사단이 리(理)에서 발한다 하여 선하지 않음이 없고 칠정이 기(氣)에서 발한다 하여 선악이 있다고 한다면 이것은 리(理)와 기(氣)가 판이하여 두 개의 물(物)이 되는 것이니 이것은 칠정은 성에서 나오지 아니하고 사단은 기를 타지 않는 것이 될 것이니 이것은 잘못이라 하지 않을 수 없다. 이제 만일 사단의 발이 순리(純理)인

까닭에 선하지 않음이 없고 칠정의 발이 기를 겸한 까닭에 선악이 있고 하여 이를 고치면 비록 전설보다는 조금 낫다고 하더라도 이것도 타당하지 못하다. 왜 그러냐 하면 성이 갓 발할 때에 기가 용사(用事)하지 못하고 본연의 성이 직수(直遂)한다고 한다면 이는 맹자가 이른바 사단인데 이 사단이 물론 천리의 발한 자이기는 하지만 능히 칠정밖에 나오지 못하는 것이다. 그런즉 사단과 칠정을 서로 대거호언(對擧互言)하여 순리(純理)라 겸기(兼氣)라 나누어 말하는 것은 잘못인 까닭이다" 하여 이기를 둘로 나누는 절대적 이원론을 반대한 후 이어서 —"대개 리(理)는 기(氣)의 주재(主宰)요, 기(氣)는 리(理)의 재료(材料)니 둘이 서로 물론 구분되기는 하지만 그것들이 사물 안에 있을 때는 혼론(混論)하여 분개(分開)하지 못할 것이다. 다못 이약기강(理弱氣强)하여 리(理)는 무짐(無朕)하고 기(氣)는 유적(有跡)한 까닭에 그가 유행하면서 발견될 때는 능히 과불급의 차가 없을 수 없으니 이것은 칠정의 발이 혹 선하기도 하고 혹 악하기도 하며 선의 본체가 혹 능히 온전하지 못한 이유가 되는 것이다. 그러나 그 선한 자는 곧 천명의 본연한 모습이요, 악한 자는 곧 기의 과불급한 자니 소위 사단칠정이 본래 처음부터 두 가지 뜻이 있는 것이 아니다."—하여 이기는 비록 주재자와 그 재료로서의 구분이 있다 하더라도 절대로 이 둘은 나누어져서 존재하지도 않거니와 이를 나눌 수 없다는 주장을 펴 소위 율곡의 이기일이이론(理氣一而二論)의 선하를 이루었습니다. 그 후 퇴계가 비록 그의 이기호발설(理氣互發說)을 정립하여 고봉설의 일부를 받아들인 양하지만 결코 그의 이원론적 입장을 종래 버리지 못했지요. 그 사칠 논변 과정에서 분명히 고봉의 내용이 정연했습니다. 퇴계는 주자학에 충실하려는 입장만 취했지 자기의 독창성이라든지 혁신적인 해석 면에서는 고봉을 따를 수가 없었지요. 고봉의 뒤를 이은 율곡 같은 분들은 자기들의 학술적인 신념에 있어서 '주자가 다시 살아나온다 하더라도 뒤엎을 수 없다'라고까지 했습니다. 학자로서의 자신과 신념이 그만큼 강했던 거예요. 그러면 그 사람들이 왜 이기를 하나로 보았느냐. 그것은 이론보다도 실천을 중요시하게 여긴 까닭에서입니다. 실천적이고 실용적인 학문을 떠받든 게 주기론자들이니까? 유교에는 두 면이 있어요. 이론적인 유교가 있고 실천윤리의 유교가 있어요. 사실 유교는 이론만을 공부하는 게 아니지요. 가까운 예로 효자가 되라는 것이지, 앉아서 효행의 이론만을 읽고 있으라는 게 아니란 말이야. 조금 확대해서 당장에 좋은 정치를 실천해 가지고 백성들이 잘 사는 길을 마련해 주는 것이 진정한 유교란 말입니다. 그러한 실천유학파의 맥이 언제 끊어졌냐 하면 전남의 유교 문화권과 고봉사상을 살펴봄에 있어서도 가장 중요한 사건인데, 바로 기묘사화라 할 수 있습니다. 기묘사화는 실천유학의 선구자였던 정암 조광조의 정치적 몰락에 그친 것이 아니라 사림정치와 실천유학의 좌절을 의미하기도 합니다. 이때의 기묘명현으로서 이곳의 유교문화권과 깊은 관련이 있는 분으로서는 복재(服齋) 기준(奇遵)을 떠올리지 않을 수 없습니다. 그는 기묘사화 후 장성으로 낙향한 진(進)과 원(遠)의 아우로서 진의 아들이 고봉 기대승이요, 원의 후손에 노사 기정진이 있음은 이미 알려진 바와 같고……, 바로 그 맥 속에 실천 윤리적인 정신이 맥맥이 흘러 내려왔단 말이에요. 그런데 퇴계는 그러한 사화에서 후퇴한 입장으로 이를테면 현실을 외면했다 할까요. 지금도 똑같아요. 그러니까 세상에서 숨어 버려 가지고 현실을 도피해서 상황이야 어찌 돌아가든지 그냥 나 혼자 편하게 살며 글이나 벗하고 그렇게 살자는 사람들이야 만고강산이지만, 현실을 참여하는 입장에서 살아가자면 얼마나 많은 고난과 역경의 가시덤불이 가야 할 길목을 뒤덮겠어요? 역사의 격랑을 헤쳐야 하는 그들은 사사(賜死), 유배, 낙향의 비운을 감수해야 하지 않겠어요? 물론 옛날 일만은 아닙니다. 그리고 우리는 기씨(奇氏) 일문(一門)의 이야기와 더불어 당대 호남의 거유였던 하서 김인후와 일재 이항의 이야기를 빼놓을 수가 없습니다. 일재와 하서는 후일 퇴고 사칠 논변의 학문적 배경을 이루는 학유(學儒)들이기 때문입니다. 일재의 학설을 한마디로 말한다면 이기가 혼연일물(渾然一物)이라는 것입니다. 곧 태극[理]과 음양이 일체라는 것입니다. 그리고 하서의 학문은 성경(誠敬)을 주안으로 하였고 이기비일물설(理氣非一物說)에 있었지요. 이제 전남의 삼대문화권을 좀 더 광역적인 각도에서 재정립한다면 그 내용은 보다 더 풍부하게 되리라고 여겨집니다.

광주에서 영광 방면으로 또는 장성 삼계에서 영광 대마 쪽으로 잠깐 들어서면 함평 월야에 도착하는데 월악리에 세워져 임란 당시에 있었던 동래와 진주 정씨의 팔열부의 장렬한 최후를 기린 지방기념물 팔열부정각은 유교의 근본정신을 표현한 귀감이 아닐 수 없고, 또한 『정유피난기(丁酉避亂記)』를 남긴 정호인(鄭好仁)과 죽음 앞에서도 끝까지 나라사랑의 충절을 다한 한말 의병장 심남일(沈南一)의 출생지가 있고, 거기서 불갑산을 사이에 두고 영광 불갑이 지척지간에 있으니 거기에는 또한 같은 시기에 포로가 된 수은(睡隱) 강항(姜抗)의 고향이요, 또 그를 모신 용계사우(龍溪祠宇)가 있습니다. 그는 우계 성혼의 문인으로 알려져 있을 뿐 아니라 일본에 있어서의 소위 그들의 국학의 창시자인 후지하라 세이가[藤原醒窩]의 스승으로 알려졌고 그로 인하여 성리학이 일본에 전하게 된 계기가 되었음은 이미 학계에 널리 알려진 바와 같습니다. 또다시 담양으로 눈을 돌리면 비록 그들이 국문학의 시가(詩歌)로 문명을 날린다 하더라도 유가로서도 간과할 수 없는 인물에 송강 정철과 면앙정 송순, 소쇄공(瀟灑公) 양산보(梁山甫) 같은 분을 잊을 수가 없을 것입니다. 이렇듯 전남의 유교 문화권은 한국유학사상 뛰어난 유학자들을 배출하였고 그 특색이 두드러졌다는 점에서 우리는 이를 주목하지 않을 수 없어요.

정: 박사님께서는 평소 다산 선생을 사숙하고 계신 것으로 알고 있고, 다산학 중에서도 경학사상연구에는 단연 독보적이신 가운데 저술도 많으실 걸로 짐작하고 있습니다. 따라서 박사님으로부터 오늘의 우리가 섬겨야 할 다산 정신의 진수를 듣고 싶군요.

이: 모든 사상은 그 역사적인 흐름 속에서 봐야 한다는 생각이 듭니다. 그렇게 볼 때 불교 사상의 여러 많은 봉우리 중에서 가장 높은 정상의 봉우리를 든다면 원효를 들고 싶어요. 그리고

유학에 있어서는 아까 이야기한 바와 마찬가지로 주자학 일색에서 벗어나 우리 고유의 사상을 비어준 분이 고봉 선생이고 그것이 다산에 이르러 불쑥 커다란 봉우리로 집대성되었다, 이렇게 봐야 됩니다. 그러니까 이것이 왜 그러냐 하면, 다산을 전후로 한 조선조 후기의 실학운동이라는 것은 한마디로 자아 각성이다, 이렇게 말할 수 있어요. 나에 대한 깨달음이란 절실한 말인데, 사실 그 전에는 주자학이라는 책 속에 파묻혀 어두컴컴한 답보 상태에 있었습니다. 다산 선생이 여러 번 지적을 했지요. 주자의 세계에서 벗어나야 진정한 나를 발견할 수 있다고 말입니다. 그래서 요즈음은 실학의 정의를 내릴 때 민족적인 주체의식의 각성 이런 말로 표현하고 있지요. 그리고 근대지향을 목표로 한 실학이므로 우리나라의 역사·철학·문화·지리 등 우리의 모든 것을 찾자는 데 뜻을 모은 것과 마찬가지로 다산 정신 역시 그러한 창조적인 정신의 집결이 아닌가, 이렇게 생각이 됩니다.

정: 실학은 정치·경제·사회 등에 관한 현실 문제를 다룬 학문이니까 일단 사회과학 분야라고 볼 수 있고, 지리학·천문학·금석학 등 제 분야의 업적을 보면 자연과학적인 분야도 무시할 수 없습니다. 그런가 하면 철학적인 심오한 면을 더욱 문제시할 수 있는데, 과연 실학이란 오늘의 관점에서 볼 때 어떤 학문인지 박사님께서 새롭게 말씀해 주셨으면 합니다. 사회구조 전체에 대한 하나의 총체적인 사상일까요.

이: 사실 실학이라는 개념은 어느 하나로는 설명이 불분명할 정도로 복합적입니다. 왜냐하면 상대적인 의미를 가지고 있어요.

그러면 그 실학 운동이 어째서 생겨났느냐 하는 연원을 보면 성리학이 허학(虛學)·공학(空學)으로 지나치게 비실용주의적이고 비현실적인 데 있어요. 흔히 말하는 공리공론을 일삼아 우리 실생활과 아예 동떨어진 것만을 추구하는 학문은 시대적인 학문으로서 존재할 의의가 없다는 데서 출발한 것입니다. 임진·병자 그 양란을 통해서 국고는 텅 비어지고 그러니까 백성에 대한 수탈이 극심해져 나라가 도탄에 빠지는 위기 상황 속에서 선비랍시고 책만 읽고 나서 과거 볼 준비만 하고 있으면 다 잘되어 갈 것이냐, 어떻게 하면 이 나라의 백성이 자유롭게 압박과 횡포에 짓밟히지 않고 평화롭게 잘 살 수 있고 풍요로운 여유가 생겨 전반적인 국가의 형편이 나아질 수 있는가, 이런 어려운 숙제를 심층적으로 생각하는 새로운 학문이 시작된 거예요. 그러면 그런 것을 어디서 깨달았느냐, 당시에 일군의 학자들의 북경 왕래가 빈번했어요. 청조시대의 북경은 서양 문물이 물밀듯 밀려와 쉬운 것과 새로운 것이 뒤바꾸어지는 판이었지요. 그야말로 백성의 실생활에 활용할 수 있는 이용후생의 문물을 접하게 된 아주 좋은 계기였습니다. 그러니까 실학을 이용후생학이라고도 하지요. 다산의 말 가운데 이런 게 있어요. 책만 읽고 있는 것보다는 실제로 호미를 가지고 농사를 짓는 게 더 유용하다. 또 그분께서는 귀양 와서 그것을 실천에 옮겼습니다. 그러면 실학은 경세학에서 그치느냐, 그게 아니지요. 다산의 저술이 단적으로 그것을 설명하고 있어요. 즉, 다산의 저술 가운데에는 정통 유교의 육경사서의 저술이 들어 있고 한쪽에는 일표이서라 해 가지고 경세학적인 저술이 들어 있어요. 두 저술이 똑같은 비중을 차지하고 있단 말예요. 경학이라는 것은 철학적인 원리이고 경세학은 전통유학에서 소홀해지기 쉬었던 정책론이나 고증학 등 경학의 응용이지요. 그런데 우리가 실학하면 경세학적인 국면만 생각하지 경학적인 부분은 망각하곤 합니다. 나는 실학을 크게 나눠서 경학과 경세학으로 봐요. 그런데 다산을 중심으로 한 실학의 경학은 반주자학적이라는 데 의미가 있어요. 왜 반주자학적이냐, 이론경학이 아니라 실천을 중요시 여기는 입장이기 때문입니다. 공자는 책 저술을 안 했어요. 인간 실천 윤리에 바탕을 두고 어떻게 해야 한다는 말하자면 500여 개의 항목을 두고 인간이 어떻게 행동을 해야 한다. 말보다는 행동을 앞세우자, 이런 실천적인 가치기준을 기초 이론으로 정립한 것이 다산경학이에요. 그러므로 경학과 경세학을 이상적으로 합해서 만들어 놓은 공로자가 다산입니다. 그 다산 이전에 성호하고 반계가 있지만 반계 선생 같은 이의 경학 저술은 다 없어져 버리고 말았지요. 마치 원효가 나와서 삼국통일의 그 절대 목적에다 이론을 다 귀일시킨 것과 마찬가지로 다산 선생은 그 당시의 시대적 조류 속에서 백안시당하고 있는 민생을 구제하기 위해 경세학의 저술에 심혈을 쏟았습니다. 그러면 곁들여서 이제는 현대 속에서의 실학을 조명해 보아야 합니다. 즉, 현대에 있어서의 실학은 어떤 의미를 가져야 하느냐는 것인데, 지금에 있어서는 조선 후기의 실학처럼 상공업 등에 치중한 이용후생의 각도에서만 바라볼 수가 없어요. 우리가 대담 처음에 이야기한 바와 마찬가지로 뭐라고 할까. 요즘의 사회는 갑자기 산업사회로 분화가 되면서 미증유의 대 전환기에 위치하고 있습니다. 인류는 그동안 농경사회에서는 물질문명과 정신문화의 조화를 맞추면서 살아왔지마는 근대에 이르러 산업혁명이 시작되면서부터 인공화의 대발전이 이루어짐과 동시에 한편으로는 인종, 지역, 계층 간의 불평등과 갈등이 가중되고, 인간 자체가 소외되고 구속받으며 또 공해문제에 부딪쳐 근본적인 검토가 시급해졌어요. 말하자면 현대 기술 문명사회의 급속한 진전과 더불어 인류는 본래적인 인간 평등의 확보와 또 본원적인 인간 내면의 자유 추구를 당면한 과제로 맞게 되었지요. 이런 상황에서 실학의 이용후생적 측면만을 부각시키고 무슨 산업의 발전만을 가지고 설왕설래한다면 그 건 '인식의 오류'입니다. 오히려 잠자는 인간의 양심을 깨우쳐 주어야 해요. 그래서 나는 오늘의 실학운동은 인간 양심을 되찾게 해 주는 윤리의 실천에다 초점을 두어야 한다고 보고 있어요. 다산은 우리의 심성적인 것, 정신의 각도에다가도 큰 비중을 두고 실학을 펼쳤어요. 다산은 인간의 심성, 그 정신이 얼마나 중요한 것인가를 밝히기 위해 『목민심서』를 썼어요. '심(心)' 자를 쓴 이유가 바로 그겁니다.

이제 앞으로 되돌아가서 실학의 개념을 추상적으로 또는 단편적으로 사회과학이니 자연과학이니 개신유학이니 하고 설명하면 안 됩니다. 실학운동의 근본적인 바탕과 배경 위에 이해를 해야 됩니다. 그러할 때 실학가와 의미는 상시상존(常時常存)하여 그때는 그때대로의 구실이 있었고 오늘에는 오늘대로의 역할이 있게 됩니다. 일례로 일제시대에 도산 안창호는 무실력행(務實力行)을 주장했는데 그건 우리 민족의 자력갱생을 위해 아주 중요한 적절한 시대 처방이었습니다. 마찬가지로 오늘날에는 오늘에 맞게 실학의 어떤 새로운 지표를 우리가 제시해야 하지 않겠는가 생각합니다. 시대적인 환경과 효율적으로 실학을 연결시킬 때 비로소 힘찬 생명력을 갖게 되지요.

정: 박사님, 실학자들의 사회계층적인 성격을 구명하는 것은 실학의 성격을 밝히는 데 퍽 중요하다고 사료되는데, 실학은 어떤 사람들이 주도해 왔습니까?

이: 그러니까 아까 말했듯이 자아각성이라는 것은 나름대로 시대를 정확하게 진단하기 위해 무엇이 어떻게 잘못되어 국력이 약해지고 백성들의 생활이 피폐되었는가를 그때 당시로서는 개혁적인 생각을 하게 됐어요. 구조적인 모순을 제거하고 새로운 사회의 건설을 지향하기 위해 사회개혁의 방향과 우리나라 역사의 진로와 장래의 과제를 뜨겁게 온몸으로 부둥켜안은 겁니다. 박연암은 박연암대로, 박제가는 박제가대로, 담헌은 담헌대로, 추사는 추사대로 다 각자의 입장에서 진지하게 생각들을 했어요. 내가 보기에는 실학도 박연암은 박연암의 실학, 다산은 다산의 실학으로 설명하는 게 좋다고 생각해요. 그리고 거기서 공통적인 것을 추출한다면 자아각성과 천관우 씨가 말한 미래지향적인 성격의 두 가지를 들 수 있겠습니다. 그중에서 근대지향적인 실학의 성격은 사학가들에게 미루기로 하고, 역시 전체적인 실학의 성격 파악은 아까 설명한 것처럼 시대환경 속에서 하나의 새로운 시대를 이끌어 가려고 한 풀빛 소망의 등불이었다고 보는 게 마땅합니다. 실학의 문

제는 근대화의 문제와 함께 해방 이후의 학계에서 아마도 가장 많은 연구자들이 공동의 관심 속에 논의를 벌여 온 주제입니다. 실학이라는 말은 전통유학의 의리철학이 지나치게 형식만으로 굳어져 아마 뜻있는 유학자들이 유학 그 자체를 가리켜 자칫해서 허학으로 빠지지 말고 실학의 참된 면목을 유지해 가지고 자기 경종으로 써 온 말입니다. 그리고 그 실학이라는 말에 새 뜻을 담기는 최근 수십 년래의 일이지요. 그전에는 실사구시(實事求是)라는 말을 썼지요. 이 실사구시라는 말은 성리학에 대한 반대말로서 영정시대에 나온 새로운 학풍을 이름하는 의미로 운위됐습니다. 그 뒤에 홍이섭 씨 같은 이는 실학의 내용을 고증학적인 면에다 뒀어요. 실증주의적인 것 그런 것을 천관우 씨는 뭐냐, 실용·실증·실정이라는 말로까지 사용했습니다. 그러면서 반론을 폈지요. 경세학적인 의미, 그것 하나가 실학이지, 고증학 분야 이러한 것은 실학 속의 개별에다 넣지도 마라, 이렇게 나왔지요. 그 후 그 논쟁 속에서 일부를 수정해서 천관우 씨는 근대 지향적이니 민족 주체의식이니 이런 성격에 대해 역사가다운 해석을 했습니다. 그리고 작고한 박종홍 씨나 우리 같은 사람은 철학적인 각도에서 실학을 보려고 했는데 사학자 이우성 씨 같은 이는 실학에서 철학을 운운하는 그것은 난센스다, 잠꼬대다 이렇게 나오기도 했습니다. 정면으로 실학에서의 철학을 이야기할 사람은 박종홍이하고 이을호밖에 없는데…… 이번 11월에 여기서 다산학회가 열립니다마는 이건 내가 할 말이 아닐지 몰라도 철학 쪽에서 실학이나 다산경학에 관한 한 나 빼놓고는 안 되게 되어 있어요. 그만큼 이제는 인식이 개선됐어요. 사실 철학 없는 역사는 없습니다. 그래도 그 당시에 역사를 이끌어 온 것은 실학자들의 정신에 일관되게 흐른 철학이란 말이에요. 유교철학이라 해서 주자학적인 유교가 아니고 본래의 유교 정신이 실학을 이끌어간 겁니다. 다산의 육경사서(六經四書)가 그저 나온 책일까. 『목민심서』의 정신은 본래 어디에서 나왔고……, 그래서 내가 최근에 『개신유학사시론(改新儒學史試論)』이라는 책을 발간하게 됐습니다. 참고가 될 거예요. 지금 대담자는 실학의 개념을 어떻게 하나로 해 줬으면 하는 눈치가 보이는데(웃음) 그건 나도 불가능해요.

정: 아니에요. 저는 이번 질문에서 실학의 개념 정리보다는 실학자들의 출신 성격의 구명에 그 물음표를 던지고 있는 겁니다.

이: 어느 시대에 있어서나 새로운 사상이나 학문에는 한계선이 있어요. 그리고 처음에는 절뚝거리며 낯설게 다가오고……, 실학자들은 전부 유생 출신이에요. 그 사람들이 민중 속에서 서민층에서 나온 사람들이라고 생각하면 틀린 생각입니다.

정: 신분상으로야 유생이지만 실생활에 있어서는 굉장히 소외받은 계층의 사람들이지요?

이: 아, 그 소외받았다는 것은 그 사람들이 학문을 하게 된 동기는 되지마는 유생이라는 어떤 근본적인 성격에서는 벗어나지 못해요. 어떤 지식계층, 그러니까 다산의 말을 살펴보아도 그들은 아주 백성들을 위하고 그들에게 환심을 보였지만 양반이라는 위치를 포기했느냐 하면 그게 아니란 말예요. 다산의 노예제도에 대한 얘기만 봐도 어느 정도의 선에서 노예해방이었지

완전히 풀어 주면 안 된다고 그랬어요. 이런 것은 분명히 다산의 한계점이거든. 실학이 소외받은 계층 속에서 나왔다지만 유교라는 양반 세계의 의식에서 완전히 탈피했다고 생각하면 잘못된 인식입니다.

정: 박사님, 실학의 시대성이랄까, 그 역사적 성격을 더 천착해 보고 싶습니다. 어떤 학자는 실학을 이조 전기의 삼봉 정도전이라든가 양성지 같은 사람들의 현실적 사상과 경륜의 부활이라고 보기도 하지 않습니까? 또 하나 실학이라면 역시 근대 지향적인 구조 개혁의 새로운 출발이라고 아까도 말씀 나눴는데 더욱 깊이 있게 실학만의 특징적인 성격을 뚜렷하게 정리해 주셨으면 합니다.

이: 그러면 여기서 한 가지 더 짚고 넘어가지요. 앞으로는 실학의 제반 문제를 더욱 폭넓게 다뤄야 합니다. 그래야 이해를 정확히 할 수 있고 호흡을 같이할 수 있어요. 최근에 나는 전후기 실학이라는 말을 써요. 그 가운데 전기 실학은 고려 말에서 이조 때로 넘어오는 실학사상으로 그것은 주로 서울대 한영우 교수가 정도전 연구 같은 데에 많이 언급을 했습니다. 전기실학은 불교에 대한 유교의 이데올로기가 강조되던 때이지요. 유교의 실천 덕목 그 자체가 실학이었으니까. 그러다 그 입장이 조선 중기로 접어들면서 정암 조광조의 몰락으로 말미암아서 변질되기 시작했지요. 실천성의 도학정치가 현실 참여에서 완전히 제거됐단 말이에요. 그러다 조선조 후기에 접어들면서 유교 사상의 내부 속에서 실학이라는 개념과 운동 방향을 본격적으로 복구시킨 운동이 이조 후기의 실학이라고 하겠습니

다. 그러니까 이조 후기까지도 실학은 근유교라는 테두리를 못 벗어났지요. 그런데 실학사상 중에서 경학 분야는 주자학과 함께 도매금으로 넘겨 통 생각들을 안 하고 무시하려고 해요. 여기서 이조 후기 사회를 보는 두 가지의 큰 입장이 있는데, 철학적인 입장에서 보느냐, 역사학적인 입장에서 보느냐 그것이지요. 그 시대적인 상황을 역사학적인 입장에서 보는 사람들은 한결같이 경세학적인 면만 보지요. 그게 나는 안 된다는 거예요. 철학 없이 이루어지는 것은 없어요. 그런데 사학자들의 말은 그때의 현실 분석을 하는 데 있어서 철학이 무슨 의미를 가지느냐, 그렇게들 내세웁니다. 그래도 천관우 씨는 순수하게 말하고 있지요. 실학 운동의 정신적인 기초로 철학이 있었다. 하지만 나는 철학을 모르니까 거기에 대해서는 언급할 수 없다.

이런 자세입니다. 그런데 이우성 씨는 그까짓 거 의미가 없다 이런 식이지요. 지금은 작고했지만 나는 홍이섭 씨를 높이 평가해요. 연세대학의 지원을 받아 연구할 때 이야기인데 그분은 다산의 사상 가운데 정치경제 관계를 준비하고 계셨고 나는 그때 경학사상 연구의 원고를 쓰고 있었어요. 그런데 그분의 책이 먼저 나왔어요. 그러니까 홍이섭 씨 말이 이 선생님 책이 먼저 나와야 하는데, 그래요. (웃음) 그게 아주 중요한 얘긴데……, 요새 사학자들은 그것을 인정을 못 하다가 이제 알기 시작했어요. 이제는 내가 그렇게 외롭지 않아요. (웃음) 그리고 나에게 실학사상에 대한 설명을 해 달라는 스피치 같은 부탁이 있으면 나는 그렇습니다. 어떤 하나라는 결론은 안 나오니까 이조의 전기 실학에서부터 후기 실학 그리고 안창호를 거쳐 현대에 있어서 실학은 어떻게 가야 되겠다 하는 데까지의 흐름으로 설명만 합니다. 그 말 알겠어요? 그 설명하는 속에서 어떤 것을 느낀다면 실학이 뭣인 줄 알아요. 오히려 실학은 이것이다 하고 쥐어 주면 그것을 참으로 몰라요.

정: 박사님, 양(洋)의 동서와 시(時)의 고금을 불구하고 지성인의 존재와 그 역할은 결코 안이한 것이 아닙니다. 진정한 지성이라면 그 상황은 차갑게 소외되고 끊임없는 수난의 현장 속에서 위협받는 경우가 오히려 더 많습니다. 박사님, 지성인의 존재 이유라고 할까, 혹은 그의 참된 가치는 무엇일까요?

이: 내가 이 말을 들으면서 문득 생각나는 구절이 있습니다. 지성인이라면 고난의 시대, 불확실의 상황을 짊어진 사람인데, 『맹자』에 이런 말이 있어요. "장차 그 사람에게 커다란 임무를 맡기려고 할 때에는 반드시 먼저 그 사람의 마음을 괴롭히고 육체적인 고통을 주고 그 사람을 환란에 처하게 한다"는 참 의미심장한 말입니다. 그러니까 전 각자는 자기에게 닥친 고난을 고난으로 생각지 않는 거예요. 그 고난 속에서의 자기의 신념과 뭐라고 할까, 하나의 확고한 정신적인 불빛을 간직하고 거기에 만족하고 살아가는 것이 선각자인 겁니다. 그러나 범인들은 그러한 고통을 이기지를 못해요. 고난을 극복할 만한 힘이 없어요. 사흘 배고파서 담 넘어가지 않을 사람이 없지 않느냐, 이건 범인들의 이야기고 선각자는 열흘을 굶어도 담은 안 넘는다. 담을 안 넘는 것이 선각자예요. 왜? 신념의 무한한 저력이 있기 때문에 그래요. 그러므로 고난을 그저 단

순한 불편으로 생각지 않아요. 그러기 때문에 다산은 강진에서의 18년 동안 많은 즐거움을 가졌다는 예가 상당히 많습니다. 그래서인지 다산 선생께서는 이런 말을 했어요. "하늘이 내게 한가로움을 주셔서……" 귀양을 그렇게 풀었거든, 그리하여 "많은 서적들을 곁에 두고 정독할 기회를 내가 얻었다" 하면서 기뻐했습니다. 사실 강진의 주막에서부터 선생은 자기의 나아갈 길을 결정했는지 몰라요. 그저 귀양이 풀릴 날만 기다리고 있을 것이 아니다 하고 말예요. 참 실존주의자였어. (웃음) 자기에게 주어진 조건을 고난으로 받는 게 아니라 그것을 전화위복의 좋은 기회로 생각했던 겁니다. 그게 선구자의 참모습입니다. 그러한 태도로 다산은 18년 동안을 막대한 저술과 제자들 교육으로 유유자적했어요. 오늘을 사는 우리에게도 가장 필요한 것은 바로 올바른 신념과 그에 따른 행동이고 인생을 멀리 볼 수 있는 깨어 있는 지성의 눈입니다. 하나의 고초 같은 것은 일시적인 기복으로 보아 넘겨 버리는 확고부동의 뱃심이고……, 그러나 역시 우리 스스로에게 불만인 것은 그 뛰어난 사람들의 이야기나 할 줄 알지 실행으로 옮기지 못하는 부끄러움을 초월하지 못하기 때문 아니겠어요? 소크라테스가 왜 독배를 마셨을까. 자기가 도망할 수도 있었는데……. 국법을 따라 죽어 가는 건 괴로움이 아니기 때문이었어요. 자기 철학의 믿음에 의해 수난 속을 살지만 그것이 옳기 때문에 국법을 따르다. 죽는 즐거움……, 부럽지 않아요? (웃음) 누구한테나 다 요구할 수는 없지만 지성인이라면 이만한 가치관을 가져야 합니다.

정: 박사님, 조상의 예지와 숨결이 살아 있는 이곳에 와보니 숱한 감회가 오갑니다. 전통과 현대가 만나는 자랑스러운 문화공간이기 때문이죠, 이제부터 또 다른 화제로 역사는 곧 해석이라는 카(E. H. Carr)의 사관을 철저히 적용하면서 이곳 우리 남녘의 전반적인 얼굴을 그려 보고 싶습니다. 호남 또는 전라도라는 곳이 가지는 의미를 되새기며 확고한 자화상을 시도해 보자는 겁니다.

박사님, 이 지역 백제문화의 연원에서부터 형성, 특질, 그다음에 소외에까지 총괄적으로 조감해 주셨으면 합니다.

이: 이 백제문화에 대해서 제일 처음에 부딪치는 난제는 사료의 부족입니다. 백제문화를 설명할 수 있는 자료의 부족이에요. 그것은 승자의 역사는 다 기록으로 남아 있지만 패자의 역사는 전부 인멸되어 버리는 것이 하나의 전례가 되어 가고 있기 때문입니다. 사료만 해도 고난을 겪고 있어요. (웃음) 그런데 백제의 위치는 반도의 위치에서 봤을 때는 서남단에 위치하지마는 어떤 국제적인 입장에서 볼 때는 중심적인 자리가 아니냐, 이렇게 볼 수가 있어요. 고대사회에서는 육로보다는 바다의 왕래가 많았고 아울러 중국하고 손쉽게 내왕이 가능했고 일본하고의 접촉도 빈번했습니다. 그러면 신라는 바다에 임하지 않았냐 하고 반론을 제기할 수 있겠습니다만 신라는 중국을 통하려면 백제를 거쳐야 됐어요. 그러니까 백제는 국제적인 하나의 중심점에 자리해 있는 그 지리적인 호조건을 십분 활용했음을 전제로 놓고 우리 문화를 봐야 합니다. 사실 문화의 형성이라는 것은 자체 문화만 갖고는 안 돼요. 외래문

화를 수용하지 않고 자체 문화만 가지고서는 생명력 있는 문화를 창조할 수가 없어요. 한국 문화뿐만이 아니라 미국도 그렇고 중국도 그렇고……. 문화라는 것은 여러 요인이 복합적으로 융합이 되고 조화를 이루어 이상적이고 완전한 형태의 독자적인 힘을 갖는 겁니다. 그러한 선상에서 삼국시대의 문화 중 무엇이 그 주류이고 어떠한 문화가 당시의 문화를 대표하느냐 하는 이 문제를 풀어야 될 것 같군요. 물론 제각기의 고유한 문화를 가지고 있지요. 고구려 문화는 고구려 문화대로, 백제 문화는 백제 문화대로, 신라 문화는 신라 문화대로 특징이 있습니다. 우리는 그 가운데에서 백제 문화를 이야기해야겠지요. 사실 삼국통일 이후의 신라 문화가 한국의 전통문화로 지칭되면서 찬란한 문화의 꽃을 피웠다 하지만 신라 문화는 분명히 망국인의 백제 문화가 근간이 되어 건설한 것입니다. 우리 문화의 몇 가지 특성 가운데에서 자연과의 그 완전한 조화라고 할까, 그것을 이룬 문화의 형태가 백제에 존재해 내려오고 있었어요. 그러니까 백제는 정치적으로는 망했어도 문화의 맥류(脉流)는 망국 이후 쭉 이 지역에서 이어오고 있는 거예요. 문화 예술의 모든 분야에서……, 그리고 재인(才人)이라는 게 있었어요. 나는 그것을 상당히 중요하게 보는데, 재인이라는 게 무당 출신이거든요. 무당은 화랑의 후예들이에요. 많은 학자들이 화랑도는 무교(巫敎)와 깊은 관련이 있음을 피력한 바 있습니다. 어느 학자는 화랑도가 무교의 가무강신(歌舞降神), 유신(侑神)의 정신인 신명(神明), 즉 신바람의 성격을 그 밑바탕에 깔고 있고 또 그 신바람이 역사의 어느 순간에 날조된 것이 아니고 아득한 시원부터 흘러 내려온 불변의 기질임을 지적했지요. 화랑의 기능 중에 가무가 아주 중요하게 들어가 있는데 그 노래와 춤을 가리켜 신사(神事)라고 하잖아요. 무당의 특징이 신에게는 춤과 노래를 바쳐야 돼요. 그러므로 고대에 있어서 중국 사람들은 우리 민족을 일러 말하기를 『삼국지』「위지」'동이전'에 의하면 그 백성들은 가을철 시월이면 농사를 끝내고 대중들이 모여 가지고 춤을 추고 노래를 부르며 밤을 지새운다. 이렇게 나와 있어요[常以五月下種訖 祭鬼神 群聚歌舞飮酒 晝夜無休……十月農功畢 亦復如之]. 이런 것들은 모두 중국 사람들의 눈에 비친 한민족의 특이한 생활 풍습으로써 삶을 즐길 줄 아는 멋을 말한 것입니다. 이에 연유한 한민족의 전통적 풍습, 풍속은 농촌문화, 재인문화 또는 세시풍습으로 현존해요. 풍요한 농경지대를 배경으로 하여……. 그렇기 때문에 나는 해남 저쪽에서 나오는 옹관묘가 경주에서 출토되는 금관보다도 더 중요하다고 봐요. 옹관을 만들 수 있는 호족이 이 지역에는 많이 살았어요. 부유한 계층의 사회였어. 지석묘가 여기에 많은데 그건 지석묘를 쓸 수 있는 어떤 계층의 문화가 형성되었음을 말해 주는 것입니다. 비록 확실한 역사의 기록은 없지만 여기는 엄청난 문화의 보고입니다. 그러니까 이 지역사회 문화의 특징을 앞으로 발견하려면 지석묘 정리를 해 가지고 거기서 발굴되어 나오는 자료로 아, 이야기가 잠시 딴 방향으로……. 재인층이 어디가 많았냐, 바로 이곳이에요. 그 재인이라는 것은 화랑도 이후에 정치적으로 소외된 예술담당 계층으로서 예술의 맥을 이어온 사람들인데 조선조에 접어들면서 아주 천민계급이 되어 버렸습니다. 그런데 그 재인들이야말로 우리 전통예술의 수호자이자 공로자예요. 그리고 그 재인층이 충청도하고 경기도하고, 전라도 지역밖에 없습니다. 백제의 영역 외에는 없어요. 판소리도 전라도 사투리가 아니면 제맛이 안 나거든. 그게 괜히 이상한 것 같지만 그건 사실이에요. 또 동양화단으로 말하더라도 소치·미산·의재·남농 등 자연을 토대로 한 화풍이 여기서 나온 것은, 그리고 그것에 대한 이해가 빠른 것은, 시나 문장에 뛰어난 것은 이 지방 사람들이 다른 데 사람들보다 예술적인 소질이 훨씬 짙다는 증거가 됩니다.

이러한 몇 가지 요소들을 종합할 때에 비로소 백제문화의 전모가 드러나지 않겠느냐, 나는 그러한 생각을 하고 있어요. 그러니까 백제문화나 호남문화라는 말은 앞으로 우리가 노력하면 그 정립이 가능해도 영남문화라는 말은 정립이 어려울 것이다, 그렇게 말할 수도 있겠습니다.

정: 확고하고 심층적이며 살아 있는 호남 문화의 정립을 박사님께서 해 주셔야죠.

이: 그 이야기를 두 번째 듣는구면. (웃음) 물론 여기서 이렇게 대담으로 말하는 것보다 더 자세한 풀이는 있어요. 여기서 다 이야기할 수 없어서 그렇지요. 난 요새 이런 생각을 해요. 할 일이 너무 많다. 이것도 해야 하고, 저것도 해야 하고……. 그런데 이 지역의 역사와 문화 예술을 정리하려면 좀 더 많은 인력과 재정이 뒷받침이 되어 어떤 팀워크가 짜여 가지고 각기 분야를 맡아 정리를 해야 돼요. 이 큰일을 어느 한 사람의 힘

으로 하기에는 퍽 힘들어요. 그리고 호남문화를 정립하기 위해서는 이 지역 사람들이 자각하도록 분위기를 일으켜야 됩니다. 분위기를 일으켜 가지고 문화를 대중의 저변에까지 확산시켜야 돼요. 그런 힘을 각 문화단체에서 쏟아 줘야 돼요. 실례가 될지 모르지만 라이온즈나 로타리 그리고 청년회의소 같은 단체의 활동도 벽에 부딪혀 있어요. 내가 그 사람들한테 시비들을 예상하고 이야기하는데 그러한 봉사단체의 모임이 해방 직후에는 큰 의미를 가졌다 할 수 있습니다. 하지만 그것이 오늘날에 있어서 일주일이나 한 달에 한 번씩 만나서 식사나 하고 스피치나 간단히 듣고 악수 나누고 갈리는데 그런 것은 어떤 역할 기능을 가질 수가 없는 거예요. 그런 안일함으로 계속 나아갈 때, 그 사람들한테 기대할 것은 아무것도 없게 됩니다. 솔직히 말해 그 사람들은 여력이 있으니까 단돈 만 원씩이라도 내서 어떤 문화행사를 주관해 보자, 이래야 돼요. 곳곳에 시계탑이나 세우는 것, 오늘날 시계탑이 그렇게 중요하지도 다급하지도 않아요. 내 입장에서 보면 시계탑이나 세우는 것 그리 탐탁지 않아요. 그 사람들 뭣을 먼저 할 줄을 모르고 있는 것 같아. 그 사람들을 계몽하는 운동부터 먼저 일어나야 될 것 같습니다. 그리고 YMCA도 좋고 YWCA도 좋습니다. 그 단체들의 역사적인 공헌은 막중하지요. 새로운 서양 사조와 문물을 우리에게 전파하였고 계몽운동을 펴왔으니까. 그러나 지속적으로 서양 일변도로만 치닫지 말고 이제는 우리 문화에 대해서도 눈을 돌려줘야 되겠다 이거예요. 지금에 있어서는 우리 자신에 대한 새로운 시대적인 자각이 실학운동이고 사승자(史乘者)의 사명입니다. 우리를 자각하지 않고서는 모든 게 안 되게 돼 있어요, 그런 맥락에서 한꺼번에 호남문화의 윤곽을 잡으려고 하지 맙시다. 광맥 속에 금덩어리는 분명히 있으니까 캐고 들어가야 되지 않겠나……, 캐고 들어가는 이 작업이 한두 사람의 힘으로서는 곤란해. 나는 서서히 운동을 일으키려고 해요. 최근의 박물관 대학도 그러한 소명과 유기적인 관제를 가지고 있습니다.

정: 박사님, 지리는 역사를 그리는 화판이라는 말이 있는데 전라도가 안고 있는 지리적 배경은 어떻습니까? 그러니까 다산 선생께서 강진에서 유배 중에 있을 때, 당시 호남관찰사로 와 있던 이가 선생께 가만히 편지하여 유배에서 벗어날 수 있는 변법(辨法)을 제시하였을 때 선생은 그것을 사양하는 답서에서 귀의(貴意)는 감사히 생각한다. 그러나 내 일신은 벌써 노의(老衣)요, 일인(一人)의 해배(解配)는 국가로서 대사의 관계가 아니다. 정작 호남에 대사가 있다. 지금 민곤(民困)은 극도에 달하고 탐리(貪吏)의 박할(剝割)은 더욱 심해 가니 어떤 방침이 미리 서지 아니하고는 호남의 도현(倒懸)은 구해(救解)될 도리가 없고, 이 도현이 구해되지 않으면 미구에 대사가 터질 것이다. 내 일신은 유찬종생(流竄終生)하여도 대관(大關)이 아니니 모름지기 정작 대관에 유념하라고 적으셨지요. 일찍이 이 글을 보신 위당 정인보 선생은 감탄을 하시며 "보라! 다산 선생이 신이 아니냐, 갑오고부(甲午古阜)의 예조(豫兆)를 그때 벌써 보지 아니하였느냐, 별것 아니다. 지성(至誠)인지라 남의 못 미친 데까지 미치고 남의 못 보는 것까지 보는 것이다. 다산의 눈에

선하게 보이던 것이 하필 이것뿐이랴, 희(噫)라! 이 정성을 지금에 와서들 누가 알랴”고 무릎을 치셨지 않았습니까? 바로 이러한 바탕을 깔고 전라도의 수난으로 점철된 발자취와 희망의 지평선을 말씀해 주시죠.

이: 백제와 호남, 전라도라는 것의 지리적 공간은 문화의 측면에서 천하의 중앙이었습니다. 그리고 아까도 이야기했지만 역사적으로 볼 때 농경사회에서는 가장 풍요로운 지역사회였고 그러기에 국가 재정의 큰 비중을 차지하고 있었던 것도 사실입니다. 이 지방이 일제 36년 동안에 걸쳐 수탈의 대상이 된 것도 역시 호남 일대의 기름진 풍요 때문이었지요. 일본 사람들이 말하기를 호남을 지배하지 않고서는 한국을 지배할 수 없다, 그런 말을 했어요. 그것을 볼 때 지리적인 조건으로 수탈을 당했다 할 수 있습니다. 그리고 조선조 후기 사회는 전체적으로 봐서 어디든 민란이 날 수 있는 불을 댕기면 탈 수 있는 그런 상황이었어요. 이제 눈을 앞으로 해 이 지역이 가져야 할 힘에 대해서 이야기를 합시다. 나는 그것을 둘로 분석했어요. 이곳 전라도는 백제의 망국 이후부터 소외된 거 아니오? 그러니까 참다운 의미에서의 민란사는 백제의 민란 때부터 써 내려 와야 돼요. 그 백제민란사에 대한 좋은 논문은 홍이섭 씨가 하나 썼는데……, 그리고 그 이후 후삼국이 형성되고 마침내는 고려가 들어서 왕건이 역사상 씻을 수 없는 천추의 죄를 범하게 됩니다. 그것의 대표적인 장전(章典)으로 훈요십조가 있지 않겠어요? 훈요십조는 주지한 대로 고려왕건 태조가 후삼국을 재통합하여 고려왕조를 세운 뒤 그 말년에 태

조 자신이 후손에게 준 열 가지 유훈으로 왕건의 정치 이념이 잘 나타나 있을 뿐만 아니라 고려의 정치관을 규제하고 있는 중요한 내용인데, 이 훈요십조 8조에 후백제 유민에 대한 왕건의 견해와 대처가 분명하게 표시되어 있어요. "차현이남(車峴以南)과 공주강외(公州江外)는 산형 지세가 아울러 배역(背逆)할 만하고 인심 또한 그러하니, 그 아래 주군인(州郡人)이 조정에 참여하여 더불어 왕후국척(王候國戚)과 혼인하고 국정을 잡으면 혹간 국가를 변란케 하고 혹은 통합되는 데 대한 원망을 머금고 임금의 행차를 범하여 소란이 생길 것이다. 또 그들이 일찍이 관사노비(官寺奴婢)와 진역잡척(津驛雜尺)이 되고서도 혹은 세력을 믿고 옮기거나 면제하며 혹은 왕후궁원(王候宮院)에 붙어서 간교한 언어로 권력을 정사를 어지럽혀서 실변(實變)을 일으킬 자가 반드시 있을 것이니 비록 양민(良民)이라 하더라도 마땅히 자리를 주어 정사를 행하게 해서는 안 된다"라는 내용은 호남인에 대한 혹독한 차별의 제도적 장치라 아니할 수 없습니다. 바로 여기서 살아남을 수 있는 방법으로 예술적인 승화와 종교적 승화 그 두 가지가 있어요. 구체적인 설명 안 해도 그 말 알겠어요? 정치적인 소외, 경제적인 수탈 이런 극단적인 불우함 속에서 민중이 살아남을 수 있는 방법으로서 정치적인 힘이 없으면 하나의 예술적인 승화의 의지라도 가져야 하지 않겠느냐, 아니면 건설적인 종교에의 귀의라도 있어야지 그렇지 않고는 살아남을 수 있는 지혜가 없지 않겠느냐, 그런 생각을 해 봅니다. 호남 사람들의 기질 속에는 그 양극단적인 기질이 너무 뚜렷하게 공존하고 있어요. 지킬

박사와 하이드처럼. 그러니까 전라도 사람들이 다정다감하여 온유할 때는 굉장히 순합니다. 6·25사변 통에 봐요. 아마 호남지역에 와서 피난민이 푸대접받았다는 이야기는 없거든……. 그런데 세상에 부드럽고 인심이 좋은 호남 사람들이 왜 나쁜 기질을 가졌다고 왜곡시켜 말들을 하는지……, 그 까닭을 모르겠어요. 그리고 또 이쪽에 계룡산을 중심으로 해서 신흥종교 및 유사종교가 제일 많은데 그만한 까닭이 있어요. 질박한 선의지와 밝은 내일에 대한 소망의 욕구가 강렬했다는 증거예요. 미륵보살이 어떻다, 내세에 우리가 어쩐다 그러면 아, 논밭 다 팔아 가지고……, (웃음) 그건 현실에 대한 하나의 불만과 이루어지지 않는 소박한 꿈에 대한 보상행위의 갈구입니다. 내세에나마 잘살아 보려는 사고방식의 기질이 다른 어느 지역보다도 거세게 타오른 게 이 지역사회의 흐름이었어요. 그리고 불의와 타협하지 않는 지독한 고집을 들 수가 있어요. 사실 백제는 삼국 중에서 가장 유교적인 성격을 띤 정신문화가 주류를 이루고 있었습니다. 백제문화의 기저에는 마한문화의 성격을 감출 수가 없어요. 유교의 엄격성하에서 영향받은 바, 절의를 숭상하는 윤리정신은 백제인들의 가슴속에 깃들여 한말의 의병운동까지 흘러 내려왔던 것입니다. 전라도 사람들은 이러한 자기 기질을 알아야 됩니다. 그리고 승화시켜 참으로 바람직한 자화상을, 주제적인 세계를 구축해야 됩니다.

정: 백제와 호남문화의 작용력에 대해 말씀해 주시지요.

이: 중국문화는 조형문화입니다. 가령 만리장성이다, 아방궁이다, 뭐다 이런 웅장한 것을 볼 때 그렇게 말할 수가 있어요. 일본

문화는 색채문화지요. 그리고 한국문화는 선의 문화입니다. 색의 문화나 조형문화를 가지고서는 어떤 자연의 표현이 잘 안 돼요. 그러므로 나는 선의 문화와 조형과 색채문화를 수적으로 표현하면 유한수(有限數)의 문화와 무한수(無限數)의 문화로 구별하고 싶어요. 인간은 유한성 아녜요? 신은 무한한 것이고, 바로 한국의 예술이 무한성이에요. 여기 박물관에 와서 서울대 한만영 교수가 강의한 적이 있는데 그분 말이 우리 음악이 독일이나 이런 구라파 쪽으로 가게 되면 사람으로서는 쉬이 이해할 수 없는 신비한 느낌의 음률을 어떻게 그렇게 낼 수 있느냐 하는 말을 듣는다고 해요. 퉁소 하나를 불었을 때의 그 여운 있게 흘러 나가는 멜로디의 무한한 신비는 도대체 무엇이냐, 피아노는 한 번 두드리면 그냥 소리가 끝나 버리고 마는데, 종만 해도 딩·동·댕 하고 단조롭게 소리 나고 마는데 비해 우리 에밀레종은 어때요? 한 번 탕! 치면 그 소리가 십 리 이십 리로 언제 끝이 날지 모르게 길게 이어지는 무한수의 선율입니다. 이건 다 선(線)이 있기 때문이에요. 선의 감각이 없으면 우리 예술이 이해가 안 돼. 선은 그런 무한의 신비를 의미해 주고 또 표현하는 겁니다. 그 말 알겠어요?

고려 시대의 문화를 살펴보면 강진 대구면 사당리 요지(窯地, 史蹟68號)를 중심으로 하는 청자문화가 우리의 눈을 놀라게 하는데, 고려청자의 특색은 선, 비색, 상감수법에 있지요. 그건 고려 사람들밖에 못 내요. 고려청자는 가마에 불을 땔 때 산소를 공급하지 않지요. 불완전연소를 시키는데 다시 말하여 탄소가 많고 산소가 적은 환원염으로 구운 것인데, 이런 수법으로 도자기에 포함된 철분이 청자색으로 변하게 됩니다. 이러한 수법을 중국 양자강 하구 항자만(杭字灣)의 월주(越主) 여도요(餘陶窯), 용천요(龍泉窯) 등지에서 받아들인 것인데 고려시대의 전라도 사람들은 이를 더욱 발전시켜 명실공히 도자(陶磁)의 고장을 이루었지요. 송나라 태평노인(太平老人)이 쓴 책인 『유중금(釉中錦)』을 보면 그중 "천하제일고려비색(天下第一高麗秘色)"이란 칭찬이 나옵니다. 고려 사람들밖에는 그런 색깔을 못 냈어요. 여기에 신안 앞바다에서 나온 유물이 많은데 저 색깔들, 선명한 게 얼른 보면 좋단 말이여. 그러나 그게 아니에요. 고려청자를 얼른 봤을 때는 대수롭지 않아 보여도 그걸 보면 볼수록 신비한 체험의 깊이가 더해 감을 부정할 수가 없어요. 이조백자도 마찬가지, 아무 형태도 없는 그 흰 빛깔 속에서 우리는 그 어떤 불협화음도 느낄 수가 없습니다. 이질 속에서도 거슬리지 않고 혼자서도 둘레를 허전하게 하지 않는 독특한 그 유연함, 작은 우주 안에 전체를 완성하는 이 정수의 예술이 바로 우리 민족의 능력과 자질을 웅변해 주고 있는 거예요.

특히 전남 지방은 "나라의 남쪽에 위치하여 지방 물산이 풍부하며, 산골 고을이라도 냇물로 관개하는 까닭으로 흉년이 적고 수확이 많다"라고 이중환의 『택리지(擇里志)』에서도 언급된 바와 같이, 자연의 혜택을 많이 받는 기후상의 호조건, 풍부한 물산과 비옥한 농경지대를 바탕으로 해서 오늘날에 문화 예술로나마 호남만의 명맥을 유지해 온 셈입니다. 어떤 의미에서 표피적이고 후세 사가들의 고정관념에 의해서 유교의 사상은 영남 쪽의 전유물인 양 잘못되었다 하더라도 서민 대중의 감정과 생활 속에서 전통의 흐름을 파고 내려온 문화 예술의 주역은 우리가 아니냐고 자부를 할 수 있겠습니다.

정: 박사님, 신라통일, 그것이 한국 역사상 최초의 통일이고 지금까지는 거기서 동일체의 전근대적인 민족 형성이 이루어졌다고 다루어 왔는데, 어떻습니까? 박사님께서 보시는 신라통일의 역사적인 위치 말입니다.

이: 일반적으로 민족의식의 형성 과정을 꽝장히 여러 가지로 보는데, 신라통일로 되는 것은 하나의 원로 사가들의 견해라 볼 수 있어요. 이병도 박사 같은 분들이지요. 그런데 민족의 동질의식은 외침을 당했을 때 자연 발생적으로 하나가 돼요. 형제간이 담 안에서는 싸우다가도 밖에서 적을 만났을 때는 합심하는 것이 인지상정 아닙니까? 민족의 형성 과정도 그렇게 볼 수가 있어요. 그리고 적국의 침략을 당했을 때 민족 일체감의 화합에는 뭣인가 중심이 필요하지요. 그것이 우리에게 있어서는 단군설화입니다.

민족일체감의 또 다른 형성시기로 3·1운동에다 판단의 각도를 맞추는 경우가 있어요. 그 신라통일에서 어떻게 민족의 동질성을 볼 수가 있느냐 그렇게 회의하면서 3·1운동에서야 비로소 민족 통일체의식을 가졌다 그렇게 주장합니다. 꽝장히 젊은 학자들의 시각이지요. 그 당시 일본이라는 적을 상대로 해서 일어섰던 순간에 비로소 전체적인 공감대를 갖게 됐다 이 말이지요. 사실 그때의 그 감정을 부인할 사람은 없을 겁니다. 그렇잖아요? 그때 서울서 만세를 부른 사람이나 저 산간벽지에서 목메어 조선독립을 외친 사람이나 서로 간에 더할 수 없는 동질의식의 일체감을 껴안으며 아! 이것이 민족이구나를 감득할 수 있었겠잖아요?

그리고 또 하나는 조선조 후기의 단군사상의 재건시기로 보는 설이 있지요. 단군설화의 부흥 내지 그것의 강조는 국태민안과 상관관계를 갖고 있는데……, 고려 때 더러 단군사상이 부흥이 됐지요. 그다음에 세종대왕 때 평양에 단군전을 세운 적이 있고, 그리고 나서 조선조 후기에 합방 전후로 해서 나철이라는 사람이 대종교를 만들고……, 왜정압제의 사슬을 끊기위한 우리 임시정부의 해외투쟁도 단군사상의 힘으로 했습니다. 오늘날에도 새로운 입장에서의 단군사상이 살아나고 민중속에서 오늘에 중요한 역할을 맡는다면 민족의 주체성은 보다확고해지고 막강한 저력이 표면화되겠지요. 이렇게 민족의 형성을 세 단계로 볼 때에 각각의 특색대로의 이론적인 근거가있어요. 그러니까 어떤 한 가지다 꼭 이렇게 단정하기는 어렵지 않겠느냐, 이렇게 보고 싶습니다. 오늘날 남북분단의 현실상황에서 우리가 직면하고 있는 문제이지만 위험하고 두려운것은 무엇보다 민족의 이질화입니다. 동질적인 공감대를 상실해 버리면 민족일체 의식은 서서히 분해 되어 버리는 거예요. 언어도 달라졌다면 남북분단은 장기화될 우려가 큽니다.

정: 신라의 통일방식에 대한 새로운 조명을 거듭 부탁드리고 싶습니다. 신라통일이 안고 있는 갈등과 모순은 상당히 명약관화하지 않을까 합니다. 정당성을 부여받을 만한 통일이라고는할 수 없을 만큼 거리감이 있지 않을까……

이: 그 점에 있어서는 내가 어떤 자료를 가지고 있지 않아서 구체적이고도 명쾌한 설명은 안 될 것 같군요. 상식선에서나마 이야기를 한다면 신라의 삼국통일은 무력통일이었고 더구나 우리 자력의 힘으로 완전한 민족통일을 이룩한 것도 아니지 않느냐 이렇게 보는데……. 그러나 문화적인 각도에서는 신라가 정책을 잘 썼다고 봐요. 그 이유를 과거의 역사적인 사실에서 보면 충분히 알 수가 있어요. 중국역사를 보더라도 주나라가 은나라를 정복하였을 때 문화는 은나라가 앞서 가고 있었어요. 주나라는 자기의 문화를 못 가졌지요. 주나라는 서쪽 민족이었거든……. 그러나 정치를 덕으로 다스렸어요. 그래서 민심의 귀일로 해서 은나라를 정복했지, 문화는 은나라 문화가 훨씬 앞섰지요. 공자도 은나라 지식 문화 계급을 전부 흡수해서 새 나라를 건설하는 데 전부 공헌케 했지요. 만주족이나 그 전의 몽고족도 방대한 중국대륙을 지배하면서도 역으로 자기의 고유성, 자기의 역사는 잃게 되고 중국의 역사로만 남아 있지. 그들도 개국 시에는 북경의 한문화를 이끈 지식문화인들을 전부 흡수해서 청조문화를 꽃피웠던 것입니다. 마찬가지로 통일신라도 백제를 정복했을 때, 백제의 기술자들 다시 말하면 백제의 예능인들을 전부 받아들였습니다. 그리하여 거부나 배척이 아닌 융합의 일치 속에서 찬란한 통일신라 문화의 공든 탑을 쌓아 간 것이지요.

정: 어느 학자의 말마따나 전라도 지방은 역사 이래로 왕국의 중심지인 도읍과 멀리 떨어져 있기 때문에 항상 정권적 차원에서는 권외로 밀려나 있었다고 볼 수 있겠습니다. 그래서인지

일부 사람들의 물리적으로 허약한 전라도에 대한 부조리하고 당치도 않은 편견이 상당히 심화되어 있습니다. 마침 민족 화합이니 총화단결이니 하는 좋은 말들이 쓰이는 오늘날을 맞아 박사님께서 그 퇴행적인 우상의 믿음을 바로잡아 주시죠.

이: 역사적인 관점에서 분석할 때에 여기를 소외지대다 그러는데, 그건 여기만이 아니고 고구려 지대의 서북사람들도 변방인으로 취급받지 않았어요? 말하자면 신라통일 이후로 아마 양쪽에 반골적인 세력이 자리 잡게 됐을 겁니다. 이쪽은 백제유민, 저쪽은 고구려 유민들로.

그런데 이 지역 사람들이 생존해 오면서 가끔씩 우뚝 선 저항운동은 그게 뭐 한 지역만의 이익 추구는 아니었다고 봐요. 그렇다고 생각지 않아요? 그런데 근래에 와서 왜 지역감정적인 방향으로 간주가 왔는지 도대체 이해가 안 가요. 또 지역 대 지역의 감정은 약간 있는 거예요. 나라와 나라의 색이 한결같을 수가 없듯이 말이외다.

그리고 부정하려야 부정할 수 없는 이 지역의 소외는 심각한 게 사실입니다. 우리가 그것을 심각하게 느끼고 받아들일 수밖에 없어요. 요사이의 경제적인 문제를 한 예로 들어 봅시다. 옛날에 부자는 다 전라도에만 있었어요. 산업화 이후, 그러니까 10년, 20년 근방에 다른 지역이 풍부해진 건데 문제가 그게 분명하다면 저울추를 좀 판판하게 하면 풀어질 수 있는 겁니다. 한 민족이 무슨 원수졌다고 역사적으로 언제부터 조화되지 못했다고, 서로 악화된 감정을 가질 필요가 있을까요? 민중은 그렇게 우둔하지 않아야 됩니다. 그러면 이제 그것을 누구 힘으로 풀어야 되느냐 하는 문제가 제기되는데, 여기엔 다른 처방이 없고, 힘 있는 위치에 있는 분들의 차원에서 풀어질 수밖에 없습니다. 그리고 각 지역 사람들의 고정된 사고 방식도 발전적으로 개선되어야 하겠지요. 이 지역 사람들의 힘만으로는 미치지 않는 게 틀림없으니까…… 또 우리는 우리대로 해결의 길을 찾아가는 노력을 아끼지 않아야 됩니다. 현재의 소외가 주된 고통을 풀기 위한 슬기를 스스로 찾으면서 소망의 믿음을 키우며 나아갈 때 낙후는 극복되지 않겠나 이겁니다. 이 지역 사람들이 지금 처해 있는 환경이 침체되어 있고 불우하다 해서 왜 우리는 이래야 하는가 하고 불평과 불만만을 토로하거나, 회의의 안개 속이나, 암울한 고통의 먹구름 속만을 배회하게 된다면 어떤 한계의 벽에 갇혀 버리는 거예요. 오늘날의 일시적인 현상은 역사의 긴 줄기에서 볼 때는 한순간의 정점에 지나지 않습니다. 훗날 건설적이고 희망의 활성이 넘치는 복지(福地)로 전환된다면 뒤끝 없이 소화되지 않겠어요? 그렇지 않고 불편이 많으니까 우리 술이나 먹고 씻어 버리자, 에이, 이놈의 세상 어쩌고 식으로 타락하거나 파괴적이어서는 우리 전라도 사람들은 영 살아날 길이 없습니다. 그 말 알겠어요? 우리 전통의 진수와 생존의 뱃심은 유지되어야 합니다. 오늘만 이렇게 어렵고 고달픈 건 아니에요, 백제가 망할 때는 그 망국을 통탄하는 패배의 슬픈 소외가 있었고, 고려 건국하고 나서는 이 사람들 후백제를 연결시키며 뭐가 어쩌니 저쩌니 하여 소외가 됐어요. 그렇기 때문에 이 지역사회는 뛰어난 장점으로서 강한 자치 능력을 가지고 있는지도 모릅니다. 우리의 농촌에 가 보면 모종이라는 게 있잖아요? 농사가 천하의 대본인데 이 지역 사람들은 관의 힘이나 어떤 타율을 빌지 않았어요. 자기네들끼리 앉아서 돕고, 뜻을 모으며 힘을 합쳤지요. 다 자치적으로 잘해 냈어요. 보를 싼다고 하더라도 동네 사람들끼리 인력을 동원했고 재원을 충당했지 수령이 진두지휘해서 이끌어 가지 않았어요. 이 지역사회가 그렇게 자치능력이 발달한 것을 모종, 품앗이, 두레 등을 중심으로 쓴 논문이 나온 게 있어요. 우리는 고난을 즐거움으로 환원시키기 위해 하나의 슬기를 가져야 합니다. 우리는 그걸 꼭 찾아야 해요. 지역감정이니 지역불균형이니에 너무 신경을 쓰면 곤란해요. 그러다간 말려들어 가고, 말려들어 가선 안 되고 말입니다. 우리가 헤쳐 나갈 수 있는 방도는 현재를 하나의 역사 과정으로 이해하는 겁니다.

정: 박사님! 저는 이런 말씀을 곁들이고 싶군요. 이 지역사회가 지금껏 '그늘 한 점 없는 양지'로 나서지 못한 채 아픔과 좌절과 실의의 긴 터널에서 멈추고 있음은 또 벗어나야 함은 자기 각오도 각오이지마는 고려 태조 왕건이 말한 훈요십조 따위 등의 천추에 씻지 못할 죄에서부터 비롯된 지배자의 우매한 치론(痴論)에서 찾을 수 있지 않을까 합니다. 이 시대를 살아가는 데 있어서 꼭 필요한 어여쁜 힘과 더불어 가는 공동선의 사랑이 그립습니다.

이: 맞아요.

정: 산업의 근대화는 필연적으로 변화의 속도를 가속시켰고, 정치·경제·사회·문화 각 분야의 패턴이 변화한 내용도 다양화된

게 사실입니다. 오늘의 인류가 일찍이 없었던 대전환을 맞이하고 있는 터에서 어떤 사람들은 현재만을 유일신 모시듯 하며 과거와 미래는 불확실하여 못 믿을 것으로 처분해 버리는 입장을 취하기도 하는 파국이 눈에 띄기도 합니다. 그러나 인간들은 간단없이 문화창조의 노력을 경주하여 왔고 지속적인 전통문화의 보존과 교육을 통하여 미래를 향한 인간의 의지는 더욱 확대 전개되리라 믿습니다. 신안 앞바다 유물부터 작게는 살림살이 도구며 남도의 서화 장신구 토착 농경사회의 특징인 옹관 등 그야말로 우리 지방의 소중한 문화유산이 숨 쉬는 이곳 박물관의 운영 상황, 현재의 실태, 앞으로의 계획 등 전반적으로 궁금한 것들을 알고 싶습니다. 특히 박물관이 자료를 수집하여 보관하고 또 이를 전시하는 것이 단순한 고유의 기능이라면, 적극적으로 사회와 호흡을 같이해 사회 교육 기관으로서 참여하여 추진하는 기능은 창조적인 활동이라 할 수 있겠고 오늘날 박물관의 지향하는 바라고 하겠습니다. 그러한 면에 입각해서 말씀해 주시지요.

이: 이제 직업적인 이야기가 되겠구먼. (웃음) 박물관 개관 시의 초창기에 그런 질문을 많이 받았어요. 그 후 나는 나름대로 한 3년 동안 이리도 해 보고 저리도 해 보고, 그래 왔는데 최근까지 이르러 그렇게 방향이 틀어지지 않았다는 자신감이 생깁니다. 몇 가지 예를 들면, 여기서 수요강좌를 시작할 때에 영에서부터 시작을 했거든요. 그 내용으로는 국학·고고학·문화 전반에 관한 항목들이 주로 다루어졌는데 흐뭇한 보람을 느끼고 있습니다. 그래 가지고 금년 여름에 제일차적으로

하기 박물관 대학을 운영해 봤는데 성공적이었다 할 수 있습니다.

차제에 지엽적인 면을 떠나서 박물관이 사회에 뛰어들어 가지고 사회 교육 기능의 어려운 행군을 계속해야겠지요. 박물관은 단연 전시기능으로 그쳐서는 안 되고 적극적인 사회의 교육기관으로서의 발돋움을 망설이지 않아야 비로소 본연의 구실이랄까 그것을 다하고 있다고 이렇게 이야기할 수가 있어요. 그래서 이번에 시설 면에서도 별도의 공간을 하나 더 마련했어요. 또 가능하다면 지하실에 있는 또 하나의 홀까지 필요시 개방하려고 합니다. 그래서 미공보원에서나 YMCA나 YWCA에서 하는 행사나 활동의 무대로서 기꺼이 아니 반가운 마음으로 제공해 주고 싶어요. 어느 의미로 봐서는 YMCA 등의 서구 문화 성격의 일변도에서 벗어난 상대적인 성격의 입장에서 우리 것 찾기 운동은 박물관에서 밑받침해 주고자 합니다. 시민의 참된 정실문화의 창달은 동서문화의 조화 있는 발전을 통해서 가능하지 않습니까? 나는 필연적으로 꼭 우리 문화여야만 우리가 잘된다고는 고집하고 싶지 않아요. 또 그렇게 되는 것도 아니고 오늘도 누가 이야기하더군요. 현재 양복 입고 생활하는 사람에게 우리의 바지저고리가 좋다면서 권유하고 입히려 해도 그건 안 된다고 말예요. 양복을 어떻게 우리 몸에 알맞게 소화시켜서 오히려 서양 사람보다도 더 내 것으로 하느냐, 이것을 생각해야 된다는 겁니다. 문화의 창조도 그렇게 나가는 것이에요. 다시 말해 상호 보완입니다. 미문화원이나 YMCA, YWCA, 이런 데는 가지 말라는 것이 아니고 공보원만 다니지 말고 여기도 다녀가라 이거예요. 그 말 알아듣겠어요? 나는 우리 시민, 도민들이 여기를 다녀가서 뭔가를 얻을 수 있도록 일품요리를 해 줘야 됩니다. 나는 요리사의 구실을 수행해 가야 돼요. 그것을 박물관 대학·수요 강좌·유적지 순례 등의 계기를 통해 문화의 이해를 높여 주고 새 문화 건설의 다리가 되어 주고……. 보시다시피 박물관의 터가 넓습니다. 이곳이 우리 모두의 광장이 되는 게 나만의 뜻이거나 개인적 욕심은 아니겠지요.

정: 박사님! 미국의 경우 대개의 박물관에는 사회교육부를 두고 있으며 이들 박물관은 학교와 유대를 맺어서 교육을 실시하고 있는데, 박물관이 학교 교육의 연장의 장소로서 이용되는 예라 하겠습니다. 우리 지역사회의 특성과 역사적 공간을 재생 보존하여 우리만의 특징을 북돋우어 박물관의 사회적·문화적 기능을 극대화시키기 위한 대학과의 유대 관계는 어떻습니까?

이: 지금에 있어서 대학과의 관계는 아직 밀착되어 있지 않고, 최근에는 교육위원회하고는 연결이 잘되어 있습니다. 박물관이 교육의 실험도장이 되어야 한다는 공동의 희망 아래 교육위원회와의 협의체가 우리 학예 연구실 안에 구성되어 있습니다. 지금 한 세 차례 정도의 협의회를 가졌어요. 그런 것을 통해서 수학여행 하는 학생들이 그냥 들어와서 전시실이나 구경거리로 보고 가는 문제점들을 제기하여 토의하고 공동 노력으로써 여기 한번 오면 어떤 효율성의 교육적인 효과를 얻을 수가 있느냐 하는 것을 연구하라고 그랬어요. 그리고 교과서 가운데에 우리 문화재에 관한 설명이 피상적으로 나와 그것에 대

해 당신들이 부족하다고 느끼면 그 자료만 뽑아서 우리에게 보내주라, 그러면 우리가 보완해서 당신들이 강의하고 연구하는 데 있어서 보탬이 되도록 하겠다. 그러한 의도로 요즘에 팸플릿 등을 만들고 있습니다.

지난 7월 26일부터 개강을 해 일주일간 운영한 박물관 대학의 일정도 그 이유는 교사들의 방학기에 박물관 대학을 열어 그들이 수강하는 데 편의를 주기 위한 배려에서였지요. 이것은 어째서냐, 뭘 기대하기 때문이었냐 하면 교사들이 수강했을 때는 물방울의 파장 효과처럼 미치는 영향이 널리 퍼지기 때문입니다.

그에 비해 한 시민이 수강했을 경우에는 거의 그 한 사람으로 그치지요. 물론 시민 한 분 한 분을 환영합니다. 그 말 알겠지요? 거기까지 생각하고 대학의 개설시기를 맞추었던 것입니다……. 그리고 앞으로 대학과의 연결은 어느 때 되어야 하느냐 하면 우리 지역사회의 지표조사를 한다든지, 어떠한 고적 발굴 사업을 한다든지, 즉 고도의 지식을 요구하는 사업 과제가 있을 때이죠. 그럴 경우 비단 여기의 대학뿐이 아니라 서울의 여러 대학과도 공동작업을 해야 되겠지요.

정: 이 지역에 설립된 금호문화재단 등에는 어떤 위치에서 도움을 주고 계십니까?

이: 문화재단의 문제는 나는 이렇게 생각을 하고 있어요. 그 문화재단이라든지 장학재단이라든지 이것은 기업인들이 이 사회에 대한 기업으로서의 보답행위라 할까, 사회에의 이익환원이랄까, 우리가 그런 면에서 봐야 될 거예요. 환원의 방법이 대

내적으로는 자기들 기업체 임직원들의 복지라든지 이런 데다
쓸 수 있겠고 또는 자기가 살고 있는 지역에 대한 그 은혜의
보답의 형태로 문화재단, 장학기금의 설립 등으로 나타날 수
있겠지요. 해방 직후에는 장학기금이 많았어요. 불우해서 공
부 못 한 사람들이 너무 많은 사회 환경 탓이었지요. 해방 이
후 대학만 보더라도 몇 %인가 몰라도 아마 1/3 정도는 대학
에서 장학금을 받게 되어 있을 겁니다. 거기에 비례해서 문화
발전이라고 할까, 문화에 대한 정리발굴이 시급한데도 거기에
대한 인식이 아주 부족해요. 그래서 어찌 됐든 유명무실하지
않은 문화재단이 이 지역사회에도 꼭 있어야 되겠다, 그게 나
의 걸기대(乞期待)의 소망이었는데 모두 근시안적이에요. 지역
마다 체육재단은 거의 있습니다. 체육재단은 금방 승부가 나
오고 눈에 보이는 자기 전시가 되니까 우후죽순이에요. 그런
데 그 스포츠만 해도 이전에는 선수 본위지 기록경기가 아니
라 민중본위 민중 화합의 체육 제전이었지요. 농촌에서 그랬
잖아요. 줄다리기를 한다, 고싸움을 한다, 어느 의미로 봐서는
요샛말로 스포츠라고 할 수 있어요. 그러나 승부는 애교로 끝
나지. 오히려 이긴 사람이 그러니까 옛날에 씨름판에 가서 소
한 마리 타 가지고 나오면 열 마리 값을 썼습니다. 한데 요즈
음에 보면 너무 실망이 커요. 스포츠라는 것은 대중적인 의미
의 바탕이 있어야 되는 것인데…….
그런 흐름을 떠나 겨우 이번에 금호에서 문화재단을 확충 설
립했어요. 나는 이걸 참 귀중하게 생각합니다. 어떤 의미를 제
공해 주었다 이거예요. 말하자면 문화재단이라는 것은 이 지

역사회에서 꼭 필요한 거니까……. 그래서 이번에 금호문화재
단의 지원을 얻어서 그 제일차사업으로 이루어지는 게 박물관
대학입니다. 이것 짜게 효과를 내줘야겠어요. 돈을 값지게 쓰
면 이렇게 재미있고 흐뭇한 보람이 있다는 것을 유감없이 보
여줘야겠어요. 문화재단이라는 것이 몇 가지 쓸 만한 사업을
하게 될 때에 기업들이 장학재단 못지않게 문화재단에 눈을
돌리지 않겠느냐 생각하며 가능한 한 힘닿는 데까지 보탬을
줄 것입니다.

정: 문화의 중앙집권현상 그리고 획일문화의 후진성에서 발돋움
하기 위한 필요한 여건은 무엇입니까? 그리고 국기(國基)의 강
도는 문화발전과 비례적이라 할 수 있는데 새로운 문화시대
를 열어 가기 위한 문화 행정에의 제언을 부탁합니다.

이: 문화의 중앙집권은 무너져야 됩니다. 그리고 그것을 무너뜨려
야 하는 서로서로의 의욕이 필요해요. 현대 산업사회의 고도
화에 따른 교통, 통신과 매스미디어의 발달은 전국을 하나의
문화권으로 형성하여 갔고, 필연적으로 도시의 비대화 양상은
문화의 단순획일화와 지방문화의 붕괴를 촉진하였습니다. 산
업화의 과정에서 서양문물의 무분별한 유입은 참다운 토착화
가 없는 이식문화의 단계에 머무르게 되어 도시에서 상업, 소
비문화를 팽배시켰고, 나아가서는 이 같은 도시의 성향이 농
촌의 구석구석까지 밀려들어 농촌사회에 남아 있는 창조적인
생산성마저도 붕괴시키고 있어요. 앞으로의 발전적인 지방문
화는 그 지방 각각의 환경 여건과 구조를 바탕으로 문화의 단
단한 층을 굳혀 가야 할 것이고 자기 경험의 건설적인 폭을

넓혀 가야 할 것입니다. 누군가가 말하더군요. 각 지방에서 얻어지는 개별적인 경험이 민족이라는 차원에서 대단위적으로 종합할 때 비로소 지방문화의 위치가 결정되고 민족문화의 새로운 창조의 길이 모색될 수 있는 것이라고 말예요. 특히 우리의 지역사회는 여러 의미에서 하나의 독특한 문화의 거점이 될 수가 있습니다. 그리고 부탁이라면 역시 그 사무적인 측면에서 행정을 요리하는 사람들의 문화에 대한 이해가 선행되어야 하지 않겠는가 하는 것입니다. 지금의 헌법에는 문화창달이라는 것이 있는데 그게 의무적으로 되어 있지만 실제 그것이 행정에 대한 직접적인 반영은 아직은 없는 것으로 보고 있습니다. 가령 그것이 종전에 없던 헌법 조항으로 들어갔다고 하면은 문화청이나 국이 설립된다든지 그래야 돼요. 조달청, 항만청, 식산국, 수산국 그러듯이. 그런데 지금의 행정기구 가운데는 문화과마저 변변치 않은 실정이에요. 그런 것은 어떤 문제를 안고 있는 게 아니냐, 그래서 이런 말을 하는 사람도 있어요. 문화국 같은 것도 가령 수산국 그러게 되면 충청북도에는 필요가 없지 않느냐, 그러니까 전라도같이 문화적인 행정이 필요한 도만이라도 돼야 될 것이 아니냐. (웃음) 또 요새 나는 이런 얘기를 하고 있어요. 지금까지 우리는 너무 의존적이지 않았느냐, 그 뭐라고 할까, 행정 의존적인 관주도형의 이끌림에만 매어 있지 않았느냐 하는 자성론도 함께 펴야 된다고 말입니다. 그러므로 민주도의 민중운동식 형태로 문화운동이 활발히 전개될 때에 중앙집권 현상도 깨어지고 관에서도 하나의 적극적인 지원을 위한 독립기구를 마련하지 않겠느냐……

정: 우리가 지금 목격하고 있는 것들이 토플러의 말을 빌리지 않더라도 과학기술사회의 멸망과정이라고 말할 수 있겠습니다. 동시에 저는 또 다른 새로운 문명의 여명이 동터 올 기대의 지평선을 주시하며 박사님께서 보시는 새로운 사상과 역사의 문은 어떻게 열리리라고 전망하신지 묻고 싶습니다.

이: 그런 이야기는 얼마 전 신문 칼럼에 '여명은 밤에 온다'는 제목으로 쓴 게 있는데……, 과학문명이라는 것은 실상은 나로서 분석해 볼 때 반문화적인 거예요. 더 강조해 말하자면 반자연주의적인 방향으로 간다, 이렇게 생각하고 있거든. 그러니까 과학이라는 것은 자연의 조건을 어떻게 인공적으로 우리 인간 생활에 기여하도록 하느냐 하는 것인데 우리는 자연에 대한 범죄자적 상을 취하고 있어요. 이건 굉장히 심각한 의미를 갖는 거예요. 그래서 상식적으로 이야기한다 하더라도 자연 파괴의 현상으로부터 벗어나지 못한다면 아까 대담자가 말한 바대로 분명히 멸망의 과정입니다. 과학기술에만 의존할 때 그 끝은 불 보듯 훤한 거예요. 그러면 다시 루소가 이야기한 '자연으로 돌아가라'는 말이 얼마나 실감 나는가를 피부로 느낄 수 있을 겁니다. 자연을 되찾는 거기에서 인류가 살아남을 수 있는 방향이 잡혀진다 그거지요. 만일 반자연적인 것에만 치중해 기술문명사회의 반작용으로 인류가 멸망한다 할 때, 새로운 사상의 아름다운 역사는 자연을 배반했던 후유증을 극복하는 데서 밝아오지 않겠느냐 그렇게 바라봅니다.

정: 공자는 "옛것을 살리고 새것을 아는 자라야 남의 윗사람이라 할 만하다"라고 했는데 박사님께서는 변함없이 이 고장의 사

표로서의 길을 가셔야 할 텐데 앞으로의 계획은 어떠신지요?

이: 사실 거기에 대한 대답을 하게 되면 어떤 부채를 짊어질 것 같아요. 앞으로 할 일을 이루어 놓지도 않고 먼저 이야기하게 되면 커다란 채무가 되지 않겠어요? 오늘, 먼저 보내온 질문서가 상당히 나를 유도해 가지고 애정과 관심이 깊은 가운데 대화를 나눴는데, 뭔가 내 자신에 대한 결론을 내린다면 우리의 전통적인 민족 생명의 맥락이 몇몇 문화의 형태라고 이해된다면 그 구체적인 모습과 정수들을 찾아내서 역사 속에서 길게 살 수 있는 길을 가고 싶은 마음입니다.

생물체로서의 인생이란 칠팔십 세 살다 가면 그만이지만 내일인분적 자아로서만 존재하는 것이 아니라 역사 속에 오래도록 존재하고 내 존재 의의가 미래로 이어진다는 것은 문화와 민족을 의식하는 맥락 속에서 내 자신을 이해할 때에야 그것이 가능합니다. 그냥 구름처럼 마음 둘 곳 없이 왔다 가는 인생보다는 뭔가 의미 있는 나날로 가치 있는 삶을 엮어 보는게 남은 내 소망입니다. 문화적인 여러 가지를 뚜렷하게 밝혀 놓고 가고 싶어요. 아직 꽉 잡히지는 않고 눈에 보일 듯 말 듯 하는데 생명의 활성으로 충일한 여생을 가꾸어 인간답게 살아 가고자 합니다.

정: 긴 시간 고마웠습니다..

『남풍』 10월호, 1982

2. 인간순례─국립박물관장 이을호 박사

나명순

국립광주박물관이 5월 7일을 기해 신장개업, 역사 속에서 오늘의 삶을 재구하려는 호남의 문화애호가들과 함께 개관 열 돌을 기렸다.

광주직할시 북구 매곡동 산 83의 3. 수년간에 걸쳐 새로 발굴된 남도 역사유물들을 제2전시실을 중심으로 일목요연하게 전시해 놓은 광주박물관은 푸른 산자락에 묻히듯 들어앉아 있었다. 5월의 둘째 주말 순례자는, 초대관장으로 부임하여 광주박물관이 명실상부하게 박물관으로서의 내실을 다지는 데 노심초사해 온 원로철학자 이을호 박사(78)와 관장실에서 마주 앉았다.

─신장개업하시느라 한동안 고생하셨겠군요.

"직원들이 여러 해 땀 흘린 결과지요. 한 3개월 손님을 받지 않고 집중적으로 준비했습니다."

─서울을 비롯하여 공주·부여·경주 등 우리 국립박물관들은 주로 옛 왕도에 포진하고 있습니다. 그런 점에서, 왕도가 아닌 지역에서 문을 연 광주박물관은 초창기 '내실 있는 전시유물 확보가 과연

어느 정도까지 가능할 것인가 하는 우려의 시선도 받았습니다.

"사서에 삼한의 존재와 더불어 마한 문화도 기록되어 있으니, 이 지역에 뭔가 '외형적 존재'가 묻혀 있을 것 아니냐 하는 확신은 있었지요."

―선비들을 귀양이나 보내던 땅에 무슨 별스러운 문화가 있었겠느냐, 오늘날에도 남도문화라고 해야 소리나 회화가 고작인데 하는 식의 선입견 때문이었다고나 할까요. 노령산맥 이남지역은 관련 학계에서도 관심이 부족했던 게 사실 아닙니까.

"백제문화의 하한선이 전북 익산지역이니 그보다 남쪽지방에는 반드시 선진문화가 있을 것이다. 해서 저는 이곳에 금관이 없다면, 옹관은 있을 것이라고 큰소리를 쳤었지요."

―예언이 맞아떨어졌습니까.

"규모가 엄청나게 큰 옹관이 여럿 발굴됐지요. 그런 옹관문화를 형성한 부족이었다면 문화수준이 대단했을 겁니다. 처음에는 산발적으로 도로공사장이나 수몰지구에서 유물이 나오다가 몇 년 사이 패총·주거지가 발굴되면서 생각지도 않았던 구석기·신석기 유물까지 상당량 수습됐어요. 주암댐 주거지 같은 것은 그 규모가 어마어마합니다. 이제는 관련 학계에서 이 지역을 무시할 수 없게 됐어요."

―연구보고서도 여러 권 내셨겠군요.

"제15집이 곧 나올 겁니다."

―약학에서 철학으로의 전환만큼이나 철학자의 박물관장직 선택도 이색적으로 느껴집니다만.

"대학에서는 국학을 하시는 분들이 박물관의 책임을 맡는 경우가 흔하지 않습니까. 전남대 재직 시절 박물관장직에 있을 때 국립중앙박물관의 최순우 관장, 김원룡·황수영·진홍섭 박사 등 미술사·고 고학을 연구하는 분들을 알게 됐어요. 특히 최관장은 강진 도요지를 오가며 광주엘 자주 들러 가깝게 지냈지요."

이 관장은 정년퇴임을 하고 상경하여 서강대의 교단에 서고 있던 76년 어느 날, 최 관장으로부터 "광주박물관이 새로 문을 열게 되는 데, 책임을 맡을 적임자를 천거해 달라"는 부탁을 받았다. 후배 한 사람을 추천하고 며칠 뒤였다. 최 관장은 대뜸 "이 박사가 맡아 줘 야 겠다"며, 막무가내로 사양의 기회마저 막아 버렸다. 이 관장이 상 경 2년 만에 광주로 복귀하게 된 경위다.

광주는 그에게 있어 각별한 의미를 지닌 고을이다. 그는 49년 초 구체적인 생계대책이나 아무런 방향설정도 없는 채, 식솔을 거느리 고 광주로 나온다. 그랬다. 이 '작정 없는 선택'이 아니었더라면, 그는 6·25 때 이미 저세상 사람이 되었을 것이다. 그의 고향 영광은 40여 일간의 힘의 공백기를 거치며 근동에서 가장 처절한 살상이 빚어졌 던 곳. 웬만큼 똑똑한 친구들은 그때 대부분 저세상 사람이 됐다.

광주로 나와 오래지 않아서였다.

"내 후임자를 천거하라는데, 아무래도 이 선생이 적임자 같소." 약국을 개업하며 사임한 전임자의 추천으로 이 씨는 전남대 의대부 속병원 약국장이 되었다.

동족상쟁의 피바람은 세찼다. 적 치하에서 곤욕을 치른 그는 1·4 후퇴 때 목포로 옮겨 피난생활을 겪으면서 의로반을 만들어 도서를 순회하기도 했고, 비금도에서는 한때 중학교 설립을 겨냥하여 강습 소를 운영하기도 했다. 그러면서 그는 틈틈이 한서의 국역에 손을 댔다. 해방 직후 교재로 쓰기 위해 간신히 구해 두었던 강항의 『간양록』이었다. 이는 7년 전쟁(임란) 때 끌려가 일본 주자학의 시조인 등원에게 주자학을 전수했던 강항이 일본의 내정을 분석·비판한, 역사적으로 의미 깊은 책이다.

약학을 전공한 그가 한서의 국역에 손을 댄 데에는 그만한 배경이 있다. 우선, 그의 이름 앞에 '한문의 대가'란 칭호가 붙게 된 내력의 시발점으로 추적의 발걸음을 옮겨 보자.

그는 나라가 주권을 상실하던 해, 전남 영광읍에서 외아들로 태어나 부친(이갑영)이 세 살 때 작고하는 바람에 편모(조진주·작곡) 슬하에서 자랐다. 그가 10세 안팎에 서당에서 천자문과 사략을 뗄 수 있었던 것은 조부모의 배려. 영광보통학교 졸업을 1년 앞두고, 신설된 중학과정인 민립영광학원으로 월반했던 그는 2년 만에 학교설립이 좌절되고 학원이 문을 닫자 상경, 중앙고보(5년제) 2학년에 편입했다.

그가 자신의 오늘이 있게 한 변수와 조우한 것은 졸업반으로 진급하면서였다. 폐병이 불치병이던 시절, 그는 양의로부터 '폐결핵'이라는 진단과 함께 휴학을 권고받았다. 방황 끝에 그의 발길이 닿은 곳이 광화문통 '수동약방.' 사상의학을 내건 장안의 몇 군데 한약방 중 하나였다. 최승달 원장은 양의와는 달리 '활동하며 치료를 받아야 한다'면서 휴학을 반대, 그는 학교의 배려로 그럭저럭 졸업을 맞았다. 예견된 일이기는 했으나 성적은 꼴찌에서 두 번째든가 세 번째. 건강은 되찾았지만, 하나밖에 없던 대학인 경성제대와 명문 보성·연희문은 엄두를 낼 수가 없었다. 진학도 직장도 밀쳐 버린 채 수동약국에서 원본을 통해 사상의학을 공부하고 있던 그에게 최 원장이

"약을 개량하려면 약학을 체계 있게 공부해야 한다"며 진학을 강력히 권유했다. 옳은 충고였다. 그는 가을에 접어들며 입시준비를 시작, 졸업 이듬해 봄 경성약학전문학교(3년제)에 입학했다. 그러나 강의내용이 한약과는 딴판이었다. 기왕 들어왔으니 일단 마치고 보자며 그는 학문적으로 약학을 섭렵, 1934년 봄에 졸업장을 받았다.

조선제약회사에서 근무하기 서너 달. 직장생활 특유의 구속감을 견딜 수가 없었다. 그는 영광으로 복귀하여 '호연당'이라는 간판을 내걸었다. 이는 뒷날, 양약과 한약을 함께 취급하는 약국으로선 대한약사회가 공인하는 1호로 기록된다. 약국을 경영하는 한편, 그는 조기체조회를 조직하여 젊은이들에게 신체조를 보급해 나갔다. 신체조란 몸이 약했던 그가 약전시절, YMCA의 초청으로 처음 내한했던 덴마크의 '닐스북체조단'으로부터 배운, 오늘날의 리듬체조쯤에 해당되는 맨손체조였다.

해방 전 10여 년간은 국내외 정세가 미묘하게 돌아가던 시기. 단순한 체조모임이 조직화되면서 갑술구락부란 체육단으로 확대되어 각종 운동시합을 개최하는 등 젊은이들의 구심체로 자리 잡자, 왜경은 감시의 눈초리를 번득이기 시작했다. 마침내 1937년 9월, 하루아침에 검거선풍이 불어닥쳤다. 갑술구락부에 독립을 추구하는 비밀결사란 이름이 덧씌워졌던 것이다. 그 역시 영광경찰서에서 고문을 견디어 내기 8개월 만에 예심으로 넘겨져 목포형무소로 이감됐다.

형무소의 감방은 경찰성의 유치장에 비하면 무풍지대였다. 기약 없는 것이 당시의 예심. 서적의 차입은 비교적 자유스러워 한문서적, 특히 동양철학에 파고들었다. "한문자습서"로 먼저 칼을 벼른 다음 『대학』을 떼고 나니 문리가 저절로 터졌다. 『중용』·『논어』·『맹자』·

『시전』·『서전』을 거쳐 『주역』을 공부하다가 그는 수감 1년 반 만인 1939년 2월 예심면소 판결을 받고 형무소의 독방과 하직했다.

그의 건강한 모습은 형무소에서 반죽음이 되어 나오리라 지레짐작하고 있던 고향사람들을 깜짝 놀라게 했다. 규칙적인 생활 속에서 체조로 체력을 단련하고, 철학공부로 명경지수와 같은 평정을 얻어 더욱 건강해진 그를 고향사람들은 경이로운 눈으로 맞아 주었던 것이다. 한문공부에 관한 한, 서당이 보통학교였다면, 형무소는 대학과정. 충무로 서점가를 누비며 세계문학전집·사상전집을 탐독하고, 사상의학을 배우기 위해 한문에 빠져들었던 시절은 이를테면 중학과정이었다. '세상만사 새옹지마'란 옛말이 실감으로 다가선 것은 이보다 훨씬 뒷날이었다. '되로 배워 말로 풀어 먹는다'던 옛사람의 지혜를 뛰어넘어 그는 '홉으로 배워 섬으로 풀어 먹은 셈'이 되었으니까.

해방 직후 이 씨는 팔자에 없는(?) 중학교 교장이 되었다. 일찍이 민립 중학 설립의 꿈을 좌절당했던 군민들이 그를 앞세워 성금을 모아 국내 최초의 민립이요, 남녀공학인 영광중학교를 설립했던 것이다. 하지만, 당시는 극좌와 극우가 맞부딪쳐 소용돌이를 일으키던 혼란기. 중립을 고수하던 그는 이데올로기의 난투에 휘말려 결국 2년을 채 넘기지 못하고 교장직에서 밀려나야 했다.

'이제 공부나 해야겠다.' 먼저 눈에 띈 것이 서가에서 먼지를 뒤집어쓰고 있던 다산 정약용의 『여유당전서』(전76권)였다. 감옥에서 나온 뒤, 다산의 서거 1백주년(1935)을 기념하기 위해 신조선사에서 펴낸 이 전집을 그는 『연암집』한 질과 함께 불문곡직하고 거금을 들여 구입해 두었었다. 한 해 겨울을 나며 고향 부근의 불갑사에서, 혹은 사랑에서, 감옥에서 읽다 만 『여유당전서』가운데 주역을 되짚어 읽으면서 세월을 낚던 그는 불현듯 '지금이 한가하게 약이나 팔며 책을 읽을 때냐'는 자문에 이르자, 탈고향을 선언했던 것이다.

목포의 피난생활에서 풀려나 대학병원의 약국장으로 복귀하자마자, 이 씨는 당시 호남신문사 사장이던 노산 이은상 선생 앞에 『간양록』번역원고를 내놓았다. 이 원고는 '전문가 수준을 넘는 완벽한 번역'이라는 노산의 극찬을 달고 호남신문사에서 책으로 엮어져 나와 지상을 통해 이병도 박사의 호평을 받았다.

처녀출판인 『간양록』에서 자신을 얻은 그는 새벽잠을 설치며 『맹자』와 각고의 씨름을 벌인 끝에 『한글 맹자』(전남대출판사, 1957)를 내놓았다. 이는 직역스타일의 고전번역에서 탈피, 의역스타일로 번역됨으로써 세인의 비상한 관심을 불러일으켰다. 『한글 맹자』에 이어 『중용』과 『대학』이 그에 의해 속속 의역되어 간행된 것은 순전히 그 「관심」의 덕택이었다. 번역 초기의, 비교적 한직이었던 약국장이란 직책의 도움도 무시할 수는 없었지만.

약국장에서 철학교수 전직

그러는 동안 이 씨는 중대한 변신을 시도한다. 간양록 간행이 계기가 되어, 53년부터 다산 경학의 핵심인 『중용』을 교재 삼아 『경서 강독』이란 이름으로 철학과의 교단에 서 오던 그는 최상채 총장 앞에 나아가 약국장 사임의사를 표명했다. 아무리 생각해도 천직이 아닐 듯싶은 약국장을 먼저 그만둬야만 제 길이 열릴 것 같아 어렵게 결정을 본, 일종의 '배수의 진'이었다. "이 선생의 뜻을 충분히 알겠소. 문리대로 옮겨 줄 테니 잠시만 기다려 주시오." 총장의 대답은 뜻밖이었다. 그는 한 학기를 기다렸다가 55년 새 학기에 철학과 전임강사 발령을 받았다. 그의 나이 45세. 약국장에서 철학교수로의 전직은 그로선 일생일대의 모험이었다. 하지만, 지나칠 정도로 억세고 강한 그의 집념이 제대로 분출할 자리를 잡은 것은 바로 이 시점이었다. 그는 옹고집에 가까운 집념으로 다산에만 파고들었다.

『여유당전서』의 중용·대학·논어 등을 주자의 주와 비교연구하며 강의하는 동안 그는 어느 정도 체계가 보이자, 다산연구 첫 논문인 「정다산의 역리에 관하여」를 전남대논문집(1958년)에 발표했다. 따지고 보면, 20년 전 불문곡직하고 『여유당전서』를 구입한 행위는 다산연구의 포석이요, 이는 그 행마의 첫걸음이었다. 그 무렵 그는 또 동국대 총장이던 백성욱 박사의 회갑기념논문집에, 원고청탁을 받고 정성을 다해 집필한 「유불상교의 면에서 본 정다산」을 발표했다. 그러고는 어느 날이었던가. 백낙준 박사가 "논문을 봤더니 아주 훌륭하더라"면서, 전남대 총장에게 시외전화로 "이 교수를 만나게 해 달라"고 요청했고, 이 교수는 곧바로 상경, 연세대 총장이던 백 박사를 만났다. "앞으로 다산을 집중적으로 연구할 생각이 없습니까." "그럴 작정은 하고 있습니다만." "그럼, 우선 학생들이 읽기 좋은 논문부터 한 편 쓰시오." 백 박사는 그렇게 당부하고는 연구비 5만 원(5백 달러 상당) 가운데 착수금이라며 2만 원짜리 수표를 끊어주었다.

문리대로 옮기고 나서 그가 가장 아쉽게 생각한 것이 철학과 관련한 학벌. 좋은 논문을 쓰는 것만이 그것을 가장 확실히 보상받는 길이었다. 그는 밤낮을 잊은 채 혼신의 힘을 기울여 200자 원고지 1,300장짜리 논문 「다산경학사상연구」의 초고를 10년 가까운 세월에 걸쳐 완성한 다음, 이를 100장 분량으로 요약하여 연세대의 『동방학지』에 발표했다. 그러나 누구도 아는 체를 해 주지 않았다. 단행본으로 간행하고 싶었지만 선뜻 받아 주는 출판사도 없었다. 그가 약학전공자인 데다 다산학연구가 아직은 황무지나 다름없던 시절이었기 때문이다.

학맥이 없었던지라, 그는 한국철학회의 모임이라면 한 번도 빠지지 않고 참석하여 학계 원로들의 얼굴을 익히곤 했었다. 그는 논문을 들고 평소 자신을 학문적으로 인정해 준 박종홍 박사를 찾아갔다. "한국문화총서에 낼 만한 훌륭한 논문이구만. 문화총서는 을유문화사의 얼굴이어서 이병도 박사의 추천이 없이는 출판이 안 되니까 먼저 그리로 찾아가 보게." 추천장과 함께 원고뭉치를 내민 그에게 이 박사는 "거기 놓고 갔다가 며칠 뒤에 오라"는 말뿐이었다. 그러기를 세 번 반복하는 동안 이 박사는 고쳐야 할 부분을 꼼꼼히 지적했고, 그는 그때마다 속으로는 "너무하신다"고 원망하면서도 절차탁마를 게을리하지 않았다. 책이 나오자, 학계에서부터 뜻밖의 반응이 나왔다. 박사학위논문으로서 손색이 없다는 격찬이 그것이었다. 박종홍 박사가 원장으로 있던 서울대 대학원을 비롯하여 세 군데 대학원에서 학위논문으로 제출하라는 프러포즈가 왔다. 천도복숭아가 저절로 굴러떨어진 기분이었다. 어학시험이 까다로웠지만, 서울대 대학원을 택했다. 이병도 박사 주심에, 박종홍·김두헌·이상은·성낙훈 박사가 부심이었다. 심사위원들은 무려 9개월에 걸쳐 아홉 번이나 독회를 거듭한 끝에야 통과를 결정, 그는 67년 2월, 집필 당초엔 꿈도 꾸지 않았던 철학박사 학위를 받았다. 그것은 외로움과의 처절한 투쟁을 극복해 낸 승리의 표적이기도 했다.

그랬다. 그것은 고독과의 대결에서 쟁취한 전리품이었다. 뒤늦게 시작한 교단생활에다, 철학과 관련된 학벌이 없는 그의 외톨이 캠퍼스생활은 언제나 외로움과 소외감으로 가득 차 있었다. 기성의 철학자들이 실학을 경세학적으로 보려 했지, 경학적인 측면은 경시했기 때문에 경학적으로 파고든 그는 학문적으로 외로울 수밖에 없었다. 그래도 귀양살이하면서 학문을 했던 다산보다는 낮지 않느냐며 그는 자위했다. 그 자위는 그를 학문에만 정진하게 했다. 어학시험을 거쳐 학위를 받기까지 주위의 아무에게도 이 사실을 털어놓지 않았다. 그래선지 학위를 받고 광주로 돌아오자, 주위에선 축하연을 베풀어 주며 하나같이 "당신은 홍길동이 같은 사람"이라고 했다. 그는 이에 "나는 지금 송곳으로 바위를 뚫은 기분이다. 한 10년 쉬지 않고 뚫다 보니 나도 모르는 사이에 뚫린 것 같다"고 화답했다.

『한사상의 묘맥』 등 출간

수기치인(修己治人)의 원리를 극명하게 밝힌 『다산경학사상연구』는 다산학 연구에 획기적 전기를 마련한 금자탑. "다산을 연구하려면 이을호의 연구를 거치지 않고는 안 된다"는 말이 있을 정도로 이는 다산연구의 고전이 되었다. 그는 이 논문으로 비로소 교수가 된 기분이었다.

한국의 실학을 집대성한 다산은 그러나 실학적인 측면뿐만 아니라 경학사상, 즉 유학사상의 측면에서도 조명되어야 마땅하다고 그는 믿는다. 하지만, 다산사상은 유학의 테두리 안에 있으면서도 이(理)와 기(氣), 혹은 본연지성과 기질지성으로 나누는 이원론적 성격의 정주학과는 달리 이원론을 일원론으로 극복한 사상이다. 이것을 묘합의 원리라고 한다. 수기가 반이요, 치인이 반이라고 하면서도 다산은 이를 하나로 묶어서 보려는 입장을 취했다. 태극을 붉은색과 푸른색으로 보는 것이 이원론이라면 둥근 원으로 보는 것은 일원론, 두 개의 색은 인정하되 이를 하나의 원으로 이해하는 것이 다산의 시각, 묘합의 원리다. '신형묘합(神形妙合)', 육체와 정신의 존재를 인정하면서도 이들은 별개가 아니라, 하나로 조화되었을 때만 인간이 성립될 수 있다는 입장이다. 이는 신라 최치원의 현묘지도와도 맞닿아 있다.

『다산경학사상연구』 이후 『다산학의 이해』, 『한국개신유학사시론』, 『다산의 생애와 사상』, 『다산학 입문』 등의 저서로 다산학연구에서 독보적 업적을 쌓아 오던 이 관장은 86년 여름, '한사상'을 한민족의 사상적 본질로 파악, 단군에서 동학에 이르기까지의 한국사상을 체계적으로 정리한 『한사상의 묘맥』을 출간했다.

"남북통일은 묘합의 원리로 풀어 가야 실현되지 흑백논리로는 안 됩니다. 한사상은 묘합의 원리에 근원을 두고 있습니다. 단군의 얘기는 신화일 수도 설화일 수도, 둘 다일 수도 있습니다. 한국인처럼 다양성을 하나로 조화해 내는 민족은 아마 없을 겁니다. 한국인에겐 신과 나, 자연과 나는 둘이면서도 둘일 수가 없지요. 회삼귀일(會三歸一), 삼일사상(三一思想)이라고나 할까요. 존재는 둘 이상이면서도 결국은 하나로 귀착됩니다. 『한사상의 묘맥』에서는 단군에서 시작하여 화랑—원효—보조—고봉—율곡—백호—다산—동학으로 이어지는 한사상의 맥을 추적해 보았습니다. 한국사상이나 유학사상을 연구하는 학생들의 참고서 정도로 엮은 책이니까, 누군가 더 깊게 다시 정리해 주었으면 합니다."

―오늘 우리의 정치상황도 대립적 힘겨룸이 아니라, 그 대립을 추극하여 조화를 이루는 데서 성숙의 실마리가 풀리겠군요.

"물론입니다. 유클리드 기하학에선 두 개의 평행선은 만나지 않는다고 했지만, 아인슈타인은 그 반대주장을 하지 않았습니까. 수소와 산소를 떼어 놓고는 물이란 존재는 생각할 수가 없는 것입니다."

―작년 한국철학회에서 펴낸 『한국철학사』에 상고시대의 사상편을 집필하신다고 들었습니다. 한국사상은 한사상 체계로 정리돼야 한다는 시각에서, 다산학연구는 어떤 쪽으로 더욱 진전시킬 예정입니까?

"제가 잊으면 안 되는 박사학위청구논문 심사 뒷얘기부터 말씀드리지요. 마지막 심사위원회에서 제게 학위를 수여할 것인가, 말 것인가를 놓고 한 시간 이상 찬반논란을 벌였다고 합니다. 당시 제가 전남대 조교수이긴 했지만, 서울대의 권위로 봐서 학벌도 변변치 않고 철학을 전공하지도 않은, 겨우 한문강독이나 하는 시골학교 선생에게 철학박사학위를 주어야 하느냐 하는 것이 문제로 제기됐었다고 들었습니다. 결국 심사위원들은 박종홍·이병도 두 분 석학이 추천한 논문이니 받아들이자고 결론을 냈답니다. 당시의 학계 분위기로 봐서 제게 학위를 준 것은 어쩌면 파격이었을지도 모릅니다. 저를 옥성(玉成)의 길로 인도해 주신, 학문적 은인이신 백낙준 박사, 그리고 이병도·박종홍 박사의 뜻을 저버려서는 안 되지요."

이 관장은 원론인 『다산경학사상연구』를 내놓을 때 각론으로 제2부와 제3부를 출간하기로 한 약속을 지금껏 이행하지 못하고 있음을 부끄러워했다. 제2부는 『여유당전서』에 나오는 육경사서의 평이고, 제3부는 다산학과 다른 학문과의 관계, 즉 정주학·불교·육왕학·천주교 등과의 관계를 밝히는 것이다.

20년 요가로 건강 유지해

"단편적이지만 초고를 써 놓은 것도 있으니까 제자들과 공동연구로 좀 더 보완·종합하여 언젠가는 세상에 내놓았으면 합니다."

—건강은 좋아 보이는데, 어떤 비결이라도 가지고 계십니까?

"아내는 5년 전 저세상으로, 아이들(2남 4녀)은 또 그들대로 각자 떠나 살고 있어 지금은 혼자서 박물관 경내의 관사에 살고 있습니다. 저녁 9시에 잠자리에 들고 새벽 5시쯤 일어나 20여 년 줄곧 해온 요가를 합니다. 젊어서는 제가 닐스북체조 코치도 하지 않았습니까. 일요일에는 날씨만 좋으면 무슨 일이 있어도 대개는 혼자서 산에 오릅니다. 술이나 저녁회식 같은 것은 일절 사양하지요. 중압감이 느껴지거나 안 될 일은 될수록 빨리 단념해 버려야지 질질 끌고 가는 것은 좋지 않습니다.

—이 관장께서 원장으로 계신 '다산학연구원(이사장 이영권, 부원장 안진오)'의 활동상황은 어떻습니까?

78년, 강진의 다산초당 복원식장에서 이 장관이 당시 전남지사였던 고건 씨에게 "집만 지어 제사만 지낼 것이 아니라, 『다산학보』를 내면 금상첨화가 아니겠느냐"고 제의하자, 쾌히 응락, 지원을 약속해 주었다. 그러고는 또 학보만으로 만족할 게 아니라, 학술활동도 하고 번역사업도 해 보자는 생각으로 그가 중심이 되어 82년 다산학연구원을 설립했다.

"하지만, 재원이 부족해 겨우 강독회를 열거나 학보를 내는 데만 급급해 왔지요. 『다산학보』는 현재 8집까지 나와 있습니다. 또, 해방 전후부터 오늘까지의 다산연구논문 중에서 40여 편을 골라 『다산학논총』을 편집하고 있는데, 6월 중에 출간될 겁니다. 논총발간을 계기로 다산학연구원의 활동이 좀 더 활발해지지 않을까 기대해 봅니다."

　"나는 결코 홍길동이 아니요, 특별한 재주를 타고난 것도 아니다. 그저 내가 하고 싶은 일에 그날그날 충실하고자 했을 뿐, 쉰이 넘어 받은 철학박사라는 학위도 내 인생 사다리꼴의 한 계단에 지나지 않는다. 인생이란 죽도록 배우며 사다리의 계단을 하나씩 하나씩 올라가는 자취에 지나지 않는다. 결국 인생이란 길게 내다보면서 차근차근 살아가야 하는 것인지도……."(수필집 『사다리꼴 인생』 서문에서)

　한평생 오로지 '다산 정약용'만을 천착해 온 현암(玄庵) 이을호 박사. 그는 오늘도 물리적 연륜은 잊어버린 채, 한국사상의 맥을 찾아 집념의 열정을 불태우고 있다. 다산이 강조했던 성(誠)을 생활철학으로 삼아, 언행이 일치되도록 성실히 살아가야 한다고 자신을 채찍질하며.

나명순(羅明淳)

3. 광주 신문화 운동의 기수, 이을호

최계원

광주에서 잊혀 가던 얼굴

"나는 광주의 터줏대감이 아닙니다. 시골에서 태어나 직장 관계로 광주에 와서 살게 되었을 뿐이고, 그나마 광주의 발전을 위해 이렇다 할 공헌을 한 것도 없어요. 광주에는 저보다 몇 배나 훌륭한 어른들이 많이 계십니다. 저더러 터줏대감이라니 당치도 않은 말입니다."

광주시 매곡동 산83의 3, 저 멀리 광주 시가지가 굽어보이는 내남산 허리에 고풍스럽게 솟은 국립광주박물관.

대지 2만 4천1백4평

건평 2천2백69평의 웅장한 집의 주인 현암 이을호 박사를 찾은 뜻을 털어놓은 필자에게 이같이 말하며 펄쩍 뛰었다.

필자는 『마당』지로부터 '광주의 터줏대감'이란 제목 아래 이 박사의 모든 것을 소개해 달라는 집필 의뢰를 받고 찾아갔던 것인데 첫 마디에 거절을 당했다.

필자 역시 원고 청탁을 받고 '이것은 내가 감당할 수 없는 일'이라고 정중히 사절했었다. 사실 필자는 너무도 이 박사의 생애에 대해 아는 바가 없다. 필자가 이 박사를 비교적 가까이서 볼 수 있게 된 것은 겨우 금년 들어서의 일—그나마도 이 박사에게 억지로 이끌리다시피 해서 광주 박물관의 일에 참여하게 된 뒤다.

이러한 나로서 '거목 이을호'를 더듬어 보려 한다 해도 그것은 장님 코끼리 만지는 격일 수밖에 없다. 그러나 잡지사 측은 오히려 그러한 입장이 '인간 이을호'를 객관적으로 볼 수도 있을 것이라고 강권하는 바람에 부득이 관장실을 노크했던 것이다.

그러나 처음부터 딱지를 맞은 필자는 겨우 '터줏대감'이라 부르지 않는다는 조건을 붙여 이 박사와 여러 가지 이야기를 나눌 수 있는 시간을 허락받았다. 이야기를 시작하면서도 이 박사는 "이러면 안 되는데…… 공연히 내가 당신한데 업혀 버린 것 아니어?" 하고 수줍은 듯 미소를 흘렸다.

올해 나이 73세, 어디 내놓아도 손색이 없을 '광주의 얼굴'은 소녀와도 같은 수줍음을 아직도 지닌 샌님임을 이 순간에 강하게 느낄 수 있었다.

"78년 10월 5일 광주 시민들은 모처럼의 큰 경사를 맞이했다. 70만 시민이 그렇게도 바라던 국립 광주 박물관이 문을 여는 날이었던 것이다. 고 박정희 대통령이 직접 테이프를 끊고 아울러 개막을 기념하는 경축 행사가 곁들여졌다. 그런데도 광주 시민들은 이날 갓 태어난 박물관의 앞날에 한 가닥 불안을 느끼지 않을 수 없었다. 그것은 초대 박물관장으로 모습을 나타낸 이가 이미 2년 전 전남대학교를 정년퇴임하고 서울로 떠나 서강대학교 강사로 나가고 있던 철학박사 이을호 씨였기 때문이다.

서울의 저명한 사학자나 고고학자 가운데서 관장이 임명될 것으로 생각하고 있던 시민들로서는 이 박사의 등장은 정말 뜻밖의 일이기도 했던 것이다.

사실 이 박사는 그 무렵 광주의 시민 사회에서 차츰 잊혀 가던 인물이었다. 오로지 반생을 다산학의 개발에만 전념해 오던 약학자(그는 당초 약학을 전공했다), 그나마도 이제 정년까지 지난 노인이 지역 문화의 구심체가 될 박물관을 이끌고 갈 것인가, 평소 이 박사를 잘 아는 사람이나, 잘 모르는 사람이나 모두 한결같이 느꼈던 불안감이었고 말 많은 참새 떼들은 한동안 다방에서 입방아를 연신 찧어댔다.

그러나 이 같은 걱정들이 기우에 지나지 않음을 알게 되는 데에는 그다지 오랜 시간이 걸리지 않았다.

박물관이 문을 연 지 넉 달이 지난 79년 3월 어느 날, 박물관 소강당에서는 조촐한 모임이 열렸다.

최한영, 고광표, 최경식, 권승관, 이춘흠 등 광주시의 원로급 인사들이 참여한 가운데 광주 박물관회가 발족되었던 것이다. 곧이어 매주 수요일 오후에 박물관회가 주최하는 수요 강좌가 열리기 시작했다.

판소리, 도자기, 고미술, 고고학, 민속학 등 여러 분야를 망라한 문화 강좌인데, 처음에는 노년층이 많아 흥미 본위의 슬라이드 중심인 강좌로 꾸며졌다. 차츰 박물관회 수요 강좌는 인기를 모아 갔고, 처음에는 불과 몇십 명으로 시작했던 것이 81년의 등록 회원 수는 6백 명을 헤아리게 되었다.

그러면 단시일 내에 박물관회를 이렇게 키워 간 사람은 누구인가. 그것은 말할 것도 없이 이을호 관장, 그 사람이었던 것이다.

박물관 대학을 지방 최초로 개설

그는 먼저 광주의 유지급 인사들을 설득해 갔다. 그리고 이어 평소 문화에 관심이 높은 젊은 교수, 언론인, 예술인 등을 찾아 나섰다. 한 번 만나서 안 되면 두 번, 세 번……, 몇 번이고 찾아가 호소하는 사이 누구나 그의 열성에 감동하지 않은 사람은 없었다.

박물관회의 회의가 열리는 곳에 이 관장의 미소 띤 얼굴은 언제나 보였고, 수요 강좌가 열리는 날에도 어김없이 그는 함께 있었다. 때로는 강사로서, 때로는 수강생으로서…….

그사이 회원들의 박물관에 대한 애착은 점점 늘어갔고, 회원 수도 급작스레 팽창했던 것이다. 그러나 82년 박물관회는 하나의 전기를 맞았다. 등록 회원 수가 늘어남에 따라 조직이 산만해지고 일부 회원들의 열의도 식어가 회가 운영난에 부딪히게 된 것이다.

이 박사는 다시 조직을 정비하기 시작했다. 그리고 회원 등록을 종용하는 한편 여름방학을 기해 금호 문화 재단의 후원을 얻어 지방에서는 처음으로 박물관 대학을 개설했다. 등록 자격은 일절 제한을 두지 않았다. 남녀의 구분은 물론, 노소의 차별이나 학력의 제한도 없었다. 할아버지, 할머니로부터 직장인, 대학생까지가 고루 참여했다. 처음에는 1백20명을 계획했던 것이 1백63명이나 등록했고, 1백여 석의 소강당은 보조 의자를 들여놓았어도 자리가 비좁아 서서 듣는 수강생이 있을 만큼 1주일 동안 줄곧 입추의 여지없는 만원을 이루었다.

그도 그럴 것이 강사진만으로 이 박사를 비롯하여 김원룡, 최몽룡, 강인구, 장주근, 이난영, 신영훈 등 전국 각지의 저명 교수와 박물관 전문가를 초청했고, 지방에서도 최협, 조기정, 이창주, 정채균 등 교수와 전문인들이 참여하는 호화 강좌를 이루었기 때문이다.

그러나 더욱 인상적인 것은 강의가 끝난 7월 31일 제1기 수료생들로 동창회를 조직하여 그들이 전원 광주 박물관회의 핵심 회원이 되었다는 사실이다. 이야말로 이 박사가 입버릇처럼 말해 오는 새 문화 담당 계층 형성에의 첫걸음이기도 한다.

박물관회는 이같이 건물 안에 모여서 강의만 듣고 있는 것은 아니다. 1년에 두 차례쯤 답사 여행도 떠난다. 답사 여행을 떠날 때에는 반드시 시찰할 곳의 문화재와 역사 등을 간추린 교재를 사전에 준비한다. 여행이 관광으로만 끝나지 않고 현장 교육의 성과를 1백 퍼센트 거두고 있는 것이다.

그러면 이것이 이 박사와 활동의 모든 것인가? 만약 그의 활동이 거기에서만 끝난다면 그것은 훌륭한 박물관장은 될지언정 굳이 여기 귀중한 지면을 빌려 이렇게 장황한 소개를 할 필요조차 없을 것이다.

박물관장으로서 광주에 재등장한 박사는 기회 있을 때마다 여러 가지 모임에 모습을 나타내기 시작했다. 특히 문화 단체의 행사에는 거의 빠지는 일이 없다. 그리하여 '신문화 운동'을 제창하고, '문화 담당 계층의 형성'을 역설하면서, '문화운동에 투자할 뜻있는 분은 없는'이라고 소리 높여 외치고 있다.

그사이 금향 문화 재단이 설립되자 초대 이사장으로 취임, 나아갈 길을 제시했다. 또 서석 문화 연구회에 가입, 상당한 기금도 확보하여, 문화 활동의 터전도 닦고 있다.

다산 연구회를 만들고 전라남도청의 보조를 얻어 『다산 학보』를 4집까지 간행하기도 했다. 신문에 잡지에 수많은 글들을 기고하여 신문화 운동의 선두 주자 구실을 스스로 담당하기도 한다.

'학자 이을호'가 '문화 운동가 이을호'로 변신하고 있는 모습을 바라보며, 시민들은 혹은 깊은 감명 속에, 혹 '욕심 많은 노인'이라는 핀잔과 함께 착잡한 표정으로 지켜 보고 있을 뿐이다. 그만큼 인간 이을호의 제3기 인생 활동은 고희가 넘은 나이라고는 상상조차 할 수 없을 만큼 정력적으로 진행되고 있는 것이다.

일제 때 지방 문화 운동으로 옥고

이을호 박사는 1910년 10월 15일 전남 영광군 영광읍 남철리 263에서 전주 이씨 가문의 소지주, 이갑영(李甲榮)의 4대 독자 외아들로 태어났다. 그러나 그는 세 살 때 아버지를 여의는 비운을 겪고 조부님 슬하에서 어머님만을 보시는 어린 시절을 보내야 했다. 그런데 그 조부님이 훌륭한 분이었다. 자수성가를 하다시피 해서 3백 석의 소작료를 받는 소지주가 됐던 할아버지 이흥린(李興麟)은 29세의 아들이 지나치게 술을 좋아하다가 먼저 세상을 떠나는 슬픔을 맛보아야 했다.

아들이 숨을 거두던 날 그는 살포를 집고 횅하니 들로 나가 버렸다고 한다. 논에서 물꼬를 터주고 있는 것을 본 마을 사람들은 피도 눈물도 없는 사람이라고 수군거렸다. 아예 면전에 대놓고 욕을 하는 사람까지 있었다.

그러나 그는 그저 허허 웃기만 했다. 집에 돌아온 그는 "울음도 내 것이 아니어" 하고 며느리에게 털어놓더라는 것이다. 가족들 보는 앞에서 젊은 아들의 죽음을 슬퍼할 수 없어 들판에 가서 혼자 울었던 그의 심정을 세상 사람들은 알아주지 않았던 것이다.

할아버지는 언제나 어린 손자에게 다음과 같이 타일렀다.

"절대 돈놀이를 해서는 안 된다. 그리고 궂은 것만이 내 것이라는 것을 알아야 한다."

어쩌면 이 박사가 후일 철학의 세계로 발을 내디딘 것도 이 할아버지의 영향 탓인지도 모를 일이다. 소년 이을호는 여섯 살 때부터 마을 서당에 나가 『천자문』과 『사략』 등을 배웠다.

그러나 후일 한학의 대가가 될 만큼 충분한 소양을 여기서 쌓은 것은 아니다.

아홉 살 때 그는 영광 보통학교에 들어갔으며 5학년을 마친 뒤 영광 민립 중학으로 진학했다. 이 학교는 군민이 재산의 10분의 1씩을 내놓기로 하고 세운 것인데 이 소식을 전해 들은 할아버지도 선뜻 건립 기금을 회사했다.

이렇게 군민의 열의로 문을 열었던 이 학교도 2년 만에 운영난에 부딪혀 문을 닫게 되자 을호 소년은 서울로 올라가 중앙고보로 학교를 바꾸었다.

22세 때 고보를 졸업한 그는 경성 약학 전문학교로 진학했다. 이 무렵은 일본 유학 붐이 한창이던 시절인데 그가 약전으로 간 것은 약간의 곡절이 있다.

첫째는 4대 독자를 멀리 외국으로 유학시키기를 반대한 가족들의 만류도 있었지만, 당시 건강이 좋지 못했던 그는 사상의학으로 이름 난 한의사 최승달에게서 병을 치료하는 사이 사상의학에의 관심을 갖게 되었기 때문이다.

2년제의 이 학교를 마친 그는 조부모와 어머니가 기다리던 고향으로 돌아와 호연당 약국을 개설했고 결혼도 했다. 양약을 곁들여 한약도 처방하는 한의사로서 12년간에 걸친 인간 이을호의 제1기 인생은 이렇게 시작됐다.

신학문을 배운 그의 의술은 근읍에 소문이 났고, 환자가 매일 줄을 잇다시피 했다.

그러나 그는 그사이 약장사로만 처박혀 있었던 것은 아니다.

34년 4월에는 조선일보에 「사상의학설 비판」이란 글을 16회에 걸쳐 연재하고 35년 2월에는 「이제마의 사상의학론」을 『동양의학』지에 발표했다. 또 『여유당 전서』 76책을 사들여 틈틈이 공부도 했다. 이 무렵부터 그의 학구적 노력은 시작됐던 것이다.

그뿐만 아니라 고향에 돌아온 그는 당시 서울에서 유행되던 '정말 체조'라는 신체조를 고향에 보급하고, 아침 일찍 근처 주민들이 조기 체조를 하도록 지도했다.

그리고 이것을 확대하여 영광 체육단이라는 모임을 만들었다. 이어 문화 동호인의 모임 갑술구락부도 만들어 전통문화의 연구에 힘을 기울였다.

그러나 이것이 화근이었다. 38년 가을, 난데없이 광주에서 전남도 경찰부의 고등계 형사들이 들이닥쳤다. 집안을 모조리 수색하고 청년 이을호를 다짜고짜 연행해 갔다.

영광 경찰서에 갇힌 그는 고춧가루 물까지 뒤집어씌우는 혹독한 고문을 받아야 했다. 체육단과 갑술구락부라는 불순 단체를 만들어 반일 감정을 선동하고 독립운동을 획책하고 있다는 혐의를 씌운 것이다. 이 사건의 연루자만도 100명이 넘었다.

이렇게 8개월간을 경찰서 유치장에서 시달린 그는 선배인 회장 위계후를 비롯한 십여 명과 함께 목포 검찰로 이송되었다. 그는 이 모임의 총무로서 실질적인 지도자였던 것이다. 박물관회의 조직에서 보인 그의 조직 수완은 이미 청년 시절부터 싹을 보였다고 하겠다.

예심으로 넘겨져 목포 형무소에 수감된 그는 다시 10개월의 옥고를 거친 뒤에야 자유의 몸이 되었다. 실컷 때리고 짓밟은 뒤 이제 풀어 주니 고맙게 생각하고 충성을 다하라는 일제 경찰의 참모습을 몸소 체험했던 때였다.

그러나 실은 이 시절이 인간 이을호의 제2기 인생을 위한 준비기가 될 줄이야 본인은 물론 어느 누구가 상상이나 했겠는가. 마치 정다산에게 18년의 강진 유배가 있었기에 그 거대한 저술 활동이 있을 수 있었던 것과도 비교할 수 있다.

형무소 안에서 예심을 기다리는 사이 그는 마침 면회를 왔던 후배 정종에게 부탁해서 한문 자습서 한 권을 구했다.

일본인 학자 오카다[岡田]가 쓴 책이었는데 이것을 마스터하고 난 뒤 『여유당전서』를 가져다 『주역』을 읽어 보니 뜻이 통하게 됐다 한다. 후일 한학자가 될 수 있었던 것은 이 시절의 옥중 독학의 성과였던 것이다. 출옥한 뒤에도 그의 학구 생활이 계속되었음은 말할 나위가 없다.

한문 선생에서 동양 철학자로

1945년 일제의 패망으로 해방을 맞았을 때 그는 한창 일할 36세의 장년이었다. 남들이 해방의 감격에 취해 있을 때 그는 약국 경영을 친척에게 맡기고 어린 시절 잠깐 다니다 만 영광 면립 중학교 기성회의 재건에 나섰다. 그는 조부님과 상의하여 전 재산의 절반(논 1백50두락과 현금 1만 원)을 회사하고 군내 유지들을 설득해서 해방된 지 두 달 만에 영광중학교의 간판을 내걸었다.

그리고 기성회의 추대로 초대 교장으로 취임했다. 그러나 좌우의 갈등이 심해지면서 군민들 사이에는 어느덧 깊은 늪이 생기게 됐고, 이 싸움에서 초연하려는 이을호 교장은 좌익으로부터는 우익, 우익으로부터는 좌익이라 하여 이중으로 오해받는 처지가 되고 말았다.

마침내 그는 비좁고 말썽 많은 시골을 떠나기로 결심했다. 47년 11월 그는 교장직을 사퇴하고 2년여에 걸쳐 피땀 흘려 건설했던 학교 문을 표연히 떠났다.

그 길로 그는 광주로 집을 옮겼다. 일자리를 찾던 그는 때마침 최상채 박사가 학장으로 있던 광주 의대 부속 병원 약국장 자리로 들어갈 수 있었다. 이때부터 '인간 이을호'의 제2기 인생인 대학 생활이 시작된다. 보다 정확히 말하면 그의 제2 인생기는 55년 11월 대학의 한문 강사 시절로 생각할 수도 있다. 그러나 약국장 시절부터 비록 번역서지만 저서를 내기 시작한 것을 보아 필자는 이때부터를 제2기의 시작으로 보고자 한다.

약국장이 된 이 박사는 집무의 틈틈이 『맹자』의 번역에 손을 댔다. 형무소에서 익힌 한문 솜씨로 마침내 한 권의 책을 낼 수 있었다. 겨우 생활의 터가 잡힐 무렵 6·25가 터졌다. 그는 몇 권의 책을 챙겨 목포로 피난을 떠났다. 그곳 골방에 숨어서 임진왜란 때 일본에 포로로 붙들려 갔던 수은 강항의 『간양록』을 번역했다. 9·28 수복과 함께 약국으로 다시 돌아온 그는 더욱 학구의 세계로 파묻혀 들어갔다.

55년 11월 전남대학교 문리대에서 혹시 한문 강의를 맡아보지 않겠는가 하는 교섭을 받자 이미 46세의 지긋한 나이에도 불구하고, 전임 강사의 자리에 나섰다. 젊은 교수들 틈에 끼어 창피를 무릅쓰면서 고고한 신념의 길을 달리기 시작한 것이다.

그런데 교재로 선택한 것이 그 옛날 사 두었던 『여유당전서』였다. 이것이 그를 다산학의 세계로 끌어들인 계기가 됐다.

강의 자료를 정리하고, 혹은 강의를 하다가도 어떠한 영감에 이끌려 그는 다산의 경학 사상에 차츰 심취해 들어갔다. 흔히 다산을 실학자로만 보는 나머지 다산이 경세학에만 치우친 것으로 생각하기 쉬운데, 그는 오히려 경학에 더 밝은 다산의 학문 세계를 발견할 수 있었다. 그리하여 그는 한문 선생에서 동양 철학으로 학문의 방향을 바꾸게 되었던 것이다.

그러나 그것은 그 뒤의 일이고, 전임 강사 석 달 만에 조교수 발령을 받고, 59년 말에는 겸직하고 있던 약국장 자리를 떠나 학문의 세계에만 몰두하게 되었다. 이때 부인은 그가 전공을 버리고 가난한 학자의 길로 외도해 들어가는 것을 몹시 걱정했다고 한다.

남들은 학장이다, 총장이다 하는 나이에 조교수에 만족하려는 남편의 장래에 불안을 갖지 않을 수 없었으리라. 조교수 생활은 63년 11월까지 계속되었다.

그사이 그는 대학 출판부장으로 일하기도 했고 60년 10월에는 문리대 철학과장의 자리에 오르기도 했다. 그리고 63년 11월에는 부교수가 되면서 대학 박물관장의 보직을 받았다. 이것이 후일 그를 국립 광주 박물관장으로 일할 수 있게 한 인연이 된다.

새로운 세계가 그 앞에 전개되기 시작했다. 역사도 알아야 했다. 미술의 세계도 기웃거려야 했다. 그렇다고 다산학 연구를 게을리할 수는 더욱 없었다.

이미 63년 6월에는 『동박학지』에 「정다산의 경학사상 연구」를 발표, 백낙준 박사를 비롯한 학계의 중진들로부터 주목을 받았다.

이것을 보완하여 66년 6월 을유문화사에서 『다산경학사상연구』를 출판함에 이르러 그는 국내 학계에서 부동의 자리를 굳히기에 이른다. 66년 8월 교수로 승진된 그는 67년 2월 마침내 서울대학교에서 「다산 경학 사상 연구」로 철학 박사의 영예로운 학위를 받기에 이르렀다. 실로 만학으로 시작하여 각고 20년의 노력이 열매를 맺는 순간이었다.

74년에는 문리대학장으로 선임되었으나 이미 인생의 황혼기에 접어든 이 박사에게는 더 이상의 기회는 부여되지 않았다.

76년 2월 정년을 맞이한 그는 학자로 전신한 지 20년 만에 후배 교수들과 제자들의 배웅 속에 대학을 떠났다.

그가 만약 평범한 사람이라면 여기에서 사실상 그의 전기는 끝나야 한다. 그러나 이을호 박사에게 있어서는 이것이 제2기 인생의 끝에 불과했다.

그사이 출판된 저서는 『다산경학사상연구』를 비롯해 『다산학의 이해』(75년 4월, 현암사), 『다산학 제요』(75년 10월, 대양출판사), 『개신

유학시론』(79년 박영사)과 번역서로『간양록』·『한글 맹자』·『국역 논어』·『목민심서』·『사상의학 원론』 등 일일이 헤아리기 어려울 정도, 그 밖에 무게 있는 논문도 30여 편이 넘는다.

민중을 통한 문화 창조

그의 제3기 인생의 편모는 맨 처음 잠깐 살펴본 대로이지만 그것도 이제 시작인 셈이지 앞으로 어디까지 가야 그의 활동이 멈춰질 것인지는 아직 아무도 모른다.

이제까지는 이 박사의 이력사를 좇아 주마간산 격으로 그의 발자취를 더듬어 보았다. 여기까지에서 우리가 알 수 있었던 것은 "노력하고 행동하는 지성인"의 편모를 발견한 데 불과하다.

그러면 다음에 이 박사와의 직접 대화를 통해 문화에 관한 그의 사상, 특히 전남 문화를 어떻게 생각하며 앞으로 어떻게 문화 운동을 이끌고 가려 하는지를 알아볼까 한다.

이 박사가 문화 운동에 관심을 갖게 된 것은 박물관장이 되면서부터다. 그는 박물관이 지방 문화의 구심점이 되어야 한다고 생각했다. 그러기 위해서는 대중의 기반이 확립되어야 한다고 생각하고 우선 박물관회를 조직하기에 이르렀다.

그리하여 앞에서 말한 대로 상당한 성과를 거둔 것이다. 이 박사는 문화 단체를 예총이나 문화 연구 단체 등과 같은 협의의 조직체로만 보지 않는다. YMCA, YWCA를 비롯해 근래 부쩍 늘어난 클럽들(로터리, 라이온즈, 와이즈맨 등)도 문화 단체의 개념 속에 넣어서 생각한다.

그런데 이러한 단체들이 최근에 와서 매너리즘에 빠져 있지 않은가 해서 걱정이다. 그들의 행사가 거의 향례적인 데 머무르고 새로운 아이디어를 창출해 내지 못하고 있는 것이 몹시 아쉽다고 본다.

그래서 그는 신문화 운동을 부르짖고 나섰다. 이 박사는 문화를 철학이나, 문학이나, 예술 등 차원 높은 개념으로만 생각해서는 안 된다고 주장한다.

문화는 민중의 생활에서부터 더듬어 올라가서 예술의 경지로 올라가야 하며, 따라서 생활 문화와 서민 문화의 기반 위에서 이루어져야 한다고 말한다. 한국의 문화는 원래 그러한 기층문화로부터 발생했는데 유교 문화가 들어오면서 귀족 문화가 생겨나고 마침내 계층 간의 단절까지 가져오게 되었다고 본다. 이어 일제에 의한 단절, 서구 문화 침투에 의한 단절 등 3중의 단절을 거쳐 고유문화는 황폐화했다.

"우선 고려자기 하나만을 생각해 봅시다. 고려자기는 귀족의 기호에 맞게 만들었으나 그것을 만든 사람은 도공이었습니다. 그러면 도공이 어떻게 그렇게 차원 높은 예술품을 만들 수 있었을까?

그것은 서민들이 가지고 있던 감흥과 소질과 전통이 바탕에 깔려서 이루어진 것이지요. 판소리도 마찬가집니다. 말하자면 재인, 상놈들의 애환 속에서 이루어진 문화들이지요.

그러한 관점에서 우리의 문화 운동의 대중을 바탕으로 하는 민중 문화의 개발부터 시작해서 차원 높은 문화까지 끌어올리는 폭넓은 것이 되어야 할 것으로 생각합니다."

그가 이러한 운동을 신문화 운동이라고 이름 지은 것은 영조, 정조 시대의 신학풍 운동과 서구의 문예 부흥 운동과 같은 뜻에서이다. 현재 우리가 처해 있는 문화의 현상은 서구 문화의 급격한 침투로 문화적인 공해 현상까지 빚고 있다고 본다. 더욱이 교통과 매스컴의 발달은 문화의 지역적인 특성마저 잃게 하며 균일화가 급속히 이루어지고 있다.

전통을 되찾자는 주장이 맞부딪쳐 대중은 갈피를 못 잡고 표류하고 있다.

이러한 시점에서 신문화 운동은 양극적인 문화 현상을 민중의 창조 기능을 통해 새 문화를 창조하도록 도와주는 작업이다.

정치적 불운을 예술로 승화

"올 들어 광주 박물관에서 두 번의 파티를 가졌는데 막걸리와 수정과, 떡 등 순수한 우리 고유 음식으로 시도해 보았어요. 그랬더니 얼마 전 전국 민속 문화제의 전야제 파티 때 전남도가 한식과 양식을 겸한 음식을 내놓아 참가자들을 기쁘게 했어요. 즉, 우리 고유의 소재들을 민중에게 제공하고 민중이 그 소재를 활용해서 새 문화를 창조할 수 있도록 하는 것이 신문화 운동에 앞장서는 사람들이 할 일이 아닌가 생각해요."

이 박사는 전남의 문화에 대해서 큰 자부를 갖고 있다. 그는 전남의 지리적 특성이 동북아의 중심지였다고 생각한다. 바다를 통해 중국문화와 남방문화, 일본문화 등을 골고루 섭취하고 이러한 이질적 문화 요소를 창조 기능을 통해 하나로 집대성해 놓았다고 본다. 그리고 육로로 남하해 온 북방문화와 해로로 북상한 남방문화의 접속 지점으로도 본다.

그런데 중요한 것은 이 후자의 경우다. 백제 이전에 농경민족으로 자리 잡고 있었던 마한 사람들이 백제에 병탄되는 과정에서의 정치적 불운, 그 뒤에 신라에게 다시 통합되는 과정에서의 불행, 고려 왕건이 훈요십조에 담은 정치적 소외 등등 언제나 전남의 민중은 정치적 불운을 숙명처럼 지고 있었다. 그러한 정치적 불운을 극복하는 데에는 예술에의 승화, 종교에의 귀의, 그리고 항거라는 세 가지 길밖에 없었다.

종교만 해도 불교뿐만 아니라 원불교, 대종교가 이곳에서 생겨났고, 보천교, 증산교가 전북에서 생겨났다.

또 광활한 농경지를 가진 농민들은 언제나 막심한 수탈을 겪었으며 정다산도 『목민심서』에서 그 참상을 지적하여 민란을 1백50년 전에 예고했다. 마침내 동학 혁명으로 치닫게 된 동기도 여기에서 파악되어야 한다.

그러나 그중에서 가장 중요한 것은 예술에의 승화다. 전남의 판소리가 그렇게도 심금을 울리는 것은 거기에 끝없는 한이 서려 있기 때문이다. 고려청자의 비색은 또한 무엇인가. 짓밟힌 민중들은 흙을 매만지면서 거기서 삶의 실존을 자각했던 것이다.

이 박사는 전남의 근세 문화를 3대 권으로 나눈다. 장성을 중심으로 하는 유교 문화권, 순천을 중심으로 하는 불교 문화권, 강진을 중심으로 하는 서민 문화권이다.

이 박사는 이 중 강진 문화권의 존재를 가장 중요하게 생각한다. 강진의 고려청자 도요지, 정다산 유배지, 해남 대흥사, 진도의 운림산방, 영암의 왕인 박사 유적지, 완도의 청해진 터 등 모두 바다를 통한 동북아 문화의 중심지였던 흔적을 볼 수 있기 때문이다.

그는 또 영산강 유역에 펼쳐지는 사전(史前) 시대의 고분군에 대해서도 주목해야 한다고 말한다. 그 유적이야말로 이곳에 높은 선진문화를 가진 조상들이 살고 있음을 말해 주고, 그 문화가 북방문화와 얽히면서 전남의 찬란했던 문화의 맥을 이어 오게 한 원동력이 됐다고 보는 것이다.

그러던 전남의 문화가 지금에 와서는 공허한 상태에 빠져 있다. 문향이다, 혹은 예향이다 하면서 조상의 공적만 파는 회고의 세계에서 살고 있다. 과거란 현재에 어떤 의미를 갖는가가 중요할 뿐 미래 지향성이 없는 현재는 아무런 뜻이 없다.

결과를 못 잡는 전남의 문화계—할 일은 너무도 많다.

동양화만 보아도 그렇다. 현대 화단은 서울이 앞서 있지 않은가. 판소리도 그렇다. 전남의 어디에서 판소리를 들을 곳이 있는가. 전남은 지금 문화의 황무지가 되어 있다.

그 원인은 어디 있을까. 전남에는 문화에 투자하는 사람이 없다. 문화 운동이란 소비운동이다. 문화가 재화를 생산하지는 않는다. 그러나 당장에 기업처럼 소득이 생겨나지 않는다 해서 문화를 등질 때 거기에는 암흑만이 있을 뿐이다.

2천 년 전의 돌조각은 지금에 와서 보물이다. 그러면 우리는 무엇으로써 천 년 뒤에 보물로 여길 돌조각을 만들어서 남길 것인가. 천 년 뒤의 보물을 만들 수 있는 투자를 지금 당장 해야만 한다.

문화운동은 소비운동인데……

"전남의 문화가 경주나 공주, 부여처럼 눈에 띄는 유형 문화가 없

다 해서 별 볼 것이 없는 것처럼 생각해서는 큰 잘못이에요. 지표조
사도 해 보고, 발굴도 해서 우선 선사시대와 사전(史前)시대의 문화
유적을 살펴보아야 합니다. 그러면 전남의 정당한 역사가 복원될 것
이고, 그러한 정당한 역사의 관점에서 전남의 문화가 평가될 것입니다.

그러기 위해서는 투자가 필요해요. 그러한 투자를 다른 지방 사람
들이 해 주겠어요? 우리 것을 남이 찾아 주기를 바라겠어요? 그것은
당치 않은 얘기입니다. 지금 다행히 뜻있는 분들 사이에서 새로운
문화 재단을 만들려는 움직임이 보입니다. 그러나 그것만으로는 부
족해요. 체육기금을 조성하듯이 문화기금을 조성해서 문화운동을 전
개할 수 있도록 뒷바라지를 해야만 할 때입니다."

이 박사의 말은 황야에서 부르짖는 성자의 소리처럼 들렸다.

4시간 동안에 걸친 이야기는 끝났다. 그러나 박사는 조금도 피곤
한 기색이 없다. 아직도 돋보기 없이 신문을 읽을 수 있는 시력(이
박사는 근시가 아닌 정상 시력을 갖고 있다), 머리에도 아직 백발이
나와 본 적이 없다. 어디서 그 같은 건강이 솟아나오는 것일까?

"건강의 비결이라고 별로 특이한 것이 없어요. 굳이 있다면 욕심
을 부리지 않는다는 정도일까요. 아무 일이나 무리를 하지 않습니다.
술도 한두 잔 정도, 과음이라고는 해 본 적이 없어요. 그래서 친구들
이 이기적이라는 핀잔을 하지만 술 욕심 부려 보았자 뭣하겠어요.
식사도 과식은 않습니다."

이 박사의 일과는 새벽 4시경부터 시작된다. 자리에 일어나면 1시
간쯤 요가를 한다. 20년째 계속된 운동이다. 그리고 박물관 광장을
산책한다. 가벼운 운동을 곁들이기도 한다. 운동이 끝나면 독서를
하기도 하고 조간지도 대충 읽는다.

9시에 출근하면 6시에 퇴근 때까지 박물관의 잡다한 일과 방문객을 만나는 외에는 대부분 독서와 집필로 **빡빡한** 하루를 보낸다. 특별한 모임이 있지 않는 한 밤 9시에는 잠자리에 든다.

일요일이면 반드시 등산을 즐긴다. 이 때문에 결혼식 주례는 절대 사절—처음에는 오해도 받았으나 이제 널리 알려져 주례를 거절하는 번거로움만은 면하게 됐다.

지난 11월 중순 별세한 부인 조효순(1915년 생) 여사와 사이에 2남 4녀를 두었으며, 막내아들이 현재 미시간 주립 대학에서 수학 중이다. 손자만 해도 15명, 며칠 전에는 서울에서 있는 외손자 결혼식에 다녀왔다.

"이제 곧 증손자를 보게 됐지요."

활짝 웃는 그의 얼굴은 아직도 정말 젊었다. 그가 부르짖는 신문화 운동이 뿌리내릴 때까지 더욱 건강할 것을 빌며 자리를 떴다. 그러면서 속으로 '역시 광주의 터줏대감다운 끈기의 영감'이라고 되뇌지 않을 수 없었다. 늦가을의 햇살 탓인지 박물관 문 앞까지 배웅 나오신 이 박사의 얼굴은 붉게 물든 듯 환하기만 했다.

『마당』 12월호, 1982

4. 생명운동 펼치는 광록회 이을호 회장

안녕하십니까? 팔순 고령에도 불구하고 우리나라의 농업 발전과 생명 회복을 위해 전심전력하시는 회장님의 노고에 대해 먼저 심심한 감사의 말씀을 드립니다.

우리의 생명산업인 농업은 최근 UR 농산물 수입 개방 압력과 정부의 공업화 정책 등으로 급격히 위축돼 가고 있습니다. 현재 식량 자급률은 30%선으로까지 떨어졌으며 내년에는 그 이하로 하락할 것으로 우려됩니다. 이렇듯 식량을 해외에 의존하는 현상이 계속될 경우 앞으로 국민의 먹을거리 확보나 환경문제에 돌이킬 수 없는 결과가 초래될 것이라는 지적들이 많이 나오고 있습니다. 우선 이 점에 대한 고견을 듣고 싶습니다.

"지적하신 대로 이미 UR협상은 국제적으로는 협정이 끝났고, 국내적으로도 다가오는 정기 국회에서의 인준을 서두르고 있는 것이 사실입니다. 그러나 좀 거창한 표현을 빌리자면 역사 이래 인류의 생명을 담보로 하고 나아가서는 민족의 존망을 건 국제 협정은 이번이 처음이 아닌가 생각하게 합니다. 왜냐하면 그 수많은 국제 협약이 있었다 하더라도 소위 생명을 담보로 하는 생명산업의 협약은 없었다고 해도 과언이 아니기 때문입니다. 이미 널리 알려진 상식적인 이야기일지 모르겠습니다만, 이번 UR협정의 근본적인 오류는 생명의 존엄성을 무시 또는 경시한 데 있다고 할 수 있습니다. 단적으로 말하자면 생명산업으로서의 농산물을 기술집약적 산업인 공산품과 같은 국제 교역 상품으로 취급한 데에 근본적인 잘못이 있다고 봅니다. 이는 우리가 국제적인 장사꾼의 손에 농락당한 꼴이라고도 할 수 있을 것입니다. 부연해서 말하자면 농산품과 공산품은 그 생산 과정이나 유통 과정이나 가치 기준이 근본적으로 다름에도 불구하고 소위 국제화·개방화의 미명하에 하나의 상품 가치로 전락시킨 데에 돌이킬 수 없는 잘못이 있지요. 생명산업으로서의 농산품의 특성과 가치는 그것이 지니고 있는 지역성과 계절성에 있다고 할 수 있습니다. 즉, 자연을 배경으로 하여 배태된 생명을 간직하고 있는 것이 농산품인 것입니다. 그러기에 농산물은 지역성이나 계절성이 없는 공산품과는 엄격하게 구별될 수밖에 없습니다. 그러므로 지역과 계절의 생명이 깃들어 있는 농산품은 그 지역의 생물—인간도 포함해서—을 살려야 하는 것이 자연이 마련한 생명 원리의 제1과입니다. 그러한 견지에서 볼 때 식량의 자급자족 원칙은 한 지역에서 생을 영위하는 민족의 절대적인 생존 조건이 아닐 수 없지요. 그럼에도 불구하고 이 원칙을 지키지 못하고 식량을 해외에 의존하게 된다면 이는 바로 스스로의 생명을 타인에게 의존하거나 포기하는 어리석음을 범하는 것이 되고 만다는 사실은 불을 보듯 뻔한 노릇이 아닐 수 없습니다.

농산물은 자연을 배경으로 나온 생명체

자고로 농사는 천하의 대본이라 했습니다. 그러나 지금은 그 천하대본의 자리를 공업에 빼앗기고 말았습니다. 그러므로 공산품의 국제화나 개방성에 현혹되어 자연법칙에 의한 생명산업을 포기해야할 위기에 빠지게 된 것입니다. 생명 산업으로서의 농업의 포기는 자신의 생명의 포기를 의미합니다. 이 세기적 위기에 봉착하여 기사회생의 방도는 어디에서 찾아야 할 것인가요.

옛말에도 근본이 바로 서야 길이 트인다고 했습니다. 생명산업으로서의 농업은 결코 국제 수지의 대상일 수 없어요. 관세 부과를 통한 통제도 일시적인 방편에 지나지 않음은 두말할 나위도 없습니다. 우리의 농산물은 우리들 생명 바로 그 자체입니다. 우리 손으로 가꾸고 기르는 길을 개척해야 할 절실한 시점에 우리는 지금 와 있는 것입니다."

인간이 쾌적한 삶을 영위하기 위해서는 맑은 공기와 푸름이 가득한 환경 등이 절대적으로 필요하다고 봅니다. 이 같은 면에서 농업은 긍정적인 역할을 많이 합니다. 특히 농업은 홍수 조절, 대기 정화, 토양 보전 등을 위해서 지속적으로 잘 가꿔 나가야 할 사업이 아닌가 합니다. 농업이 갖는 환경 정화 효과에 대해 구체적으로 말씀해 주십시오.

"인류의 식생활을 크게 둘로 나누면 유목민에게서 유래된 육식과 농경민에게서 유래된 채식을 들 수가 있습니다. 우리들이 여기서 논의하는 농업이란 후자에 속하는 것입니다. 여기서 우리는 생명이 배태하여 영위되는 과정에서 산소를 좋아하는 인간을 위시로 한 호기성 동물과, 산소를 싫어하여 이산화탄소를 흡수하고 산소를 내뱉는 식물과의 절묘한 관계를 상기하지 않을 수 없습니다. 이러한 동식물 간의 상호 보완적인 관계와는 별도로 지금 지구상에는 열대 우림의 남벌과 화석 연료의 남용으로 말미암아 산소 생산과 이산화탄소 생산의 불균형 상태가 가속화되고 있습니다. 그것은 지구상에서 녹색 지대의 감소 추세와 더불어 이루어지는 현상이지요. 이에 생명 산업으로서의 농업이 폐농된다면 이러한 우려할 만한 현상은 더욱 가속화할 것임에 틀림이 없습니다. 한 통계에 의하면 우리나라 녹색 산림은 1ha당 연간 12t의 산소를 생산하는데, 전체 국토 면적으로 따진다면 7,800만t으로서 공업용 산소 값으로 친다면 약 5조 원이 됩니다. 농작물이 내뱉는 산소의 양도 이와 맞먹는다고 한다면 실로 농사를 지키는 농민은 우리의 생명을 지켜 주는 은인이라 이르지 않을 수 없습니다. 우리나라 수리답의 총 면적은 111만ha 정도로 추산되는데 영농 과정에서 사용하는 물의 양은 우리나라 6대 다목적 댐의 총 홍수 조절량 15억 3,000만t의 2.4배나 된다고 합니다. 이러한 막대한 수량을 수리답 안에 저장함으로써 홍수와 토사의 유실을 막을 수 있으며 지하수도 확보할 수 있게 됩니다. 이러한 기능 또한 경제적 가치가 무한하다 하지 않을 수 없습니다.

소위 핵 쓰레기는 인류가 생산해 낸 가장 값비싼 공해의 씨앗이 아닐 수 없지요. 이제 탐욕스러운 인간이 일구어 놓은 현대 문명은 믿을 수가 없습니다. 7백만 대의 차량을 굴리게 된 대한민국의 현대화의 물결을 자랑해야 할는지, 걱정해야 할는지 분간하기 힘든 세상이 되어 가고 있어요. 오직 살아남을 수 있는 길은 공해 없는 생명산업의 길을 닦는 데 있음을 깨달아야 하겠습니다. 이제 또다시 정책 결정자들에게 해야 할 말이 있다면 다시금 천하의 근본이 생명산업의 근간인 농업의 육성에 있음을 알아 달라는 당부입니다."

안전한 농산물 생산과 관련된 박사님의 견해는 어떠한지요.

"우리는 생명이란 어떻게 생겨, 어떻게 자라는 것인가를 짚어 볼 필요가 있다고 생각합니다. 왜냐하면 그것이야말로 바로 안전한 농산물과도 깊은 관계가 있기 때문입니다. 모든 생물은 이 대지 위에 뿌리를 내리고 살아가고 있지요. 식물은 직접 뿌리를 내리고 있지만 동물은 생존권역 내에서 식물을 간접적으로 섭취함으로써 스스로의 생명을 보호, 육성하는 방법이 다를 따름입니다. 그러므로 우리는 여기서 지금까지 귀가 따가울 정도로 들어 온 신토불이의 철리를 다시 한번 상기하지 않을 수 없습니다. 신토불이란 '우리 체질에는 우리 농산물이 좋다'라는 뜻입니다. 이는 이 지구상에서 생을 유지하고 있는 모든 생물의 생존법칙이라고도 할 수 있습니다. 그럼에도 불구하고 인간만이 이 법칙을 어기는 방향으로 치닫는 실정이지요. 인류는 첫째, 자연산만으로는 식량의 부족을 느껴 오곡의 경작법을 익힘으로써 식량 증산을 시도하기 시작했습니다. 초기에는 자연법칙에 순응하는 경작에서 이탈하지 않다가 점차 다량 생산의 기술이 발달하면서 화학비료와 농약을 사용함으로써 토양의 생명력을 파괴하기 시작한 것입니다. 둘째, 생산 농산물의 장기 저장과 원격 수송을 위해 방부제나 색소, 조미료 등 가공기술이 발달해 식품의 신선하면서도 자연스러운 맛을 변질시키고 있습니다. 이상 두 가지 측면에서 살펴볼 때 오늘의 농산물은 점차 안전성을 상실하는 방향으로 치닫고 있을 뿐 아니라 인류의 생명마저 위협하고 있다는 사실을 지적하지 않을 수 없습니다. 이 두 가지 위협에서 벗어나는 길은 적어도 유기 농법의 시행과 가공식품의 추방에 있다고 할 수 있어요. 우리 인류가 원시시대로 돌아가지 않는 한 적어도 스스로 삶을 영위하기 위한 환경의 정화는 생존을 위한 절체절명의 요구가 아닐 수 없습니다. 그 농촌을 살리고 농토를 보전하면서 안전한 농산물을 생산하는 것은 생명을 보장하고 내 생명을 가꾸는 일이라는 사실을 다시 한번 상기하지 않을 수 없습니다."

농업이 생명산업인 이상 이것은 반드시 다른 산업에 우선하여 보호 육성돼야 할 것입니다. 그러나 농업을 육성 발전시키겠다는 정부의 의지가 약한 느낌이 있는 데다가, 열악한 농촌 생활환경 등으로 젊은 인력이 도시로 빠져나가고 있습니다. 이들이 계속 농촌에 남아 생명산업을 일구게 하기 위해서는 소득 보장과 함께 농촌을 살기 좋은 정주 공간으로 바꾸어 놓는 노력이 뒤따라야 할 것입니다. 농촌을 푸름이 가득한 쾌적한 전원—생활공간으로 가꾸기 위한 방안을 말씀해 주십시오.

"가장 핵심적인 질문이라고 생각합니다. 소위 근대화란 농촌의 도시화를 의미하기도 합니다. 만일 농촌이 생명산업으로서의 농업에 아무런 지장 없이 발전돼 왔으면 우리의 농촌은 그야말로 쾌적한 선경(仙景)이요, 살기 좋은 낙원이 되었을 것입니다. 우리의 농촌은 조국 근대화라는 미명하에 도로가 정비되고 댐을 막아 수리시설이 확충되었을 뿐 아니라 전화가 개통되고 텔레비전, 냉장고가 집집마다 들어와 이제는 옛날의 가난에서 벗어난 듯하지요. 하지만 도시민을 먹여 살리기 위한 식량 증산이라는 지상 명령을 받들고서 화학비료를 마구 퍼붓고 독성 같은 것은 알 겨를도 없이 무제한으로 농약을 살포하여 대지의 생명을 담보로 하는 농사를 짓다가 이제 UR이라는 비정한 폭풍에 휩싸여 존망의 위기를 맞게 된 것입니다. 조국 근대화는 이처럼 우리 농촌의 입장에서는 너무도 가혹한 짐을 지워주었다고 이르지 않을 수 없습니다. 여기서 우리는 우리 농촌이 왜 어려운 곤경 속에 빠졌는가를 냉철하게 인식해야 비로소 새로운 해결책이 나오리라고 여겨집니다.

안전한 농산물을 생산합시다

농촌 인구는 30년 전에는 전 인구의 70%를 점유했으나 지금은 겨우 12%로 격감되었고 그들의 힘으로 90에 가까운 도시민을 먹여 살려야 하는 중책을 짊어지고 있는 것입니다. 그나마도 무공해까지는 몰라도 저공해 농산물이라도 생산하여 국민의 생명과 건강을 지켜 주어야 할 책임마저 짊어지고 있는 것입니다. 그럼에도 불구하고 도시민들이 농촌을 대하는 시선은 어떤가요. 자기네들의 생명을 지켜 주는 농촌을 이해하는 도시민은 과연 얼마나 될까요. 물론 문화생활을 위한 농촌의 근대화도 우리 농촌을 되살리기 위한 중요한 시책으로 손꼽아야겠지만, 보다 더 근원적으로는 농촌과 도시와의 공생, 공존의 원리에 따른 도시민의 깊은 이해가 절실하게 요청된다 하지 않을 수 없습니다. 단도직입적으로 말한다면 생산자인 농민과 소비자인 도시민이 손잡고 유통구조를 정비하여 상생의 길을 활짝 트는 것만이 우리 농촌에 생기가 넘쳐 나게 하는 유일한 방법이 되리라고 믿습니다. 국가의 시책도 이 길을 트는 데 집중되어야 하며 국민 의식도 이러한 상생의 길을 트는 방향으로 바뀌어야 할 것입니다.

그렇게 됨으로써 비로소 도시로 빠져나간 젊은이들도 다시금 고향을 되돌아보게 되고 농민들은 양질의 농산물을 생산하여 소득을 증대시키기 위해 땀을 흘릴 것입니다. 지금의 농촌 운동은 외형상의 겉치레 운동이 아니라 정신을 바로 세워 올바른 농촌을 재건하는 정신 운동의 차원에서 이해해야 할 것입니다."

마지막으로 광록회의 공해 추방 활동 및 우수 농산물 생산 공급에 대해 소개해 주십시오.

"광록회는 '생명은 하나, 아끼고 가꾸자'라는 표어를 내걸고 지금으로부터 7년 전에 전남 광주에서 조직한, 생명운동 단체입니다. 광록(光綠)이란 빛과 푸름을 상징하지요. 학계, 언론계, 주부, 문인, 화가, 농민, 회사원, 사업가 등 다양한 사람들로 이제는 제법 시민 단체로서의 짜임새를 갖추고 있습니다. 본회 직속으로 생명농업회를 구성하여 생명산업의 일익을 담당하게 하고 있으며, 따로 교수 협의회를 구성해 생명운동의 계몽과 체계화에 힘쓰고 습니다. 그동안의 업적을 일일이 다 밝힐 수는 없고 굵직한 것 한 가지만 거론한다면 광주시민의 식수원인 '동복 수원지 살리기 운동'을 지속적으로 전개한 것을 들 수 있습니다. 저희는 오래전부터 동복 수원지 상류 농민들에게 수질 정화 능력을 가진 미나리, 당근, 율무 등을 재배토록 하고 시민들로 하여금 여기에 합류하도록 해 왔습니다. 저희는 이 사업이 얼마나 어려운 것인가를 피부로 느끼면서 꾸준히 지속하고 있습니다. 아무튼 지금까지 말씀드린 것처럼 이제부터는 농업이 생명산업으로서의 진면목을 더욱 발휘해 농민이 잘살고 도시민도 그 혜택을 골고루 누릴 수 있게 되기를 바라는 마음입니다."

오랜 시간 좋은 말씀 감사합니다.

『새농민』 10월호, 1994

5. 한국학의 현대적 창시자, 현암 이을호 선생

오종일

    일반적으로 동양의 예의로 보거나 우리의 전통적인 관습으로서는 자기의 부토나 스승에 관한 일을 함부로 말하지 않는 것을 미덕으로 여겨 왔다. 그것은 그만큼 그 대상에 대한 경외를 말한다. 나는 지금 이 글을 쓰면서 나로서는 현암 선생의 인격이나 사상, 그리고 그 학문 세계를 함부로 입 밖에 낼 수 없다는 것을 잘 알고 있다. 그러나 이 글을 쓸 수밖에 없는 것은 나 자신이 경솔한 사람이거나 이 글을 내가 쓰지 않으면 안 되는 어떤 필연적 관계에 있기 때문인지 모른다.

    현암 이을호 선생은 1910년 경술년에 출생하셨으니, 금년 87세이시다. 얼마 전부터는 늘 푸른 환경운동을 하고 계시는데 이는 하나밖에 없는 지구촌 모든 사람의 삶을 평화스럽고 아름답게 가꾸기 위한 새 생명의 창조운동에 참여하신 것이다. 보통 사람이라면 그야말로 인생을 정리하실 때가 훨씬 지났는데, 그것도 새 삶의 운동에 뛰어든 것은 선생의 인생관, 어쩌면 보다 큰 우주 자연과 일체되는 영원한 생명을 추구하고자 하신 깊은 사상적 결정(結晶)이 없이는 이루어질 수 없는 일이다. 이는 선생의 생명관이 한정된 육체적 생명이 아니라 우주와 함께하는 영원한 삶을 이룩하여야 한다는 데 있음을 알게 된다. 이러한 태도들을 뵈올 때마다 느끼는 것이지만, 선생은 언제나 다시 출발하고 새롭게 시작하시는 열정을 가지고 계신다는 것이다. 고희를 지나 미수의 나이인 요즈음에 인생을 다시 출발하고 새롭게 시작하시는 그 경계가 보통사람과 다르다는 것이니, 그것은 어쩌면 보통사람이 가지고 있는 인생에 대한 성취욕이 아니라, 죽고 사는 일에 구애받지 않으시고 생사를 초월한 그 가운데 영원한 큰 생명을 구하는 경지가 아니라면 누구도 흉내 낼 수 없는 일이기 때문인 것이다. 벌써 재작년의 일인가. 민음사에서 다산의 역학이라는 책을 펴내신 일이 있었다. 그때가 85세이셨으니, 그 연세에 꾸준히 학문에 정진하실 수 있었다는 사실만으로도 경외스러운 일인데, 그러한 학문적 연구를 통해서 그만한 성과를 거두셨다는 것은 실로 한국의 근세사에 일찍이 찾아보기 어려웠던, 그야말로 경사였던 것이다.

그러니 한국철학계는 물론, 학문 연구를 직업으로 삼는 사람들의 입에 오르내릴 수밖에 없었다. 이 소문은 자연히 입에서 입으로 전해지고, 서울대학에서도 안 되었던지 선생께 열암학술상을 드리기로 한 일이 있었다. 선생은 여러 번 사양하였으나 그들의 권유가 간절하여 부득이 참석하게 되었는데, 나 역시 그 자리에 있었다. 그런데 정작 나의 관심은, 학술상의 심사보고나 학문적 업적에 대한 소개를 어떻게 하게 될까 하는 데 있었던 것이 아니라, 선생은 답사에 무슨 말을 하실까 하는 데 있었다. 그것은 말할 것 없이 심사보고야 만장일치일 것이고, 선생의 학문적 업적에 대한 평가야 그들이 함부로 할 수 있는 위치에 있지 않았기 때문에 그건 뻔한 일로서 별 흥미가 없었고, 단지 나는 85세에 이 학술상을 받으시는 선생의 감회는 어떤 것일까 하는 점이었다. 그런데 선생의 답사는 매우 뜻밖이었다. 선생은 답사에서 "오늘의 수상을 통하여 나의 인생은 새롭게 태어나는 것이며, 오늘을 계기로 나의 학문적 연구는 비로소 다시 출발하는 시점에 서 있음을 알게 된다"고 말씀하셨기 때문이다. 이 한 마디 말씀은 그 자리에 모인 모든 사람에게 충격이었다. 그것은, 그만하신 연세에 상을 받으셨으니, 보통사람 같으면, 아마 "이 상은 나이 대접으로 주는 것으로 알고 남은 생이나마 후학들을 위해 더욱 정진하겠다"고 말씀하실 것으로 생각하였는데, "이제 나의 학문은 비로소 새롭게 출발함을 알게 된다"고 하셨으니, 그 자리에 참석한 하객은 물론 서울대학교 동양학 관계교수나 대우 학술재단 이사장도 적어야 2, 3십 년 많으면 4, 5십 년의 후학들이었는데 이들을 향하여 정말 뼈아픈 질타를 하신 것이었다. 그것은 바로 내가 지금 이 나이에 다시 시작하고 있는데 너희들은 무얼 하고 있느냐 하는 꾸지람으로 들렸던 것이다.

옥고의 고통에서 얻어진 값진 인생관과 그 열매

선생은 영광읍에서 출생하셨다. 본관은 전주 호는 현암(玄庵), 1910년 아버지 이갑영(李甲榮) 공(公)과 어머니 조진주(曺珍珠) 여사 사이의 장남이시다. 어려서 마을의 한문 서당을 다니시다가 영광 보통학교, 영광학원을 거쳐서 중앙학교를 졸업하고, 당시에 유명한 해초 최승달의 문하에서 한의학을 공부하여, 경성 약전을 졸업하셨다. 이러한 인연으로 한때는 영광에서 한의원을 개설하여 인술을 베풀기도 하였는데, 이때는 일제시대라 선생으로서는 당연히 민족 운동 단체에 가담하게 되었고 또한 독립운동에 참여하였으니, 이 일로 일경에 체포되고 일 년 반의 옥중생활을 보내게 되었다. 그런데 선생으로서는 이때가 인생의 참다운 진로를 결정해 주는 중요한 계기가 되었던 것이니, 옥중에서의 울분과 나라 잃은 슬픔을 독서로 달래면서 인생에 대한 시련과 회의를 사색으로 승화하여 안으로 깊은 사상적 열매를 맺게 되었던 것이다. 그리하여 감옥에서 나오자 민족 교육운동에 투신하고 영광 남녀중학교를 설립하여 초대 교장을 맡으면서, 자신의 이상과 꿈을 교육현장에 쏟았던 것이다. 그러나 현실적인 열정은 끝없는 이상을 꿈꾸게 되어 이에 만족하지 않고, 지금 전남대 의과대학 병원 전신인 광주 의과대학 부속 병원 약국장으로 부임하고 의대생들에게 약제학을 강의하는 한편, 전남대 철학과 강사로 출강하시다가 끝내는 전공을 바꾸어 철학과 교수가 되신 것이다. 그리고 학과장, 초대 출판부장, 박물관장, 학장 등 중요 보직을 두루 거치시고, 그 후 학문적인 명성을 얻게 되자, 한국 철학계의 여러 학회장을 맡아서 한국 철학의 발전을 이룩하는 데 힘쓰셨다.

그러나 선생에 대한 이해는, 일생을 몸 바쳐 이룩하신 다산학에 대한 연구 업적과 한국 유학사에 남긴 공헌을 알지 않고는 선생을 올바로 이해하지 못한다. 선생이 처음으로 다산학을 연구하기 시작한 것은 1950년도 초기였다. 당시는 6·25를 치른 지 얼마 되지 않는 험난한 시국이어서 사회질서는 무너지고 국가의 초석은 송두리째 무너져서 모든 국민은 새로운 국가를 염원하는 소망이 어느 때보다도 간절한 시기였다. 이때 어느 누구도 거들떠보지 않았던 다산의 학문에 관심을 갖게 된 것은 흡사 다산이 처하였던 조선조 후기, 멸망하여 가는 조선조를 새로운 국가로 다시 일으켜 세우고자 하는 그 이상과 당시의 사회적 현실과 선생의 관심이 서로의 뜻을 합하였기 때문이 아니었을까 생각된다.

한국실학의 연구는, 구한말 이후 일제시대에 있어서 자주독립의 정신적 양식을 우리의 국학에서 찾자는 운동이 일어나면서부터 본격화되었다고 할 수 있는데, 선생이 처음으로 다산실학에 관심을 갖게 된 1950년대는 해방 직후로서 독립된 조국에서 처음으로 한국학을 연구하기 시작한 첫출발이라 할 수 있다. 그러므로 선생은 이른바 국학 일기생에 해당한다. 선생의 선배로서는 백낙준·박종홍·백성욱 정도였고, 그 이전의 일제시대에는 1920년대 동아일보에서 개최한 다산서세 백주년 기념행사로서 이루어진, 정인보·현상윤·이훈구·백남훈·유홍렬 등의 다산 선생에 대한 업적을 조명하는 행사가 있었고, 그 후 1950년대에 비로소 선생이 다산을 연구함으로써 선생과 다산의 만남은 동아일보의 다산 1백주년 행사 이후 30년 만의 일이라 할 수 있다. 이때부터 다산학을 연구하기 시작한 선생은 마침내 1959년에 백상욱 박사 송수기념 논문집에, 유불상교의 면에서 본 정다산이라는 논문을 발표하게 되자 그 학문적 깊이에 서울의 학계가 발칵 뒤집히는 관심을 끌게 되었다. 그리하여 백낙준, 이병도, 박종홍 등 당시 석학들의 관심과 격려 속에 많은 연구 지원을 받게 되어, 다산학의 연구가 본격적으로 이루어지게 되었다. 1967년에는 다산 경학사상연구라는 불후의 업적을 내놓게 되었으니 선생은 이 논문으로 서울대학에서 박사학위를 받게 되었고, 또한 이 논문의 가치는 더욱 높이 인정되더니 드디어 1985년도에는 동아일보에서 선정한, 해방 이후 인문과학 분야의 가장 우수한 논문 열 편 안에 들게 되었던 것이다. 이때부터 선생의 다산학 연구는 실로 눈부신 것이었으니, 육경사서(六經圖書)에 대한 해석에 대한 구명과 일표이서 [經世遺表 牧民心書 欽欽心書]에 대한 현실적 통치학에 대한 실용적 연구는 선구적이면서도 독보적인 존재로서 어느 누구도 이를 따르지 못하는 경지에 이르게 되었던 것이다. 그러나 선생은 다산학의 이론적 연구에만 힘썼던 것이 아니라, 다산의 창조정신과 개혁정신을 현실에 뿌리내리게 하기 위하여, 전남도와 강진군과 협의하여 강진의 다산유적지를 정화하고 이를 성역화시키고 다산학 연구원을 개설하고 다산학보를 창간하여 20책의 연구총서를 간행하였고, 또한 다신계 운동을 전개하여 바로 살기 운동을 꾸준하게 펴 오셨다.

홀로 개척한 학문, 다산학을 통한 국학의 현대화

선생의 삶과 학문은 한마디로 말하기 어렵다. 그러나 선생의 학문적 업적을 이해하는 데 있어서는 몇 가지 올바로 이해되어야 할 일이 있다. 그것은 선생의 학문은 어디까지나 독창적인 바탕 위에서 성장하고 발전하였다는 사실이다. 선생의 시대에서 흔히 말하는 일본유학이나 경성제국대학을 다닌 것도 아니요, 오직 선생 스스로의 힘에 의하여 자립하여 독창적 경지를 개척하여 나갔다는 점이다. 그것은 그만큼 선생의 학문이 순수하고, 일제의 어떤 사관에 얽매이거나 식민지적 사고에 구애받지 않는, 순수한 한국적 토양 위에서 성장하고 성취되었다는 것이다. 이러한 선생의 학문적 성장과정은, 지금까지 학계에서 활동하고 있는 많은 학자들이 일제의 기존 틀을 벗어나지 못하고 있는 데 비하여, 선생은 이에 구애받지 않고 스스로의 학문을 개척하였기 때문에, 자유스러운 사상을 섭취하고 이를 비판 수용할 수 있는 안목과 능력을 갖출 수 있었다는 점이다. 이러한 점은 선생의 저술과 논문이 자유로우면서도 기존의 안목을 극복하는 데 있어서 크나큰 힘이 되었던 것을 알 수 있다. 두 번째로는 선생의 학문세계가 다산학에 있었기 때문에 한국의 유학사상이나 철학사상뿐 아니라 중국의 모든 학문을 폭넓게 이해함에 있어서 확실하고 분명한 시각을 갖출 수 있는 안목을 지니게 되었다는 점이다.

다산의 학문은 20년 귀양살이의 인고에서 소쩍새의 피울음으로 피어난 한 떨기의 국화처럼, 속된 현실을 거부하고 진실을 추구하는 참다운 정신이 깃들어 있는 것이다. 그 정신은 주체적이고 오기가 있으며, 거기에는 근대를 꿈꾸는 이상이 있는 것이다. 그는 무너진 국가의 기틀을 바로잡기 위하여 이상국가를 꿈꾸었고, 그의 이상은 전통 유학이론의 새로운 창조에 있었다. 그러므로 당시까지 굴레처럼 뒤집어씌워진 주자학을 벗어나서 새로운 유학질서를 창조하고자 하였고, 원시유학의 발전과정에서 잘못 이해된 공자학의 해석과 그 사조를 비판하고, 모든 그릇된 사상은 남김없이 비판하여 한국의 근대화를 꿈꾸었다. 그리하여 다산은 학문의 연구와 백성의 통치는 서로 떨어질 수 없는 하나라고 하여 공자학은 백성을 직접 다스리는 데 요긴한 통치학으로 이해되어야 한다고 하였다. 그리하여 실제로 이러한 정신에 알맞게 모든 경전을 재해석하였으니 우리는 이를 육경사서의 찬술이라 부른다. 이러한 다산의 업적은 공자학 이후 한나라 당나라의 유학사상은 물론, 조선조의 모든 이데올로기가 되었던 주자학의 폐단과 그 결함을 모조리 이해하지 않으면 이러한 이념을 창조할 수가 없는 것이다. 선생은 이러한 다산의 폭넓고 깊은 학문

세계를 모두 수용하여 이를 바탕으로 하여, 선생의 견해로서 한국의 전통사상뿐 아니라 모든 학문세계를 구축하였던 것이다. 이러한 선생의 식견은 조선조의 어느 인물이나 어떤 시대를 전공으로 연구하는 어떤 학자보다도, 광범한 학문적 기초를 튼튼히 다질 수 있었던 것이니, 이는 다산의 연구를 통한 선생의 학문적 식견으로서만이 가능할 수 있는 일이라 할 것이다. 그러므로 선생의 학문은 이러한 힘이 있었기 때문에 오늘처럼 학맥과 학파가 난맥상을 이루고 있는 한국학계의 현실에서 어느 누구도 선생의 학문에 대하여 고개를 숙이지 않을 수 없었던 것이다. 이러한 점에서 세 번째로 지적하고자 하는 것은, 선생 자신이 스승이나 학파 학맥에 구애받지 않고 독창성을 지닐 수 있는 학문적 환경에서, 다산학을 전공하였기 때문에 선생의 학문은 참신하고 탁월할 수밖에 없다는 것이다. 그것은 구체적으로 선생이 조선조 유학을 이해하는 시각에 있어서, 지금까지 많은 학자들이 조선조의 유학을 주자학 중심으로 이해하였던 반면에 선생은 주자학이 아닌 실천유학적 성격과 그 기준으로 재해석하였다는 점인데, 이는 조선조 유학사상을 주자학이 아닌 실학으로서 파악한 것이었다. 그러한 연구 업적이『한국개신유학시론(韓國改新儒學試論)』으로서, 이 책은 지금까지 벗어나지 못한 주자학적 사관을 극복하고, 한국적 정신과 그 혼을 찾고자 하는 실학 정신에서 한국유학을 재구성한 것이었다. 이러한 점에서 선생은 다산 사상을 현대적으로 재창조하고 한국의 사상적 특징을 이론중심의 주자학이 아니라 살아서 움직이는 실천정신으로 보았던 것이다.

한국학 연구의 살아 있는 역사 선생은 한국학 연구의 1세대로서 살아 있는 역사이다. 그러나 그것은 단순한 역사가 아니라 우리의 전통학을 오늘의 한국학으로서 집대성하여 미래사회를 여는 사상으로 전환하여 한국의 정신적 초석을 마련했던 것이다. 그러나 지금 우리들은 현암 선생의 그러한 우뚝한 업적과 그 깊은 사상을 아무도 올바로 이해하지 못하고 있다. 그러나 선생은 언제나 담담하고 꾸준하다. 실제로 선생은 광주에서보다 다른 지역에서 더 숭상하고 있으며 우리 학계의 꺼지지 않는 불, 지칠 줄 모르는 화신으로 남아 있다. 선생이 이 고장 사람이 아니었다면 우리는 선생을 새로운 눈으로 다시 바라보게 될 것인가. 아니면 정말로 영웅은 고향에 돌아가서는 안 되는 것인가.

지금 선생은 새 생명 운동을 하시면서 미수에 접어들고 계신다. 보다 크고, 보다 영원한 생명, 우주와 함께 숨 쉬기를 희망하면서 앞으로 얼마의 세월이 지나면 선생을 이해하는 모든 사람이 그때야 선생의 참모습을 그리워하고 추모하게 될 것이다. 나는 이 글을 쓰면서 얼마 전 대만의 중앙연구원 앞산에 우뚝한 호적 박사의 묘지명을 기억하게 된다. 거기에는 이렇게 기록하고 있었다. "근대문화의 선구자 호적 박사 여기에 잠들다. 해와 달이 이 산하와 함께하는 한 그 업적 영원하리라."

첫머리에서 지적한 것처럼 어버이나 스승에 대한 평가나, 그에 대한 말은 함부로 입 밖에 내지 않는 것이 예의임을 잘 알고 있다. 하물며 선생의 학문적 모습의 일단을 소개하면서 호적 박사의 묘비문을 연상하는 것은 무슨 까닭일까.

『사회와 사상』, 1996

6. 호남학과 이을호

이향준

1) 들어가면서

이 글은 철학 사상 분야를 중심으로 호남학연구원(이하 '연구원')의 50년에 걸친 연구 성과를 비판적으로 검토하려는 것이다. 이미 이루어진 호남학에 대한 성찰을 통해 미래의 전망을 제시하려고 한다. 확정된 과거의 경험으로부터 불투명한 미래의 지침을 유도하려는 인간의 보편적 노력을 연구원의 50년 학술사와 그 업적들, 그 가운데 철학 사상 분야에 투사하려는 시도이다.

『호남문화연구』와 기타 단행본류 저술들을 대상으로 철학 사상 분야라는 점에 주목할 때 당장 눈에 띄는 세 가지 특징적인 면모가 있다. 첫째, 연구원의 전신인 호남학연구소(이하 '연구소')의 설립과 초기의 학문적 성과에 철학자 이을호의 역할이 중추적이었다. 둘째, 50년이라는 역사를 감안할 때 호남학에 대한 철학적 연구 성과가 빈약하다는 것이 부정할 수 없는 사실이다. 셋째, 이러한 빈약함에도 불구하고 최근 들어 인문한국사업의 영향으로 철학 사상 분야의 연구가 과거에 비해 확대되고 있다.

이 글은 이러한 특징적인 면에 주목하면서 다음 세 가지 주제를 중심으로 전개될 것이다. 첫째, 연구소의 설립과 초창기 학술적 발전을 주도한 철학자, 즉 이을호의 호남학에 대한 철학적 비전을 돌이켜 보는 것으로 논의를 시작하려고 한다. 둘째, 철학 사상 분야에 국한해서 그동안 이루어진 연구 성과의 제반 양상들을 종합적으로 검토하고 비판적으로 분석할 것이다. 셋째, 이상의 논의를 배경으로 하나의 철학적 반성을 제기하고자 한다. 이 반성은 철학자들에게는 너무나 상투적인 하나의 고전적인 질문의 형태로 제기될 것이다.

단적으로 말해서 "철학자들은 자신들이 디디고 사는 곳을 자신의 고유한 학술 활동 속에서 어떻게 다루어야 하는가?" 과거든 미래든 바로 호남이라는 지역과 관련해서 이 질문을 던지고, 여기에 대해 어떻게든 대답하려고 시도하는 개별 철학자의 대답 여하에 따라 호남학에 대한 탐구 여부가 결정될 것이다. 거꾸로 말하자면, 이 질문 자체를 중요시하지 않는 철학자에게 호남학이 철학적 탐구의 주제로 부상하리라는 것을 기대할 수 없다. 이런 점에서 50년 후 우리는 50년 전 이을호로부터 얼마나 멀리 와 있는가?—이 글은 이 질문에 대한 대답이 현재의 철학 전공자뿐만 아니라, 호남학 연구에 종사하는 이들에게 적지 않은 숙고의 내용을 전달할 것으로 기대한다.

2) 호남학과 이을호의 비전

연구원의 50년을 회고하는 데 이을호의 이름이 거론되는 직접적인 두 가지 이유가 있다. 첫째, 연구원의 전신인 연구소의 설립에 핵심 역할을 담당하고, 63년부터 70년까지 7년 동안 연구소장을 맡으면서 연구소의 기초를 닦은 당사자이기 때문이다. 게다가 이을호 자신은 호남학에 대한 독창적 비전을 갖고 있었던 철학자였다. 이 두 가지로부터 우리는 이을호의 호남학에 대한 비전을 재독해하고 그것을 오늘날 이루어진 연구원의 업적과 비교해 볼 수 있는 가능성을 얻게 된다. 이을호의 비전이 오늘날의 호남학 연구를 평가하기 위한 표준일 수는 없을 것이다. 그러나 하나의 비전이 나타났고 그것이 하나의 역사를 통해 어떻게 실현, 혹은 좌절되었는가를 검토함으로써 우리는 우리의 현재 좌표를 이해하기 위한 잠정적 시각을 얻을 수 있다.

두 번째 이유는 이을호에 대한 학술적 평가의 부분에서 호남학과의 연관성이 그다지 중시되지 않았다는 현실과 관련이 있다. 철학자 이을호에 대한 학계의 평가는 대부분 다산학에 대한 그의 기여에 맞춰져 있기 때문이다. 그의 사후 이루어진 두 번의 평가 작업은 『이을호전서』의 간행과 탄생 100주기를 기념하는 한국공자학회 주관의 기념학술대회였다. 전자의 경우 24권 9책으로 이루어진 전체 분량 가운데 호남학과 연관된 부분은 제8책의 제2편 「전통문화와 호남」 부분이다.[1] 후자의 성과물은 단행본으로 간행되었는데, 여기에 실린 18편의 논문 가운데 그의 학술을 호남학이란 주제와 연관시킨 논문은 존재하지 않고, 호남유학과의 연관성을 다룬 논문만이 실려 있을 뿐이다.[2]

---

1) 이을호 저, 『이을호전서』 vol.8(서울: 예문서원, 2000), 다산학연구원 편, 322~575쪽 참조.
2) 안동교, 「현암 이을호의 호남유학 연구와 그 관점」, 한국공자학회 편, 『현암 이을호 연구』(서울:

이러한 학계의 분위기에 반해 일반적인 사회의 인식은 이것과는 약간 차이를 보인다. 예를 들어, 이을호를 인터뷰한 정진백은 그의 학술적 공헌을 이렇게 정리했다.

> 그는 마흔 여섯 살 되던 해인 1956년에 전남대학교 문리과대학 강사로 새 인생의 발걸음을 떼어 놓았다. 그리하여 1975년 정년으로 퇴직할 때까지 꼬박 30년을 동양철학과 다산학, 그리고 호남문화의 연구에 진력하였다.[3]

결국 기존의 선행연구들에서는 이을호와 호남학의 상호 연관성이 논의될 수 있는 소지가 있음에도 불구하고, 다른 주제들에 비해 그다지 주목을 받지 못하고 있고 주목을 받더라도 유학이라는 제한된 측면에서 다루어지고 있는 실정이라고 평가할 수 있는 것이다. 이런 두 가지 이유에서 기존의 이을호에 대한 연구에서 소홀했던 부분에 대한 재구성이 바로 연구소의 초창기 비전과 연관되어 있기 때문에 이 주제는 검토되어야 할 필요성이 있는 것이다.

안동교는 호남 유학을 대상으로 한 이을호의 시각이 두 가지 면에 초점이 맞춰져 있다는 점을 이렇게 정리했다.

> 호남의 유학을 하나는 장성권(담양·광산 포함, 김인후·양산보·기대승·기정진 등)의 전통 유학과 다른 하나는 강진권(해남·장흥 포함, 정약용·위백규·윤두서 등)의 실학으로 권역을 나누고, 한국유학의 뿌리가 여기에 깊이 박혀 있으며 이 뿌리 없이 한국유학은 성립될 수 없을 정도로 호남유학은 큰 비중을 차지하고 있다고 주장하였다.[4]

심산, 2010), 483~504쪽 참조.
3) 『이을호전서』 vol.9, 471쪽.

이을호 자신의 분류에 따르면 전통 유학이라는 이름으로 대표되는 장성권의 호남 유학은 첫째, 하서·고봉 중심의 주기론 둘째, 노사·송사로 이어지는 유리론, 셋째, 양산보·면앙정·송순으로 대표되는 사유들의 시문학이라는 세 갈래로 정리될 수 있다고 한다.[5] 안동교가 실학으로 분류한 권역은 이을호의 조어인 개신유학(改新儒學)으로 분류된 것이었다.

그런데 이러한 호남 유학에 대한 이을호의 분류는 사실 그보다 포괄적인 3대 호남 문화권이라는 그 자신의 분류 방식에 포함되는 것의 일부를 이루는 것이다. 최계원의 대담에서 그 내용이 드러나는 3대 문화권의 분류 방식은 다음과 같다.

> 이 박사는 전남의 근세 문화를 3대 권으로 나눈다. 장성 중심의 유교문화권, 순천 중심의 불교문화권, 강진 중심의 서민문화권이다. 이 박사는 이 중 강진 문화권의 존재를 가장 중요하게 생각한다. 강진의 고려청자 도요지, 정다산 유배지, 해남 대흥사, 진도의 운림산방, 영암의 왕인박사 유적지, 완도의 청해진 터 등 모두 바다를 통한 동북아 문화의 중심지였던 흔적을 볼 수 있기 때문이다.[6]

정진백과 최계원의 대담을 통해 알 수 있는 것은 초창기 연구소를 탄생시킨 호남학에 대한 이을호의 비전이 말년에 이르도록 자신의 호남유학과 다산학을 아울러 호남학으로 정립하려는 노력으로 일관되어 있다는 것을 보여 준다. 나아가 이것은 한국사상 일반과 호남

---

4) 같은 글, 같은 책, 488쪽.

5) 『이을호전서』 vol.8, 365쪽 참조.

6) 『이을호전서』 vol.9, 563쪽 참조.

의 상관관계에 대한 위상 정립의 문제가 개입되어 있다는 것을 나타내기도 한다. 호남학의 정립을 위해 한국사상 일반과의 위상이 설정되어야 한다는 것은 거의 선결 문제에 해당한다. 이 때문에 이을호 본인뿐만 아니라 연관된 다수의 학자가 거의 유사한 질문에 대한 나름의 해명을 제시하고 있다는 것을 알 수 있다. 하지만 안진오는 여전히 이 질문이 미완의 해명에 그치고 있다는 것을 호남유학이란 차원에서 이렇게 고백한다.

> 호남유학은 의리정신과 실천정신이 그 근본정신을 이루는 강한 생명성을 지니고 있다. 그러한 점에서 호남유학은 호남정신의 일반성으로서 하나의 이론체계를 지니는 학문으로서의 독립성을 생각해 보지 않을 수 없는 것이다. 이러한 시도가 호남유학에 대한 성격 규명의 노력이다. 그러나 이 문제는 많은 한계를 안고 있다.[7]

안진오가 말하는 한계는 이미 이을호가 말했던 것의 울림이다. 왜냐하면 이을호의 호남학에 대한 비전은 두 가지 방향성을 가지기 때문이다. 호남 유학을 전통 유학과 개신 유학으로 양분해서 이해한다는 기초 위에서 첫째, 그는 이것을 보다 지역적인 호남학이라는 개념의 일부로 다루려고 했다. 이것은 그가 유학의 양대 범주를 대표하는 장성권과 강진권을 포괄하는 삼대 문화권이란 개념틀로 다시 직조하려고 했던 데서 찾아볼 수 있다. 둘째, 그는 전통 유학과 개신 유학이라는 이원론적 구분을 보다 일반적인 한국사상사의 차원에서 수렴시키려는 학술적 노력을 보여 주었다. 그의 실학자생론(實學自生

---

7) 안진오, 『호남유학의 탐구』(서울: 이회문화사, 1996), 13쪽.

論)[8] 및 회삼귀일(會三歸一), 이이일(二而一) 일이이(一而二)의 논리를 축으로 한국사상사를 새로이 정립하려는 노력에서 그런 단서를 찾아볼 수 있다. 이을호는 조선유학의 주된 흐름을 이황과 이이 중심의 성리학적 전개로 간주하는 주자학 중심의 사상사적 시각에서 벗어나 탈주자학적 시각에서 파악하고자 했고, 이를 통해 고봉 기대승—율곡 이이—다산 정약용—동무 이제마를 거쳐 동학으로 이어지는 흐름을 가정할 수 있다고 했던 것이다.[9]

이론의 타당성에 대한 논의와 상관없이 비전이라는 측면에서 볼 때, 이러한 이을호의 노력은 두 가지 학술적 논쟁점을 던져 준다. 첫째는 호남학의 일부분으로 제안될 수 있는 호남유학, 혹은 호남 불교에 대한 학술사적 정리이다. 호남 유학 부분에 대한 선행 연구는 안진오의 저술에서 예시되고 있지만, 그 자신의 진술처럼 결과는 아직도 불충분하다. 반면에 이러한 학술적 작업의 완결성 여부가 호남학의 확고한 정립을 위한 이론적 기초로 기능하리라는 것은 누구나 예상할 수 있는 사실이다. 그러므로 과연 이러한 작업이 이을호 이후 누구에게서 실현되었는지를 검토하는 것은 이을호가 제안한 호남학의 비전이 어떻게 현실화되었는지를 검토하는 일이 될 것이다. 둘째는 한국사상사 일반과 호남사상의 상관성이다. 비록 결정적인 완결을 기대할 수는 없는 것이 사상사의 통례이지만 이 두 가지 주제에 대한 일정한 해명이 주어졌을 때, 이을호의 호남학에 대한 비전은 그 자신의 정당한 평가를 위한 일관성의 맥락을 획득했다고 평가받을 수 있기 때문이다. 그렇다면, 이러한 두 가지 학술적 과제,

---

8) 「한국실학자생론」, 『이을호전서』 vol.5, 341~396쪽 참조.

9) 김형찬, 「한국사상 연구의 시각—탈주자학・탈중국적 자주성」, 『현암 이을호 연구』, 437쪽.

호남사상사의 일관된 기술과 한국사상사와의 상관성에 대한 논의는
연구원의 학술적 탐구의 역사에서 어떤 위상을 차지하고 있었는가?

3) 개념 정립을 위한 노력들

문제는 위에서 제기한 질문과 연구원의 개념 사이에 어떤 괴리가
존재한다는 것이다. 즉, 지역 문화 연구라는 개념과 철학 사상 연구
사이의 직접적인 근친성이 존재하지 않기 때문이다. 문화 연구는 과
거나 현재를 막론하고 대부분 문화 현상에 대한 실증적인 자료들에
토대를 두고 이루어지는 반면에, 철학 사상 분야의 탐구는 주어진
텍스트에 함축된 이론 맥락의 분석과 해명에 더욱 많은 관심과 주의
집중이 이뤄진다. 물론 문화에 대한 이론적인 담론이 혼성되는 경우
도 있지만, 이런 경우에도 담론은 여전히 철학과 사상에 기반을 둔
문화이론이지, 철학적 탐구로 불리지는 않는 경우가 일반적이다. 게
다가 연구원이란 명칭 자체는 이러한 종류의 문화이론과 담론 생산
이 위주가 아니라, 지역문화 탐구가 위주라는 점을 함축한다.

즉, 이래저래 철학 혹은 사상 전공자들은 철학 전공자들은 지역으
로서 호남, 철학 혹은 사상의 전공, 게다가 호남문화 일반과의 상관
성 등이 갖춰지기 전에는 『호남문화연구』의 지면에 글을 개제하기
에 어색함을 느끼는 것이 일반적이다. 이것은 간단한 사실로 증명된
다. 즉, 지금까지 『호남문화연구』에 실린 404편의 논문 가운데 철학
사상 분야로 간주할 수 있는 성격의 글은 채 30편이 되지 않는다.
전체의 10% 미만에 해당하는 것이다. 이런 경향은 단행본 역시 마
찬가지다. 69권의 단행본 가운데, 『규남 하백원의 실학사상연구』 및

『호남유학의 탐구』를 제외하고는 최근의 인문한국 연구의 일환으로 발간되는 감성 총서 시리즈만이 철학 사상 분야라고 분류될 수 있을 정도이다. 이런 점에서 연구원의 학술적 탐구 역사 속에서 철학 사상 분야의 양적인 취약성은 분명하다.

남는 문제는 이런 취약성에도 불구하고 여전히『호남문화연구』를 통해 발표되는 철학 사상 분야의 글들이 갖는 성격이다. 이제 이들에 대해 비판적으로 검토하고, 그것을 이을호의 호남학에 대한 비전과 대조시킴으로써 미래를 위한 논의의 기초를 찾아보도록 하자.

초창기 논의를 대변하는 글들은 63년부터 65년까지 발행된『호남문화연구』1~4집을 통해 알 수 있다. 정종이 1편, 이을호가 2편, 박종홍이 1편의 글을 발표했다. 정종의 글은 전체적으로 배경적으로 한국인 전체의 개성적인 면을 곡선의 미학, 맛과 멋의 파토스, 현세적인 우리 의식 등으로 나누어 개괄적으로 서술하고 있는 것이다.[10] 반면에 이을호의 두 편의 글은 이미 그의 학술적 방향성과 호남학의 상호 연관을 드러내고 있다. 이미 제1집에 실린 글의 부제가 '丁茶山 遺稿硏究 第一報'라는 데서 다산학에 대한 그의 경도가 나타나고 있기 때문이다.[11] 한편 제2집에 실린 글은 그가 이병도의 「地理 歷史上으로 본 湖南」및 박종홍의 「思想史的으로 본 湖南」과 함께 호남학의 개념 정립을 위해 의도적으로 선택한 제목이 분명하다.[12] 그는 이 글의 수두에서 여러 가지 호남의 개념을 제시한 다음 '百濟의 後裔로

10) 정종, 「韓民族의 境遇-그 人生觀과 世界觀의 素描」, 『호남문화연구』 1집(전남대 호남문화연구소, 1963), 15~30쪽 참조.
11) 이을호, 「全南康津에 남긴 茶信契節日考—丁茶山 遺稿硏究 第一報—」, 『호남문화연구』 1집, 31~38쪽 참조.
12) 이을호, 「湖南文化의 槪觀—하나의 서론으로서—」, 『호남문화연구』 2집, 1964, 1~13쪽 참조.

서 湖南'의 개념을 강조하고 있다. '百濟文化의 流動性과 庶民的 强靭性'을 이어받은 것이 '湖南文化의 庶民的이면서도 典雅한 멋'을 지닌 판소리라고 주장하면서 '호남 예술의 특색은 바로 그의 서민적 전아성에 있고' 고려청자와 이조백자 역시 이런 관점에서 해석될 수 있다고 주장할 때 이런 경향은 잘 드러난다.[13] 동시에 그는 호남지방이 '남향의 해상요충'이라는 점을 지적하면서 한반도 남단을 통한 중국·왜와의 교류 및 몽고족의 침입에 맞선 삼별초난의 근거지로서 진도를 거론하기도 했다. 결국 이를 통해 이을호가 주장하고 싶었던 것은 "韓國文化 造成의 一要人으로서 獨自的 性格을 가진 一文化圈"으로서 호남의 의의였던 것이다.[14]

그렇다면 이러한 호남의 의의를 발견하기 위한 철학 사상 분야의 탐구는 어떻게 이루어져야 하는가? 박종홍은 바로 이 질문에 대답하려는 듯 불교와 유교, 그리고 근대화와 연관된 사상사적 관점에서 호남학을 위한 몇 가지 개념들을 주제화시키고 있다. 불교사상사의 측면에서 박종홍은 두 가지 큰 탐구 주제를 예시하고 있다. 하나는 한국불교사상사에서 차지하는 지눌과 송광사의 사상사적 위상에 대한 강조이다. 다른 하나는 한국 선종사상의 중요한 논쟁임에도 불구하고 지눌과 성철이란 이름 아래 가려진 경향이 있는 백파(伯坡 亘璇, 1767~1852)와 초의(草衣 意恂, 1786~1866)로부터 발단하는 선문논쟁을 소개하고 있다. 이들은 각각 백파의 『禪文水鏡』에서 시작해서 초의의 『禪門四辨漫語』 및 우담(優曇 洪基, 1828~1881)의 『掃灑先庭錄(일명 禪門證正錄)』의 반박을 거쳐, 설두(雪竇 有炯, 1824~

---

13) 같은 글, 같은 책, 3쪽 참조.
14) 같은 글, 같은 책, 12쪽.

1889)의 『禪源溯流』로 이어지는 재반박으로 이어지는 과정이었다.15)
각각 격의선, 의리선, 여래선의 선종 사상에서의 이론적 위상을 두
고 벌어진 이 논쟁은 비록 속리산 법주사에서 주로 활동했던 축원의
『선문재정록』이 나오기 이전까지는 순창 구암사, 해남 대흥사, 순천
송광사 등에서 활동해서 호남지역의 선사들을 중심으로 이루어진
호남불교사의 맥락을 가지고 있다는 사실을 박종홍은 지적하고 있
었던 것이다.16)

그다음 유학의 측면에서 박종홍은 김인후, 기대승, 이항, 조광조,
노수신, 강항, 그리고 조선 후기의 기정진, 이최선(李最善), 기우만
(奇宇萬)을 거론한 다음 이들과 대비적인 성리학적 경향의 인물로
전우(田愚)를 거론하고 있다. 마지막으로 근대화의 선구자들로서 홍
대용의 기록을 빌려 나주의 나경속(羅景續)과 안처인(安處仁)을 소개
하고, 정약용, 동학, 원불교 등을 호남의 근대화 과정에 나타난 선구
적인 특이점들로 서술하고 있다. 호남학의 사상적 배경을 근거지우
려는 이런 경향은 10여 년을 건너뛰어 배종호의 「韓國性理學에 寄
與한 湖南文化」까지 이어진다.17) 배종호는 학술강연회 발표 요지인
이 글을 통해 성리학적인 측면에서 호남유학의 두 축으로 기대승과
기정진을 주제화하고 있다. 이러한 그의 입장은 이을호가 전통유학
이라는 개념으로 종합하려고 했던 호남유학의 주자학적 일면을 개
괄한 것이라고 할 수 있다. 반면에 박종홍은 여기에 불교와 실학적

---

15) 훗날 축원(竺源 震河, 1861~1926)은『禪門再正錄』을 통해 이들 네 명의 입장을 정리하면서도 여
    전히 백파를 반론하기도 했다.

16) 박종홍, 「思想史的으로 본 湖南」, 『호남문화연구』 2집, 1964, 30쪽. "筆者는 湖南에서 李朝末葉에
    禪에 關한 理論이 盛行하여 널리 그리고 끈기 있는 論爭에까지 展開되었음을 오히려 沈滯하였던
    韓國佛敎思想에 活氣를 蘇生케 한 것이요, 湖南의 훌륭한 자랑거리가 아닐 수 없다고 생각한다."

17) 배종호, 「韓國性理學에 寄與한 湖南文化」, 『호남문화연구』 9집, 1977, 165~172쪽 참조.

선하를 이루는 인물들 및 전북의 전우까지를 포괄하려는 시도를 보여 준다. 이을호를 비롯한 이병도, 박종홍, 배종호 등의 역사학자 및 철학자들의 작업은 곧 호남학의 개념정립을 위한 초창기의 노력을 보여 주는 것이다.

4) 철학 사상 분야의 경향성

초창기의 과정을 거친 다음 『호남문화연구』의 지면을 통해서 호남학의 철학 사상적 근거에 대한 논변들은 거의 사라진다. 대신에 이러한 논변에 영향을 받은 각론들이 나타나기 시작한다. 이들은 거의 대부분 초창기의 논변에 기반을 두거나, 혹은 이들이 다루지 못하거나 지나친 부분들에 주목한 연구들이 나타나기 시작한다. 주로 이 지역 출신에 속하는 인물들의 철학 사상을 발굴하거나 개괄하는 연구들이 이에 속한다. 지금껏 이루어진 철학 사상 분야의 글로는 가장 많은 부분을 차지하는 것들이 이 부류에 속한다.

지역과 철학 사상이라는 요소의 중첩이 이러한 글이 나타나게 된 가장 주요한 요소일 것이다. 안진오,[18] 서재일,[19] 홍덕기,[20] 최대우,[21] 장춘석,[22] 안동교,[23] 이향준,[24] 박해장[25] 등의 연구가 여기에 속한

18) 안진오, 「五南 金漢燮의 生涯, 著述 및 思想」, 『호남문화연구』 12집, 1982, 19~46쪽 참조.

19) 서재일, 「靜庵 趙光祖의 言論觀」, 『호남문화연구』 13집, 1983, 309~334쪽 참조.

20) 홍덕기, 「貞蕤 朴齊家의 經濟思想」, 같은 책, 335~363쪽 참조.

21) 최대우·안동교, 「姜沆의 衛道정신과 일본에서 유학전수」, 『호남문화연구』 38집, 2006, 183~230쪽 참조.

22) 장춘석, 「孤山 윤선도의 經世致用에 관한 연구」, 『호남문화연구』 30집, 2002, 113~133쪽 참조.

23) 안동교, 「艮齋 田愚의 性師心弟說과 復性論」, 같은 책, 「조선후기 호남실학에서 河百源 사상의 특징」, 『호남문화연구』 47집, 2010, 79~125쪽 참조.

다. 이들의 연구는 각각 김한섭(金漢燮, 1838~1894)·조광조(趙光祖)·박제가(朴齊家)·강항(姜沆)·윤선도(尹善道)·양산보(梁山甫)·조대중(曺大中, 1549~1590)·전우(田愚)를 다루고 있다.

안진오와 박해장의 연구는 새로이 발굴된 학자들에 대한 개괄의 사례를 보여 준다. 안진오의 연구는 19세기 초중반부터 후기에 걸쳐 생존했던 김한섭의 삶을 주제화한다. 이항로(李恒老, 1792~1868), 임헌회(任憲晦, 1811~1876)를 거쳐, 기정진(奇正鎭, 1798~1879)을 경유하는 그의 학술적 여정은 조선 후기 호남의 지성사적 맥락을 짐작하게 한다. 이에 반해 박해장은 16세기 중후반을 살았던 호남의 유자로서 정여립의 난에 연루되어 장살되었던 조대중의 삶과 사상을 주제화하고 있다.

서재일을 비롯한 몇몇 학자들은 전형적으로 호남의 학술사에서 주제화될 수 있는 인물들의 특징적인 면을 드러내고 있다. 조광조의 언론관, 강항의 일본 유학에 끼친 영향, 윤선도의 경세치용에 대한 연구 및 전우와 양산보 등은 이미 초창기 호남학의 개념 정립 과정에서 언급된 인물들이다. 이들의 철학 사상에 대한 연구는 초기의 개괄들이 언급한 호남학의 주요 인물들을 구체적으로 사상적 특질로 파고드는 성과를 보이고 있으며, 결국 이와 같은 개별적인 연구의 축적이 언젠가 포괄적인 시각에 의해 호남사상사로 정돈될 기초자료가 된다는 의미에서 지속적으로 추구되어야 할 가치가 있는 것들이다.

---

24) 이향준, 「양산보의 소쇄기상론(瀟灑氣象論)-그 연원과 의미를 중심으로-」, 『호남문화연구』 32·33집, 2003, 237~261쪽 참조.

25) 박해장, 「정곡 조대중의 생애와 사상」, 『호남문화연구』 46집, 2009, 133~163쪽 참조.

이와 다른 한편, 지역과 지역의 지식인 일반의 양상을 다룬 것으로는 김성주, 이향준의 사례를 들 수 있다.[26] 김성주는 광범위하게 9세기에서 10세기 고려 말에 걸쳐 지방호족이 등장하게 되는 지성사적 맥락을 검토하고 있는 반면에, 이향준은 16세기 기축옥사를 전후한 호남 지역 지식인들의 삶의 양상을 상경종사(上京從事)의 경향과 유배 기억의 정화, 기축옥사를 분기점으로 사림문화의 만개가 가져온 파국적 결과의 측면에서 검토하면서 16세기에 구현되었던 호남 문화의 황금시대가 과연 그 이후의 역사적 단계에서 재현된 적이 있었는지를 묻고 있다.

이 외 특기할 만한 것은 두 가지가 더 있다. 하나는 연구소의 기틀을 다진 이을호가 이미 철학적 숙고의 대상이 되었음을 보여 주는 최대우의 연구를 들 수 있다.[27] 이 연구는 초창기 이을호의 사상의학에 대한 접근 방식의 특징을 그 이전의 경향과 대비시켜 진술하고 있는데, 이에 따르면 이을호 이전의 연구들이 주로『주역』에 근거한 사상(四象) 개념을 중심으로 이제마의 사상의학설을 해석하려고 했던 반면에 이을호는 이제마가 자신의 학설을 위해『주역』의 개념을 차용하고는 있지만, 실제로 유학의 도덕이론, 특히 유학의 경학사상을 독창정인 사원구조로 재구성한 것으로 이해하고 있다는 것이다.

다른 하나는『호남문화연구』32·33집 합본이 효 윤리를 특집으로 다루면서 싣고 있는 네 편의 논문이다. 조용길,[28] 유권종,[29] 한기

---

26) 김성주, 「신라 말 고려 초의 지방지식인」『호남문화연구』19집, 1990・이향준, 「호남 지역 유배지식인의 몇 가지 양상」, 『호남문화연구』 43집, 2008, 103∼138쪽 참조.

27) 최대우, 「이을호의 사상의학 연구」, 『호남문화연구』 47집, 2010, 241∼272쪽 참조.

28) 조용길, 「불교의 생명관에 바탕한 불교 효 윤리의 근원적 이해」, 『호남문화연구』32・33집, 2003, 1∼32쪽 참조.

채,[30] 나경수[31] 등은 각각 불고, 유교, 기독교, 민속사상에서 드러나는 효사상의 의미와 내용을 서술하고 있다. 이 특집은 두 가지 점에서 예외적이다. 첫째, 지금까지 간행된 『호남문화연구』 전체를 통틀어서 철학 사상 분야의 주제가 특집으로 다루어지고, 분야별로 세분되어 탐구된 것은 여기에서 처음 발견된다. 둘째, 여기에서 다루어지고 있는 효 윤리에 대한 서술은 호남학이라는 지역성을 넘어 효에 관한 각종 종교 담론의 일반적 내용을 다루고 있다. 『호남문화연구』가 지역성이라는 한계를 넘어서 일반적 담론의 생산자로 전환되려는 시도를 보여주고 있는 것이다. 이 일반적 담론의 생산이라는 기능은 최근 연구원의 연구 동향과 밀접한 관련이 있다. 이 때문에 따로 논의되어야 할 두 가지 주제가 존재한다. 단행본류의 연구 업적과 최근의 인문한국 연구사업으로 인해 나타난 새로운 연구 동향의 특징이 그것이다.

5) 최근 연구 동향의 이중성

두 가지 검토 대상이 따로 언급되어야 할 가치가 있다. 첫째는 『호남문화연구』의 지면을 빌리지 않고 단행본의 형태로 제시된 선행 연구이다. 여기에는 안진오의 『호남유학의 탐구』와 규남실학사상연구회 편 『규남 하백원의 실학사상연구』가 속한다. 둘째는 최근 들어 인문한국사업의 영향으로 나타나기 시작하는 연구 업적들이 갖는

---

29) 유권종, 「유교의 효와 예 문화」, 같은 책, 33~66쪽 참조.

30) 한기채, 「기독교 효 윤리의 현대적 적용」, 같은 책, 67~84쪽 참조.

31) 나경수, 「민속사상으로서의 효의 본질과 실제」, 같은 책, 85~106쪽 참조.

일반적 성격이다.

단행본의 경우 안진오의 저술이 가지고 있는 서술 체제에 주목할 필요가 있다. 이 저술은 원래 호남학에 대한 개설, 인물론, 정약용, 기정진이라는 네 가지 주제를 중심으로 이루어지고 있다. 호남학이라는 개념을 정당화할 필요가 있다는 문제의식이 없이는 나타나지 않는 호남학에 대한 개설이라는 장은 『호남문화연구』의 초기에 실린 이을호, 박종홍, 배종호의 서술 체제를 계승한다. '호남학 시론'과 '호남의 유학사상', '호남 근대유학과 호남성리학'이라는 제목들은 앞선 서술들과 안진오의 서술 사이에 존재하는 연관성을 뚜렷하게 드러내고 있다. 이것은 다른 주제들에 관해서도 마찬가지다. 제2편에 해당하는 호남의 인물론은 이미 초창기 개괄에서 예시되었던 인물들 김인후, 기대승, 전우를 비롯해서 김한섭과 하백원에 대한 개별적 탐구들을 포함하고 있다. 정약용과 기정진에 대한 탐구가 뒤를 잇고 있는 것 또한 마찬가지 관점에서 이해할 수 있다. 구체적으로 이을호와의 연관성이 두드러진다. 이을호가 예시했던, 호남학, 전통유학, 개신유학이라는 세 가지 핵심 개념에 개별적인 인물론이 더해진 것임을 쉽게 알 수 있는 것이다. 이것은 결국 이을호의 호남학에 대한 비전과 안진오의 저술 사이에는 명확한 사상적 일관성이 존재한다는 뜻이다. 적어도 철학 사상 분야에서 호남학을 바라볼 때 안진오의 단행본보다 이을호의 호남학에 대한 초기 비전과 밀접한 연관을 가지는 단행본류 연구업적은 찾아보기 힘들다.

이러한 성격은 『규남 하백원의 실학사상연구』와 비교하면 더욱 뚜렷하게 드러난다.[32] 이 책은 개인적인 연구가 아니라 동일한 주제에 대한 각기 다른 전공 영역의 연구자들의 공동 작업의 산물이다.

구체적으로는 하백원 연구의 효시를 이룬 1983년에 발표된 안진오의 「규남 하백원의 생애와 사상」에서부터 2004년 12월 전남사학회가 주최한 「규남 하백원 선생 실학사상학술대회」의 발표 논문에 이르기까지 30년 동안의 하백원 연구 성과들을 주제별로 추린 공동논문집인 셈이다. 하지만 여기에 실린 철학 사상 분야의 글 두 편 가운데 안진오의 글은 이미 『호남유학의 탐구』에 실렸던 것과 같은 글이고, 안동교의 글은 『동양철학연구』 41집(2005)에 실린 글을 재수록한 것이기에 새로운 학술적 성과라고 평가하기는 힘든 것이다.

이처럼 『호남문화연구』의 초창기 및 그 이후의 연구 경향, 그리고 단행본류 저술들에 대한 검토를 제외하고 나면, 최근의 특기할 만한 사항 하나만이 남는다. 그것은 다름 아닌 인문한국사업의 영향으로 감성총서 시리즈가 발간되기 시작하면서 철학 사상 분야의 글들이 증가하고 있는 경향이다. 그런데 이러한 경향의 글들에서는 어떤 특징적인 면모가 발견된다. 예를 들어, 정용환의 논문 「자기기만의 감정과 반사실적 자아」와 같은 글을 보자.[33] 여기에서는 벌써 두 가지 점이 눈에 띈다는 것을 알 수 있다. 첫째, 이미 앞에서 말한 효 윤리 특집이 갖는 예외성, 즉 호남이라는 지역성의 탈색이 뚜렷하다. 둘째 이에 따른 자연스러운 귀결로서 일반 담론으로서의 성격이 두드러진다.

이러한 경향성이 이전에도 없었다는 것이 아니다. 박제가를 다룬 홍덕기의 논문도 지역과는 상관성이 약한 서울 출신의 실학자를 다룬 것이었고, 류근성의 「유학의 종교성과 도덕성」 역시 지역문화와

---

32) 규남실학사상연구회 편, 『규남 하백원의 실학사상연구』(서울: 경인문화사, 2007) 참조.
33) 정용환, 「자기기만의 감정과 반사실적 자아」, 『호남문화연구』 45집, 2009, 381~412쪽 참조.

는 상관이 없는 유학의 철학적 성격에 대한 일반 담론으로 분류할 수 있다.[34] 하지만 정도와 비율의 문제에서 이런 종류의 글들이 크게 문제시된 적은 없었다. 그러나 최근의 경향은 비단 정용환과 같은 글이 부분적으로 나타나는 것이 아니라, 예를 들어, 『호남문화연구』 45집 전체를 통해서 알 수 있는 것처럼 전면적으로 나타난다는 점에 있다.

어떤 면에서 이것은 바람직한 현상일 수 있다. 왜냐하면 지역성의 탈색과 일반 담론의 증가는 결국 새로운 이론의 창출이라는 최종적인 학술적 목표를 갖기 때문이다. 이것은 연구원이라는 이름이 가져다주는 외적 제약을 학술적인 수준에서 뛰어넘는 단계에 도달했다는 신호라고 해석할 수도 있는 것이다. 문제는 이러한 담론의 증가가 그 자체로 인문한국 사업의 주제인 감성연구의 일환이라는 점에서 호남학이라는 낱말과 어떻게 조응할 수 있을 것인가라는 질문에 대답하기 곤란한 약점을 갖는다는 점이다. 이러한 관점에서 45집의 논문들을 살펴보면 지역성의 탈피와 일반 담론의 성격을 갖는 글들이 주도적인 경향성을 보이고, 오히려 이러한 담론들과 지역성을 상호 연관시키려는 노력들이 소수처럼 보이게 만들고 있다는 것을 알 수 있다. 후자의 경우에 속하는 연구들은 김경호,[35] 김창규,[36] 이영배[37]의 글들이다. 이들은 일반 담론의 주제로서 감성을 지역성을 지닌 구체적 텍스트들—김경호의 경우에는 기대승, 김창규의 경우에는

---

34) 류근성, 「유학의 종교성과 도덕성」, 『호남문화연구』 37집, 2005, 129~154쪽 참조.

35) 김경호, 「선비의 감성-고봉의 '樂'을 중심으로-」, 『호남문화연구』 45집, 2009, 133~169쪽 참조.

36) 김창규, 「감성의 표현: 지식인의 사회참여 動서으로서의 감성-1978년 '교육지표사건'을 중심으로-」, 같은 책, 171~204쪽 참조.

37) 이영배, 「감성의 표현: 굿문화 속 감성의 존재 양상과 그 특징-위도 띠뱃굿의 경우를 중심으로-」, 같은 책, 243~278쪽 참조.

교육지표사건, 이영배의 경우에는 위도 띠뱃굿—과 연관시켜 논의하고 있기 때문이다.

결국 근본적인 방향성의 엇갈림이 문제인 것이다. 지금까지 단행본으로 간행된 감성총서 7권의 경우 전체를 거론해도 이러한 이론적 딜레마는 마찬가지로 적용될 것으로 보인다. 한국인의 감성에 대한 연구는 외적으로 일반 담론의 추상 수준으로 뻗어나가는 과정에서 끊임없이 지역성의 탈색을 요구한다. 반면에 한국인의 감성에 대한 해명이 호남인의 감성에 대한 해명의 토대로 도입되고 작동할 수 있는 여지를 마련하기 위한 노력은 지역성으로의 주의 집중을 요구한다. 이것은 결국 현재의 학술적 작업이 이런 이중적인 방향성만큼이나 새롭고 낯선 사유의 실험을 요구한다는 것을 의미한다.

6) 비전은 실현되었는가?

이제 호남학의 비전과 현재까지의 연구 성과들을 비판적으로 검토해 보자. 이을호의 호남학이라는 비전은 초기의 백제 후예로서의 호남, 전통유학과 개신유학의 발달지로서의 호남에서 나아가 이들을 포함하는 3대 문화권으로서의 호남으로 나아가고 있다. 그리고 이러한 호남학에 대한 시각을 토대로 호남학과 한국사상사와의 밀접한 상호 연관을 독자적인 시각에서 묘사하려고 시도했다. 이을호는 호남학의 전체 내용을 소위 '會三歸一'의 묘리라고 언급되는 한사상의 苗脈으로 개괄하려는 철학적 의도를 가지고 있었던 것이다. 이을호가 가진 비전의 타당성에 대한 비판적 진술들은 제쳐 두더라도 당장의 관심사는 이 철학자의 호남학에 대한 비전이 지난 50년의 선행연구들을 통해 어떻게 실현 혹은 좌절되었는가를 묻는 것이다. 그의 기준이 절대가 아니라고 해서 그것의 중요성이 덜해지는 것은 아니기 때문이다. 서산대사의 말마따나 아무도 가지 않았던 길을 가려고 하는 경우 그 사람의 발걸음이 남들의 이정표가 되기 때문에, 이제 이 이정표로부터 지난 50년의 학술사를 측량해 보기로 하자.

먼저 이을호가 제시했던 호남학의 삼대 문화권의 경우를 보면, 철학 사상 분야에서 유교 문화권에 대한 논의가 일면적으로 풍부할 뿐, 강진권과 순천권에 대한 연구는 일천하다는 것을 손쉽게 알 수 있다. 특히나, 이을호 자신도 제1집의 다신계절목에 대한 보고를 끝으로 정약용에 대한 연구를 단 하나도 『호남문화연구』의 지면에 싣지 않았다. 이것은 이을호 이후의 다산학 전공자들에게도 마찬가지로 적용된다. 순천권, 즉 불교 철학과 사상에 대한 탐구 역시 거의 전무한 편이다. 초기에 박종홍이 예시했던 백파와 초의를 중심으로 하는 선문의 이론 논쟁 역시 그 이후 논의의 전개를 발견할 수 없다.

여기에는 물론 『호남문화연구』가 철학 사상을 위한 전문 학술지가 아니라는 원천적 이유가 있다. 나아가 훗날 이을호가 『다산학보』를 만들고 다산학 전공자를 위한 지면을 마련한 것으로 미루어 보면, 다산학에 관한 별도의 저널을 꾸릴 생각을 오랫동안 간직했다는 것을 알 수 있다. 그리고 이 영향은 그 이후의 다산학 전공자들에게 이어졌기 때문에, 지역의 다산학 전공자들은 굳이 『호남문화연구』에 글을 실을 필요를 느끼지 못했을 것이다. 불교철학의 경우는 호남문화와의 연관성이 더욱 약하기 때문에 다른 전문학술지를 제외하고 『호남문화연구』의 지면을 빌려야 할 필요가 없었을 것이다.

하지만 이보다 더 중요한 이유는 지역의 철학 사상 전공 인력풀이

지나치게 협소했기 때문일 것이다. 다산학의 경우에는 그래도 사정이 나아 이을호, 최대우, 장복동을 거론할 수 있기에 사정이 나은 편이다. 이들을 제외하고 실제로 호남유학의 전공자는 기정진으로 박사학위를 취득한 안진오를 제외하면 전남대에서 배출된 적이 없다. 이 때문에 실제로 안진오의 연구가 이을호의 호남학에 대한 비전에 가장 근접한 데에는 나름의 이유가 있는 것이다. 반면에 다른 철학 전공자들은 대부분 자신들의 전문 학술지에 글을 싣는 데 주력했지, 『호남문화연구』를 중시해야 할 필요성을 느끼지 못했던 것으로 보인다.

그러나 이러한 경향성이 일반적인 철학 전공자의 태도라고 한다면 바로 이 지점에서 돌이켜 보아야 할 딱 하나의 질문이 남는다. 어째서 이을호는 연구소의 설립과 유지를 위해 초창기의 노력을 기울였는가? 단적으로 50년 전의 동양철학자는 연구소의 필요성을 상당할 정도로 절감한 반면, 50년 후의 지역 철학 연구자들은 그러한 문제의식을 공유하지 않는 것처럼 보인다. 그 결과는 오늘날의 우리가 이을호가 그렸던 것과는 달리 호남문화사의 서술 기초를 위한 호남사상사에 대한 일관된 서술도 확보하지 못하고 있다는 평범한 사실의 확인이다. 성리학적 경향과 실학적 경향의 혼재 문제도 그러려니와 유학과 불교를 포괄하는 호남사상의 재구성이라는 목표조차도 아직까지 요원하기만 하다—게다가 여기에서 도가 사상이란 언급되지도 않는다— 당연히 호남의 철학 사상이 한국사상사 일반에서 차지하는 위상에 관한 논의는 이을호나 박종홍은 제쳐 두더라도 안진오 이후로 진전된 논의를 발견하기 힘들다.

과연 이것은 무엇을 의미하는 것일까? 철학 사상 분야의 고유한 탐구 방식이 보편적인 철학적 주제로 관심을 기울이는 경향이 강하다고 말하는 것도 한 가지 대답일 수 있다. 또는 중요한 철학적 주제 자체에 관심을 기울이는 것이 철학적 방법의 핵심이라고 말할 수도 있다. 지역적인 문제는 지엽적인 것이라고 간주할 수도 있을 것이다. 이 질문과 이런저런 대답들 사이에는 어떤 전형성이 포함되어 있다. 다시 말해 철학적 사유가 어떤 추상의 차원을 헤매든지, 그 철학자가 숨 쉬고 사는 곳이 지금 여기인 경우, 그 철학자는 '지금 여기'의 문제를 어떻게 자신의 학술적 탐구 활동 속에서 다루어야 하는가?

7) 철학자의 실지(實地)는 어디에?

이 질문과 관련해서는 고전적인 사례가 있다. 그리스의 탈레스는 이미 오래전에 하늘의 별을 쳐다보다 물구덩이에 빠져 하녀의 비웃음을 산 일이 있었던 것이다. 이후로 이 질문은 철학자들의 인생관을 둘러싼 끊이지 않는 논란거리였다. 철학적 사유의 별자리와 현실의 물구덩이는 다양한 방식으로 반복적으로 비유되고 반추되었다. 철학 사상 분야에서의 빈약한 기존의 연구 업적이 인문한국사업을 계기로 증가하고 있는 과정에서 드러나는 엇갈림 또한 이런 관점에서 파악할 수 있다. 지역성의 탈색과 함께 지역성으로의 주의 집중을 요구하는 이중적 요구는 발전적인 측면에서 필연적으로 요구되는 것으로 보인다. 하지만, 이러한 요구가 존재할 만한 이유가 있다고 해서 이런 요구를 충족시키는 만능의 열쇠가 어딘가에 존재한다고 말할 수는 없다. 결국, 어딘가에 열쇠가 존재하기는 하겠지만, 누군가는 그것을 발견하기 위해 사방을 헤매야 하는 것이다.

이런 종류의 통찰은 그 자체로 새로운 것이 아니다. 왜냐하면 고도의 추상화와 현실에 대한 주의 집중의 엇갈린 요구는 동서를 막론하고 어디에서나 비슷한 양식으로 발견되기 때문이다. 유학의 경우를 예로 들자면, 북송의 정이(程伊)는 이와 유사한 주제를 학문의 영역에서 발견했고, 그에 대한 짤막한 논평을 남겼다.

> 과거의 학자들은 여유 있고 느긋하게, 그리고 온몸에 충분하게 체득되도록 공부해서 선후의 순서가 분명했는데, 오늘날의 학자들은 단지 한바탕 말이나 지껄이며 고상한 것만을 추구하려고 한다. 나는 늘 두원개(杜元凱: 두예)가 말한 "강이나 바닷물이 땅속으로 스미는 것처럼, 기름진 못이 주위를 적시는 것처럼, 얼음이 녹아 흩어지듯이, 기뻐하며 이치에 순응한 다음에야 올바른 이해에 도달하게 된다"는 말을 좋아한다……. 후대의 학자들을 고원함을 좋아하는데, 이것은 마치 사람이 마음을 천리의 바깥에 노닐게 하는 것과 같지만, 그럼에도 불구하고 자신의 몸은 지금 여기에 있는 것이다.[38]

정이는 두예가 『춘추좌전』의 서문에서 제기한 공부론의 유명한 구절을 인용한 후, '마음은 천리 바깥을 노닐더라도 몸은 단지 이곳에 있을 뿐[游心千里 身只在此]'이라는 간단한 표어로 요약되는 통찰을 이끌어 내고 있다. 그가 말하는 것은 천리의 바깥을 노니는 마음이 문제인 것이 아니라, 지금 바로 여기에 있는 이 '몸'의 공부를 어떻게 할 것인가를 고민하라는 충고일 것이다. 이러한 문제의식은 성리학자들에게 실지(實地)에서의 공부라고 알려진 공부론을 낳은 계

---

38) 程顥·程頤, 「河南程氏遺書」 권15, 『二程集』 vol.1(臺北, 漢京文化事業有限公司, 1984), 145쪽. "古之學者, 優柔厭飫, 有先後次序. 今之學者, 却只做一場話說, 務高而已. 常愛杜元凱語: "若江海之浸, 膏澤之潤, 渙然冰釋, 怡然理順, 然後爲得也."……後之學者好高, 如人游心於千里之外, 然自身却只在此"

기 가운데 하나였다. 예를 들어, 정호—사실 아래 인용문의 발언자
가 정확하게 정호라는 것은 밝혀지지 않았지만, 대부분의 학자는 정
호의 말로 받아들인다—는 정이와 유사하게 왕안석의 학문을 평가
하면서 이렇게 말한 적이 있었다.

> 공(公: 왕안석)이 도를 담론하는 것은 마치 13층 탑의 상륜(相輪)
> 을 설명하면서 (아래에서) 쳐다만 보면서 '상륜이 이러이러한
> 것이 매우 분명하다'고 하는 것과 같다. 나라면 어리석은 데다
> 직선적이라 이렇게 할 수는 없다. 직접 탑 안으로 들어가 위로
> 상륜을 찾아 올라가면서, 고생고생하면서 주변을 붙잡고 이리저
> 리 올라간다. 13층에 이르렀을 때라면 아직 상륜을 보지 못했더
> 라도 공처럼 말할 수 있을 것이다. 그러나 내가 실제로 탑 안에
> 있고 상륜과의 거리가 점점 가까워지고 있으니, 요컨대 반드시
> 도달할 수 있는 것이다. 마침내 상륜에 도달해 거기에 앉았을
> 때, 예전에 공이 탑에 대해 '이 상륜은 이러이러하다'고 말했던
> 것을 알게 된다.[39]

정호와 정이의 말은 똑같은 내용을 전달한다. 마천루의 꼭대기를
알고 싶은 사람은 누구나 처음부터 그 끝까지 몸소 올라가지 않으면
안 된다는 것이다. 고원한 학문의 경지를 논하는 것은 좋지만, 그에
앞서 먼저 몸이 '지금 여기'에 있다는 것을 자각해야 한다. 높이 오
르려는 자는 반드시 바닥에서 출발해야 하기 때문에 '9층의 누대를
오르려는 이에게 옳은 방법이란 아래에서 위로 오르는 것'을 제외하
고는 있을 수가 없는 것이다.[40] 결국 추상적인 이론의 층위에서 이

---

39) 「河南程氏遺書」 권1, 『二程集』 vol.1, 5~6쪽. "公之談道, 正如說十三級塔上相輪 對望而談, 曰相輪
者如此極是分明, 如某則顓直, 不能如此, 直入塔中, 上尋相輪, 辛勤登攀, 邐迤而上, 直至十三級時, 雖
猶未見相輪, 能如公之言, 然某却實在塔中, 去相輪漸近, 要之須可以至也, 至相輪中坐時, 依舊見公對塔
談, 說此相輪如此如此."

40) 같은 글, 같은 책, 2쪽. "如登九層之臺, 自下而上者爲是."

루어지는 담론 이전에 논의되어야 할 것은 우리가 발을 딛고 있는 이곳의 평범한 성격을 확인하는 것이다. 그래서 정호는 "도를 터득한 이는 또한 스스로 분명함에도 평범한 자신의 본분에 있는 일[尋常本分事]로 말할 뿐"이라고 부연했던 것이다.[41]

유사한 내용이 정호·정이 두 사람의 소옹(邵雍)에 대한 평가와 이 평가에 대한 해석에서도 같은 것이 발견된다. 두 사람은 소옹이 공중누각(空中樓閣)과 같다고 표현했다.[42] 주희(朱熹)는 재빠르게 이 구절이 '사방이 두루 통한다'는 뜻의 '사통팔달(四通八達)'을 의미한다는 점에 동의를 표시했다. 그러나 허공 중의 누각이라는 이 표현이 가지는 미묘한 위험성을 호거인(胡居仁)처럼 잘 지적해 낸 사람은 없었다.

> 정자는 강절이 공중의 누각과 같다고 했고, 주자는 (그 말이) 사방으로 두루 통한다는 뜻이라고 말했지만, 반드시 실제 일에서 발을 내딛는 것이 또한 좋을 것이다.[43]

호거인이 말하고자 하는 '실제 일'의 원래 표기는 '실지(實地)'이다. 문자 그대로 정이가 말한 '마음은 천리 바깥을 노닐더라도 몸은 단지 이곳에 있을 뿐'이라고 할 때의 몸이 놓여 있는 '지금 여기의 지반'이라고 해석할 수 있는 것이다.

결국 철학자들은 늘 하늘의 별자리나 허공의 누각과 같은 사유의

---

41) 같은 글, 같은 책, 6쪽. "有道者亦自分明, 只作尋常本分事說了."

42) 程顥·程頤,『河南程氏遺書』권7,『二程集』vol.1(臺北: 漢京文化事業有限公司, 1983), 97쪽. "邵堯夫猶空中樓閣."

43) 胡居仁,『居業錄』권3. "程子言康節空中樓閣, 朱子言其四通八達, 須實地上安脚, 更好."

고원함을 좇는 반면에 그들의 몸은 늘 물웅덩이를 포함하는 실지를 벗어나지 않는다. 이런 점에서 볼 때 자신이 전공하는 학문의 영역이 무엇이든, 모든 철학자는 자신의 땅, 자신의 실지를 돌아다볼 필요가 있다는 것은 자명하다. 그리고 이렇게 돌아다볼 경우 이 지역에 뿌리를 둔 지성인에게 호남의 정신사적 지평이 시야에 들어오지 않는다면 오히려 그 사실이 이해하기 어려운 기이한 일이 될 것이라는 것도 자명하다. 이 때문에 우리는 다음과 같은 두 부류의 철학자를 상상할 수 있다. 자신의 전공에 주력하면서 자신이 발을 디디고 있는 이 지역의 지성사에도 충분한 주의를 기울이고 탐구하려는 이가 있을 수 있고, 순수하게 자신의 전공에 전념하는 이가 있을 수 있기 때문이다. 둘 가운데 어떤 것이 더 나은 선택인지는 알 수 없지만, 우리는 결과의 풍성함이라는 점에서 최소한 전자가 이점을 갖고 있다는 것을 알 수 있다.

8) 나오면서

이 글은 연구소의 초대 소장이었던 이을호의 호남학에 대한 비전을 재구성한 후, 그것을 50년의 학술적 성과를 비춰 보는 거울로 사용함으로써 반성적 성찰의 계기를 마련하고자 한 것이었다. 호남의 학술사를 현대의 시각으로 재구성하고, 그것을 한국사상 일반과 접맥시키며, 이를 통해 호남문화의 독자성과 한국사상의 독자성을 유추하려고 했던 이을호의 비전은 아직까지도 성취되지 않았다. 이것은 하나의 성공과 실패에 관한 이야기가 아니다. 아직 충분히 전개되지 않은 여정에 관한 것이기 때문이다. 또한 철학 사상 분야에서 기존의 빈약함에 대비되는 최근의 증가 추세가 나타나고 있기 때문이다. 물론 이러한 증가 추세의 이면에 놓인 이중성, 즉 호남학으로부터의 탈피와 호남학의 내면으로 심층적인 탐구를 진행하는 문제도 여전히 해결되지 않은 채 남겨져 있다는 것도 사실이다.

미래의 전망이 이러한 성찰에 근거를 둘 경우 주장할 수 있는 것은 단순한 사실이다. 즉, 철학 사상 분야에서 호남학의 실지(實地)와 자신의 전공 영역을 결합한 탐구 능력을 보여 주는 학문적 노력이 지속적으로 유지되어야 할 필요성이 있는 것이다. 그 과정에서 나타나는 이론적 요구의 이중성은 아마도 점점 더 확대될 것이다. 여기에 대한 하나의 대답을 가정하는 것은 그것들의 종합이 불가능할 것이라고 믿는 것과 똑같은 종류의 어리석음을 내포한다. 전자가 자획(自劃)의 도그마라면, 후자는 자포자기(自暴自棄)의 변형된 어투일 뿐이다. 실제로 인문한국사업의 진행 과정을 통해 나타나는 담론의 다양성과 혼재는 이러한 경향성의 예측할 수 없는 흥미진진한 미래를 암시하는 것이다. 이런 경향이 더 한층 강화되는 방향으로 발걸음을 옮기는 것은 역사적인 발걸음과 이론의 진전에서 돌이킬 수 없는 것처럼 보인다. 결국 남는 것은 이러한 탐구를 위한 호남학의 실지를 확인하는 것이고, 이로부터 보편 담론의 공중누각으로 쉬지 않는 발걸음을 옮기는 노력이다. "더 멀리 내다보기 위해 다시 한 층 누각을 올라야[欲窮千里目, 更上一層樓]" 하는 것처럼, 우리는 우리가 어디에 있는지를 말하기 위해서, 실제로 거기까지 올라가지 않을 수 없다.

『호남문화연구』 54집, 2013

7. 나의 할머니 나의 아버지

　금년 11월 20일은 나의 아버님께서 태어나신 지 꼭 1백 년이 되는 날이다. 음력으로 10월 15일에 태어나셨으니 양력으로 환산하면 그날이 된다.

　아버님을 뵌 것이 엊그제 같은데 벌써 백 년이라니 지난 시간이 야속하기만 하다. 나는 아버님을 생각하면 나의 할머니를 잊을 수 없다.

　시어머니께서는 가끔 나에게 "너의 친정 할머니는 근동에 소문난 현부인이었느니라."는 말씀을 하셨다. 시어머니가 태어나서 성장한 곳이 우리가 살았던 옛집과 이웃 마을이어서 그 옛날을 생각하시면 나를 대하시는 정이 남달랐던 모양이다.

　일찍 홀로되신 할머니는 백세 살까지 장수하신 증조할머니를 안방에 모시고 건넌방에 거처하시면서 벅찬 살림을 도맡아 하셨다. 아무런 물정도 모르셨던 증조할머니는 한밤중에 "애기야" 하고 부르시는 일이 허다하였다고 한다. 할머니는 곤히 잠들었다가도 벌떡 일어나 안방으로 달려가면, 하신다는 말씀이 "윗동네 아무개 집 아들 이름이 무엇이냐" 하는 등의 자질구레한 것들이었고 대답이 끝나기도 전에 아무 일도 없었던 것처럼 돌아누우셨다는 것이다. 할머니는 그런 시어머니를 한 번도 싫은 내색을 안 하시고 일일이 응대하여 주셨는데, 언제 또 부르실 줄을 몰라 조바심하는 날이 많았다는 것이다.

그 할머니는 증조할머니보다 앞서 돌아가셨는데, 어머니는 우리들에게 "평생 동안 시집살이 못 면하시다가 먼저 가셨으니 참 안됐다."라고 하셨다.

할머니께서는 양식이 없어 굶고 있는 친척이 있다는 말씀을 들으시면 가마니 쌀을 보내 주셨고 곡식을 얻으러 오는 사람에게도 섭섭지 않게 대하셨으며, 장날이 되면 대문을 열고 마당에 멍석을 깔고 장사꾼들에게 국밥을 대접하였다는 이야기는 내가 훌쩍 자란 다음에야 알게 되었다.

어머니께서 시집오실 때는 신랑이 4대 독자에 청상의 아들이라 혹시 시집살이가 힘들지 않을까 걱정하셨는데 실상은 그렇지 않았다고 한다. 할머니는 어머니를 얼마나 아껴 주셨는지, 어머니 성격도 보통이 아니셨지만 그냥 할머니 편이 되어 버렸다고 하였다. 혹시 부부 사이에 큰 소리라도 날라치면 먼저 아들부터 나무라셨고 며느리를 감싸셨다니 그럴 만도 하다.

할머니는 후손이 귀한 것을 걱정하여 딸이라도 좋으니 많이만 낳아 달라고 하셨지만 넷째인 나까지 딸이자 어머니도 마음이 편치 않으셨다고 한다. 그런 며느리의 속마음을 알아차리고 건강이 회복되자마자 사람을 사서 갓난아기인 나를 등에 업혀 아버지와 함께 금강산 유람을 다녀오도록 하셨다. 내가 어렸을 적 우리 집에는 어떤 낯선 남자가 아기를 등에 업고 금강산 바위 위에 서 있는 사진이 한 장 있었는데 업혀 있던 아이가 바로 나였다. 나는 그래서 가끔 언니들에게, 등에 업혀서 금강산 구경한 사람은 나뿐이라며 자랑하였던 기억이 새롭다.

마을 사람들이 할머니에게 며느리가 그렇게도 좋으냐고 물을 때면, 할머니는 "내 아들이 소중한 만큼 며느리도 중한 게 아닌가? 내가 저 아이를 생각해 주어야 저 아이가 우리 아들을 위해 줄 것"이라고 하셨다는데, 그 당시는 여자들은 학교조차 변변히 다니기 어려웠던 시절이었는데 시골 아낙으로서 어쩌면 그런 생각까지 하실 수 있었는지 지금 생각해 보아도 감탄스러운 일이 아닐 수 없다.

어머니는 언제인가 나에게 "너의 아버지가 젊어서 친구들과 밤늦게까지 술집에서 놀자, 할머니는 날이 추웠는데도 그 집 문 앞에 서서 술자리가 끝날 때까지 기다리고 계시다가 앞장서서 데려오셨단다." 하셨다. 그 일이 있고 난 후 아버지는 술집 출입을 삼가시게 되었다니 여러 가지 말씀보다는 행동으로 보여 주셨던 할머니의 가르침은 현부인이라 하지 않을 수 없다.

어머니께서는 내가 태어난 이후 5대 독자인 남동생을 낳고 여동생 하나를 더 낳으시고는 더 이상의 출산은 단념하신 듯하였다. 할머니 입장에서 보면 이제 또 5대 독자를 길러야 할 형편이어서 아들 하나만 더 낳아 달라고 간청하셨지만 아들딸을 마음대로 낳을 수도 없는 일이어서 뜻과 같이 될 수가 없었던 모양이다. 할머니는 네가 내 말을 이리도 안 들어 줄 줄 몰랐다고 섭섭해하시더니, 그 후에 그렇게 바라시던 둘째 손자가 태어났으나 안아 보지도 못하시고 저세상으로 가셨다.

　어머니 나이 40을 넘기시던 해, 할머니의 생신날에 손자를 낳으셨지만 그해 정월 초사흗날 운명하셨기 때문이다. 할머니께서 돌아가시던 날은 마침 설을 막 지날 무렵이라 식구들이 모두 모여 있었는데, 그리도 소중하게 여기시던 4대 독자인 아들의 무릎에서 운명하신 것이다.

　할머니가 돌아가시자 어머니는 얼마나 상심하셨던지 기진하도록 슬피 울었다. 그리고 이제 나는 어떻게 살아가야 할지 막막하다고 한탄하셨다.

　사람은 누구나 나이 들게 마련이고 어느 시기인가 그 마지막을 맞이하게 된다. 그러나 한 집안을 이끌어 갈 수 있었던 것은 우리 할머니와 같은 지혜가 있었기 때문이 아닐까?

　아버지의 탄신 100년을 맞이한 지금, 나의 아버지가 부끄럽지 않게 살아오셨고 또한 우리들이 이렇게 성장할 수 있었던 것은 자식들을 위하여 그렇게 정성을 다 바치셨던 할머니의 은혜가 그 밑거름이 되었지 않았는가 생각하는 것이다.

넷째 딸 이정미

8. 아버지의 이사

그저 이승에서 저승으로
사시던 집에서 산으로
이사 가듯 옮기셨습니다.
당신께서는

겨우내 시름시름 하시더니
볕 따습고 꽃피어나는
봄날을
이삿날로 잡으셨는지요

겨울이 와서
아버지의 새집에
눈이라도 펑펑 내리면
한결 분위기가 나겠지요.
산새가 늘 벗이 되어주면
더욱 좋겠습니다

천수를 다 누리시고
포근한 땅을 요 삼고
하늘 이불 삼아

자연의 품에 안기셨으니
남은 혈육들은
가벼운 마음으로
산을 내려왔습니다.

넷째 이정미

9. 아버지

―고 현암 이을호 박사 탄신 100주년에

일경에 체포되어 매타작당할 때
차라리 목숨이 끊어지기를 바랄 만큼
무섭게 힘들었다는데

사람 사는 곳이라기보다
짐승 수리 같은 곳에 갇혀서
울분으로 몸을 떨기보다
공부에 재미 붙여
감옥을 신선당으로 만드신 일은

역경에서도
긍정의 고운 실 뽑아낸
탁월한 재주였네
피란 짐 꾸릴 때

식량보다 먼저 책을 택해서
어머니를 놀라게 만들며

갈고닦은 실력은
겸손의 우물에 감추고
권력도 재물도 마다하고
끈기로 한 두레박씩 퍼 올려

평생 학문의 외길을 걸으시어
후학을 기르고
많은 저서를 남겨
한국 철학의 거목으로 우뚝 서신
나의 아버지!

넷째 이정미

10. 〈서평〉 이을호 지음 『사람과 자연은 하나다』

한송주

    이을호 박사는 83세의 노학자다. 그는 다산 정약용 연구의 권위자로 알려져 있다. 올봄에도 노쇠를 무릅쓰고 『다산의 역학』이라는 연구서를 출간, 후학들을 놀라게 했다.

    이 박사의 저서는 다산학 연구서 5권을 포함, 15권에 달하는데 그 중에는 『한국 개신유학사 시론』, 『한 사상의 묘맥』, 『다산 경학사상 연구』 등 명저로 평가받은 것들이 많다.

    그는 전남 영광에서 태어나 경성약학전문학교를 졸업하고 서울대에서 철학박사 학위를 받았으며 전남대에서 20여 년간 동양철학을 가르쳤다. 78년 정년퇴임해서는 국립광주박물관장을 맡아 신안 해저보물을 원만히 수습 정리하는 등 문화재 관리에 정성을 쏟았다.

    은퇴 후에도 이 박사는 꾸준히 저술활동을 하는 한편, 문화운동에 관심을 갖고 그 조직화에 골몰했다. 그리하여 그는 다산 정약용이 강진 유배 시에 조직한 '다신계'를 오늘에 되살려 '다신계 문화교실'을 열고, '광록회'라는 환경운동 단체를 지도하게 되었다.

7년의 연륜을 가진 '광록회'와 발족 3년째의 '다신계'를 정열적으로 이끌면서 이 노학자는 이제 우리의 터전을 지키고 가꾸자는 환경운동의 기수, 우리의 의식을 바로 세워 갖자는 문화운동에 길잡이로서 새로운 명성을 얻고 있다.

　그런 그가 이번에 『사람과 자연은 하나다』(지식산업사, 1993)라는 책을 펴내 다시 한번 노익장을 과시했다.

　이 책은 '신토불이(身土不二)이야기'라는 부제를 달고 있는데 그 말에서 풍기는 느낌 그대로 생명운동 환경문제를 우리의 정서에 맞게 풀어 놓은 것이다.

　이 책은 첫째, 매우 쉽고 정겹게 쓰였다는 점이 눈에 띈다. 쉽다는 것은 어려운 전문용어를 사용하지 않고 일상적인 언어로 편안하게 이야기했다는 뜻이요, 정겹다는 말은 다른 나라나 다른 세상을 대상으로 하지 않고 한국인 고유의 전통과 우리네 가까운 주변 사정을 살펴서 논의를 진행했다는 의미다.

　둘째로, 이 책은 생명운동, 환경문제를 동양적 철학기반과 사고방식, 가깝게는 한국적 철학기반과 사고방식에 의해 그 의의와 배경을 설명하고 있다는 점이 돋보인다. 지금까지 우리에게 선보인 많은 종류의 환경관계 서적들이 대개 서양식 과학 논리와 현상 해석에 기초를 두고 서술된 것임을 감안할 때, 자못 참신한 기획이라고 할 만하다. 이를테면 이 기획은 환경문제의 동양철학적 접근, 좁게는 환경문제의 한국학적 탐색이라고 부를 수 있을 것이다.

　셋째로, 환경문제를 총체적으로 다루고 있으면서도 그 가운데 인간의 자연에 대한 도덕적 책임을 강조하고 있다는 점이 특색이다.

자연의 오염을 해결하는 방법은 여러 가지가 있겠지만 무엇보다도 인간 자신의 오염된 생각을 정화하는 것이 중요하다는, 평범하나 잊어서는 안 되는 진리를 거듭 일깨우고 있다. 논지인즉, 오늘날 위험 지경에 이른 자연 파괴의 주범은 물질적 충족과 신체적 쾌락만을 추구하는 인간성의 황폐화이며, 현 상황을 극복하는 데는 인간의 도덕성 회복이 급선무라는 것이다. 저자는 오늘의 우리가 진정한 행복과 자연의 위대함에 대해 얼마나 무지하며, 인류 역사를 통해 현대의 인간들이 얼마나 조상들의 지혜를 무시한 채 날뛰고 있는가를 동서양의 역사를 통해 증명해 보인다. 그러면서 눈앞의 쾌락을 좇아 파멸로 치닫고 있는 '철부지' 현대인에게 어서 빨리 미망에서 벗어나 사람다움을 찾아가라고 채찍질을 하고 있다.

이 책을 읽는 또 하나의 기쁨은 동양고전에 나오는 한문 명구들을 환경문제와 관련해 새롭게 감상할 수 있다는 점이다. 저자의 학자적 관록이 진가를 발휘하는 대목이다. 저자는 또 동양고전의 환경학적 재해석에 그치지 않고 이를 불교, 기독교, 대종교, 우리의 단군신화, 그리스철학, 다산학, 사상의학 등 동서양의 다양한 사상 종교와 비교해 가치관의 공통점과 차이점을 밝혀 주고 있다.

요컨대, 이 책은 우리에게는 아직도 생소한 부문인 '환경학'을 동양철학과 한국학으로 재조명해 그것이 서구개념이나 학문이 아니라 바로 우리의 것이구나 하는 것을 일깨워 주는 한국적 환경학 개론서라고 할 수 있겠다.

이 책을 이끌고 가는 일관된 주제는 '사람과 자연은 하나다'라는 것이다. 바로 '신토불이'의 정신인데 사람과 자연의 조화가 깨지면

이 세상은 존재할 수 없게 된다는 지론이다. '신토불이'라는 말도 요즘 쓰이는 것처럼 그 나라 사람들의 몸에는 그 나라에서 나는 농산물이 좋다는 식의 단순한 의미가 아니라 그보다 훨씬 깊고 큰 뜻이 담겨 있다고 저자는 가르친다.

"……'신토불이'의 신(身)은 단순한 육체를 가리키지 않고 영혼이 함께 숨 쉬는 생명체를 이른다. 또 토(土)도 그저 농토에 국한되지 않고 자연세계를 통틀어 지시한다. 불이(不二)는 결코 따로 떨어져서 존재할 수 없는 사이를 뜻한다. 그러므로 신토불이란 결국 사람과 자연은 하나이니 서로 지극한 조화를 이루어야 온전한 생명의 환희를 누릴 수 있다는 철학을 담은 거룩한 말인 것이다."

저자는 이보다 더 깊이 '신토불이'의 어원을 찾아나서 자연과의 조화를 추구했던 인간의 노력이 오래전부터 계속되어 왔음을 증거하고 있다. 곧 '신토불이'라는 말은 본래 불교의 경전인 '법화경'에서 나온 것으로 이른바 열 개의 불이문(不二門) 가운데 여섯 번째인 의정불이(依正不二)가 그 뿌리라는 것. 불전에서는 의(依)를 토(土)로, 정(正)은 신(身)으로 해석하는데 그 원문인즉, "……중생의 소의(所依)하는 국토(國土)와 자구(資具)를 의보(依報)라 하고 능의(能依)하는 심신(心身)을 정보(正報)라 한다"로 되어 있다.

그런데 이 '의정불이'를 '신토불이'라고 바꿔서 맨 처음 사용한 사람은 일본의 식양(食養)학자 사쿠라자와라고 한다. 그가 1982년에 『일본정신의 생리학』이라는 책에서 이 말을 쓴 이래 일반화되었다는 것이다.

저자는 또 '신토불이'의 본딧말인 '의정불이'에 대한 언급이 있는, 서양의 석학 토인비와 일본의 작가 이케다와의 대화집인 『21세기를 여는 대화』라는 책 중의 대화를 인용, 그 말의 참된 이해를 돕고 있다.

　이케다　불법에서는 자연계 그 자체가 독자적인 생을 보전하여 지니는 생명적 존재라고 설명하고 있습니다. 그리고 인간은 환경 자연과 융합해야 비로소 함께 생을 영위하고 향수할 수 있는 것이고, 이 밖에는 자기의 생은 창조할 수 있는 방도가 없다고 가르치고 있습니다. 불교의 '의정불이'의 원리는 인간과 자연이 서로 대립하는 관계에 있는 것이 아니고 서로 의존하는 관계에 있다는 것을 밝히고 있다고 할 수 있습니다……. 그리고 환경은 같은 인간이라도 한 사람 한 사람에게 독자적인 것입니다. 이런 의미에서 생명주체와 환경이라는 것은 일체불이(一體不二)의 관계에 서 있는 것이라고 할 수 있습니다.

　토인비, 과연 당연한 말씀입니다. 그러나 그리스어나 라틴어 교육을 받고 그리스도교 이전의 그리스 로마 문학을 배운 서양인으로서도 '의정불이'라는 개념은 낯선 것은 아닙니다. 왜냐하면 그 이념은 그리스도교 이전의 그리스 로마 세계의 세계관이었기 때문입니다.

　'신토불이'에 관한 이 같은 역사적 어원 추적과 동서양에 걸친 보편성 획들을 마쳐 놓고서 저자는 자신의 논의를 차근차근 열어 나간다. 그는 이야기에 들어가면서 곧장 '신토불이'의 국산화(?)를 시도하고 있다. 세종대왕의 향약(鄕藥)과 진시황의 불로초를 소재로 아주 재미있고 설득력 있는 예화를 들려주고 있다. 즉, 불로초를 구하러 서복(徐福)이라는 술사를 시켜 소년 소녀 3천 명을 데리고 동해로 떠나게 한 진시황은 '신토불이의 폭군'이요, 중국산 약재에 대적해 우리나라에서 나는 약재를 조사, 계발하게 한 세종대왕은 '신토불이의 성군'이라는 것이다. 저자는 유효통, 노중례, 박윤덕 등에게 지시하여 『의방유취』, 『향약집성방』, 『향약채취월령』 등을 편찬케 한 세종대왕이야말로 우리 땅에서 나는 산물이 우리의 생명을 살린다는 '신토불이'의 묘의를 일찍이 체득하면서 "2천 년을 기다려도 돌아오지 않는 서복은 이제 기다리지 말고 뜰아래 가득한 불로초를 캐어 향약의 잔칫상을 차리자"고 권유하고 있다.

이 책은 '봄─생명의 시원', '여름─생명은 하나다', '가을─자연과 더불어 살자', '겨울─둘이면서 하나인 진리', '삶─광제창생의 길' 등 5장으로 구성되어 있다. '봄'에서는 인간의 생명이 탄생하기까지 벌어졌던 우주의 대 파노라마를 지구의 생성, 생명의 진화, 자연의 섭리 등으로 나누어서 설명하면서, 한 생명은 거저 생기고, 거저 굴러 떨어진 것이 아닌 지엄한 존재임을 자각시키고 있다. 엄청난 자연의 변화에 적응하여 살아남은 인간이야말로 '35억 년짜리 마라톤 경주의 최후 승리자'라는 것이다.

저자는 인간 탄생의 전말에 대해 생물학적 진화론과 종교적 설화를 함께 곁들여 설명하고 있는데 그 두 가지 시각은 비록 과정의 설명은 다르나 생명이 존속할 수 있는 비법은 단 하나라는 것을 똑같이 일러 주고 있다고 귀띔한다. 곧, 자연과 인간이 하나 되는 지극한 조화를 실현할 선류(善類)만이 살아남는다는 법칙이다. 여기에서 자연과 인간이 하나가 된다는 것은 비단 자연환경에 생물학적으로 적응한다는 차원이 아니라 자연[하늘＝신]이 가르치는 순리[천리]에 따라 사람의 본성을 지켜 간다는 윤리적인 조화까지도 포함하는 개념이다. 저자는 기독교 성경에 나오는 노아의 홍수, 『맹자』에 기록된 우(寓)의 9년 치수 기사, 우리 대종교의 신사기 단군설화 등을 인용해 생명탄생의 조건을 다각적으로 정리하고 있다.

제2장 '여름—생명은 하나다'에서는 생명의 꼴, 로봇의 생명, 정기신(精氣神)은 하나다, 종합적 생명론 등으로 나눠 생명이란 육체나 영혼, 혹은 다른 어떤 기능적 개념으로 나눌 수 없는 통일체라는 것을 설명하고 있다. 사람과 자연이 하나일 뿐 아니라 사람 자신이 갖고 있는 여러 가지 성분도 하나라는 것이다. 이것을 저자는 기계론적 생명론에 대조되는 생명의 유기체설이라고 명명하고 있다. 저자는 과학문명의 절정이라고 할 생명공학의 위험성과 오만성을 경고하면서 "이제 우리는 로봇의 나사와 신의 입김의 경쟁 속에 살고 있다"고 탄식한다. 그리고 외형적 기능만 수행해 내면 신의 입김을 불어넣지 않은 기계도 생명이라고 착각하는 오류와 인간도 신처럼 생명을 창조해 낼 수 있다고 여기는 자만이 오늘의 자연파괴를 불러온 원흉이라는 점을 다시 각성시키고 있다.

이와 관련하여 저자는 인간의 생명을 다루는 의학에 있어서도 형정기신일체론(形精氣身一體論)을 주장한 허준이나 정기신일여론(精氣神一如論)을 내세운 정약용, 인체의 유기체적 상관관계를 중시한 사상의학의 창시자 이제마 등 우리 선조들은 '신토불이'의 계율에 충실했던 분들이라고 되새기고 있다.

이쯤에 이르면, 독자들은 저자의 본뜻을 거의 알아차릴 수 있다. 그렇다, 문제는 사람 자신이었던 것이다. 사람과 자연이 하나가 되지 못하는 것이 문제가 아니라 사람 자체가 '하나'가 되지 못한 것이 화근이었던 것이다. 정신적인 평화보다는 육체적인 안락, 자연 속의 여유보다는 문명 속의 편익, 화합의 기쁨보다는 정복의 도취감을 즐기는 동안 사람은 심한 기형동물로 변한 것이다. 그리하여 자연과 멀어지고, 자연과 멀어질수록 더욱 기형적이 되어 가는 악순환이 이어지고…….

생태계는 천변지이라는 큰 변란을 수없이 겪어 왔다. 그러나 그럴 적마다 생명을 가진 모든 생물은 하늘을 두려워할 줄 알았고[畏天], 자연의 법칙에 순응해 가면서[順天], 생멸의 무상을 반복해 왔던 것이다. 그러나 인간의 두뇌가 5백에서 1천cc를 넘어서면서 인위적인 문화의 창출에 박차가 가해졌다. 자연의 섭리를 즐기기보다는 인공적인 안일을 탐닉하기 시작한 것이다. 수십억 년의 역사가 담긴 원시시대의 마감도 따지고 보면 반만년도 채 되지 않는다. 그러기에 슬금슬금 피어나기 시작한 인위적인 인류의 신문화 창출도 그 역사가 그리 길지 않다. 그럼에도 불구하고 어떻게 이처럼 자연 파괴의 눈부신 발전이 가능해졌는지 어리둥절하다.

저자는 이어 '가을—자연과 더불어 살자'와 '겨울—둘이서 하나인 섭리'에서 이 깨뜨려져 버린 자연과 인간과의 조화, 인간 내부의 영육의 조화 등을 다시 복구하는 방법들을 제시하고 있다. 그는 먼저 자연—인간—과학이라는 세 가지 축을 설정하고 이 세 축이 균형을 이루고 서는 것을 이상형으로 삼았다. 그리하여 단군신화의 '회삼귀일(會三歸一)'이며 공자의 극기복례(克己復禮), 이제마의 춘생(春生)·하장(夏長)·추렴(秋斂)·동장(冬藏) 등의 철리를 바탕으로 욕망의 절제와 기호의 분배를 장려하고 있다.

그러면 구체적으로 어떻게 할 것인가. 저자는 인류 개개인이 자신의 신(身)과 토(土)를 일치시켜야 한다고 주장한다. 자기의 실체를 회복하라는 주문이다. 이를테면 지금 이 글을 읽고 있는 나는 한국이라는 토양에서 나고 자란 토박이 몽골로이드(한국인)이니 그에 걸맞게 일체의 정신적·육체적 생활을 해야 한다는 이야기다.

옷은 온대지방에 맞게 좀 헐렁한 고유의 한복을 입고, 음식은 본래 타고난 식성대로 채식을 주로 하며, 집은 볕 잘 들고 바람 잘 통하는 한옥에서 살라는 것이다. 그리고 아무 계절에나 생산되는 철부지 농산물을 맛도 모르고 먹지 말고 제철에 나는 철든 농산물을 맛있게 즐기라는 것이다.

그리고 삼강오륜을 중시했던 생활태도와 하늘과 자연을 외경했던 마음가짐, 멋과 신명으로 어우러졌던 전통문화를 되찾아 정신의 제철 찾기도 완성하라는 것이다. 물론 이것들은 너무 비현실적이고 복고주의적 발상이요, 무리한 주문일지도 모른다. 그러나 지금 지나치게 타인화된 우리의 처지에서는 본래의 자기 찾기에 좀 서두를 필요가 있다는 것이 저자의 생각이다.

환경운동은 이렇듯 내 식탁 위에서 일어나는 자기 개조운동에서부터 시작된다며 저자는 이렇게 부르짖는다. '우리 모두 한반도에 심어진 한 그루의 무궁화가 되자!'

제3부

부록

1. 현암 이을호: 학문과 사상

　이 글은 현암 이을호 선생의 '가장'과 '행장'을 종합하여 서술한 것인데, 제목을 '학문과 사상'이라고 한 것은 현대적인 감각을 통하여 '가장'을 소개하고 그 서식에 얽매임 없이 학문적 특징을 자세하게 기록하기 위해서이다.

1) 선생의 생애

(1) 가계(家系)와 출생(出生)

　선생은 관향은 전주, 호는 현암(玄庵) 휘(諱)는 을호(乙浩)로서 전주이씨 양도공파(襄度公派)의 22세 손이다. 배위(配位)는 영광조씨(靈光曺氏) 희열(喜熱)의 여(女)이다. 이남오녀(二男五女)를 두었으니, 아영(雅英)·정선(貞善)·현영(賢英)·정미(貞美)·원태(元泰)·여란(如蘭)·성윤(成胤)이다.

　양도공파의 시조는 완풍대군(完豊大君) 휘(諱) 원계(元桂)이니 추왕(追王) 환조(桓祖)의 장자이다. 완풍대군의 차자(次子) 휘(諱) 천우(天祐)의 시호가 양도(襄導)이니 양도공파의 종조(宗祖)이다. 양도공의 장자 여양군(驪陽君) 휘(諱) 굉(宏)이 일찍 죽자, 정부인 경주김씨가 4형제를 데리고 담양으로 낙남하였으니, 그중의 셋째가 월산군(月山君) 휘(諱) 경인(敬仁)으로서 선생의 19대 조(祖)이며, 월산군의 손자 휘(諱) 세문(世文)의 3남(三男), 휘(諱) 영석(永碩)이 무장으로 이거하였으며, 광해군 8년에 영광(靈光)의 무장(畝長)에 양도공의 사당을 세우고 향사하니 무장서원이다.[44] 선생의 고(考)는 갑영(甲榮, 1884~1912), 비(妣)는 창녕조씨(昌寧曺氏, 1882~1955)요, 조고(祖考)는 흥린(興麟), 조비(祖妣)는 진주정씨(晉州鄭氏)이며 증조(曾祖)는 순삼(淳三), 고조(高祖)는 정흠(廷欽)이다.

1910년 영광군 영광읍에서 태어나니 경술년 한일합방이 되던 해로서 일찍부터 가학을 익히고 서당에서 한문을 수업하였다. 세 살 때, 아버지를 여의었으니 이후로는 자친의 무육(撫育)에 힘입은 것이다. 선생은 나중에 어머니를 회고하면서 "밤이 늦도록 문밖에서 돌아오기를 기다리시는 어머님"으로 회고하였으니 교육적인 열정이 남달랐음을 알 수 있다.

성장하면서부터는 일찍 신학문을 받아들여, 영광학원을 졸업하고 서민의 가정에서는 생각할 수도 없었던 서울 중앙고보로 유학하였다. 중앙학교를 선택한 것은 민족교육을 선호한 점도 있었지만 그 학교의 설립자인 김성수·송진우 등의 선각자들이 고창, 순창 등 영광과 인연을 맺고 있었고, 또한 가정적 배경으로서도 선고께서 선각

---

44) 무장(畝長)은 지금의 무장(茂長)이니 영광과 고창의 속현이다. 『동국여지승람』.

자로서 일찍이 영광 광우학교에서 교사로서 영광의 지도자였기 때문에 이분들과의 교연이 맺어지게 되어 중앙학교를 진학하게 된 것이다.

열여섯 살이 되던 1925년부터 20세가 되던 1930년에 이르기까지는 선생의 인생관에 커다란 변화를 일으키게 되었다. 그것은 건강의 문제로서 동양한의학과의 만남이 이루어진 것이다. 중앙고보 5학년 때, 폐렴에 걸려 좌절하고 있을 때, 광화문의 수동약방 해초(海初) 최승달(崔承達, 字는 教) 선생을 만나서 질병을 완치하고 그 문하에서 『동의수세보원(東醫壽世保元)』을 읽으면서 동무(東武) 이제마(李濟馬)의 사상의학을 공부하였다. 훗날 선생은 『동의수세보원』을 공역하고, 이제마의 사상의학을 윤리적 의학으로 규정한 바 있지만, 동무와의 인연은 실로 동양철학에 입문할 수 있는 출발점이었다. 사상학을 이해하기 위해서는 역학(易學)을 이해하여야 하고 역학을 알기 위해서는 동양철학이 기초가 되지 않으면 안 되었기 때문이다. 이러한 인연으로 약학에 대한 관심이 깊어지게 되어 서울약전에 입학하였던 것이다.

(2) 인생관의 정초

당시의 실정으로는 사상의학이나 동양학에 대하여 연구할 수 있는 환경이 아니었기 때문에, 약제사로서 고향에 '호연당(浩然堂)'약국을 개업하였다. 그러나 뜻은 학문의 길을 찾는 데 있었기 때문에, 약학에서 철학으로 새로운 학문의 길을 모색하였다. 그러한 관심은 24세 때, 한의학과 양의학의 학문성에 대한 논쟁이 일어나자 선생이 한의학계를 대표하여 조선일보에 14회에 걸쳐 논문을 발표하게 되었다.

1934년, 24세 때, 한의학자였던 장기무는 조선일보에, 한의학의 부흥을 위해, 학회의 창설, 한의학 용어의 현대화, 한의학연구소의 설치와 연구지의 창간이 필요하다는 요지의 논설을 발표하였다. 이 글에 대하여 양의학자인 정근양은 「장기무 씨의 소론을 읽고」라는 반박문을 써서, 보편과학으로서 양방이 더욱 좋기 때문에, 한방의 부흥보다 양방의 부흥을 꾀하여야 한다고 주장하였다. 이러한 논쟁이 일자 선생은, 「종합의학 수립의 전제—한방의학 부흥에 대하여—」라는 논문을 발표하고, 한방의 부흥운동은 서양의학의 한계 때문에 일어나는 것이며 한방의학 자체를 부정할 수는 없는 것이라고 주장하였다. 이러한 논쟁은 동서의학에 관한 학술적 토론뿐 아니라 일제하에서 한국 학술계의 토론문화를 발전시켰다는 점에서 당시 지식인들의 학문연구의 풍토에 커다란 자극제가 되었다. 그때가 24세였다.

호연당약국을 경영하면서 영광지역을 중심으로 계몽운동을 펴면서, 일제에 항거하는 데 앞장섰다. 27세 되던 1937년에 선생은 영광 독립만세 사건을 주도하여 일경에 체포되고 형무소에 수감되는 고난을 당하였다.

사건의 동기는 선생이 영광으로 내려오기 전, 서울의 YMCA에서, 당시에 새로 도입된 덴마크 닐스북 체조를 보급하는 운동이 일어났었는데, 선생이 이 강습을 수료하고 고향으로 돌아와서, 체육운동을 일으킨다는 명분으로 조기회를 발족하여 민족개몽 운동을 일으키고 조기회에 갑술구락부라는 민족운동단체를 만들어 중심세력으로 길렀다. 체육단 활동과 갑술구락부의 활동이 핵심체가 되어 민족정신을 고취하는 행사를 전개하였다.

손기정·남승룡이 베를린 올림픽에서 메달을 따 오자 체육단에서는 군민마라톤대회를 개최하고 남승룡을 초청하였다. 이때 삐라를 붙이고 독립만세를 부르게 하니 이른바 영광 체육단 사건 또는 만세 사건이 일어나게 되었다. 선생은 주모자로서 1년 8개월의 실형을 언도받았다.

옥중에서 사서삼경을 다시 읽고, 일본을 통하여 소개된 서양 철학을 공부하면서, 유학사상과 한국의 철학의 길로 접어들었다. 정종은 일본 동양대학 학생이었는데, 선생은 정종에게 편지를 보내서 동양철학을 연구할 수 있는 자료를 구입해 줄 것을 부탁했고, 정종은 선생을 위하여 많은 책을 차입시켰다.

1935년은 다산 사후 100주년이 되는 해로서 이를 기념하여『여유당전서(與猶堂全書)』의 간행이 이루어지고, 국학연구의 자료가 간행되면서, '조선학'이라는 용어가 등장하기 시작하였다. 이를 계기로 뜻있는 선비들이 조선학을 연구하기 시작하였는데 선생은 이러한 운동에 크게 자극받고『여유당전서(與猶堂全書)』를 구입하면서, 한국의 사상과 문화에 관심을 갖기 시작하였다.

(3) 약학에서 철학으로

광복을 맞이하여, 그 관심은 약학에서 벗어나서 교육과 철학으로 전환되었다. 정종과 함께 영광에 중학교를 설립하고 초대 교장이 된 것이다. 개교한 지 3년 만에, 좌우의 분열과 찬탁, 반탁운동이 일어나 47년에 학교장직을 사임하고. 이듬해 광주 의전의 약국장으로 부임하게 되었다. 약제학을 강의하면서『동의수세보원』과 사상의학에 관한 이론들도 함께 가르치고 양의학에 동양의학을 접목하였다. 다시 동양철학의 연구를 시작하였으나, 한국전쟁이 일어나 1·4후퇴 때 목포로 피난하게 되었는데 고향의 선배인 문인(文人) 조희관을 만나서 문학 수업에 몰두하였다. 첫 출판이 강수은(姜睡隱)의 『간양록(看羊錄)』이었다. 『간양록』의 출판으로 동양학계에 입문하고 이어서 『한글맹자』·『한글논어』의 국역이 이루어지면서 동양철학계의 새로운 관심이 되었다. 이러한 인연으로 철학과에서 『맹자』·『논어』 등의 경전 강의를 맡으면서 철학연구가 본궤도에 오르게 되었다.

1955년에 전남대학교 철학과 교수로서 동양철학을 담당하고 새로운 학문세계를 열었다. 이때 교재를 다산의 『대학공의』·『중용자잠』을 택하였다.

다산학에 대한 첫 논문은 「유불상교의 면에서 본 정다산」이었다. 이 글은 1959년 『백성욱 박사 화갑기념 논문집』에 실린 것인데, 이 논문으로 다산학을 연구하는 학자로서 서울에 알려지게 되었다. 백낙준은 이 글을 최우수 논문으로 선정하고 연구비 500달러를 수여하여 다산학 연구를 지원하였다. 그 결실로서 거두어진 것이 『다산 경학사상연구』였다. 결과물을 제출할 때에는 백낙준 총장이 미국에 체재 중이었던 까닭으로 서울대학의 대학원장인 박종홍에게 그 원고가 제출되었고 박종홍은 전 대학원장이었던 이병도에게 논문에 대한 인준을 요청하였는데, 이미 개고를 받았기 때문에, 이의 없이 통과되어, 서울대학교의 학위논문으로 결정되고, 을유문화사의 한국문화총서 19집으로 간행되었다. 전남대학에서 출판부를 창설하고 초대 국장, 도서관장, 박물관장 호남문화연구소장 등 모두 학문활동을 돕고 한국의 문화와 예술에 관한 연구에 참여하면서 호남지역을 중심으로 한 자료조사와 문헌의 발굴, 지표조사 등 연구기반을 조성하였다. 또한 다산에 머물지 아니하고, 한국의 사상과 문화, 나아가서 중국의 유학과 다른 한국유학의 가치를 발굴하여 유학의 정통성을 세우고자 노력하였다.

1975년 전남대학교 문리과대학장으로서 정년을 맞이하였고, 『실학논총』을 기념논문집으로 발간하였다. 이 책은 인문과학연구소 고재기 소장이 주관하고 그 실무는 제자들이 맡았다. 책의 편집인은 이우성·황원구·윤사순이었고 집필자는 전국의 실학연구가들이 망라되었다. 내용은 실학개념을 정립하기 위한 좌담은 천관우, 이우성, 박종홍과 이을호가 참여하였고 사회는 윤사순이었다. 조선조의 실학사조에 대한 연구 논문과 조선조 실학자 30명을 소개하였고 자료로서 실학관계논문 및 저서목록을 실었다. 이는 그 당시까지 연구되고 논의되었던 실학에 관한 모든 업적을 종합하고 정리하였다는 데 큰 의의가 있었다.

(4) 정년 이후의 문화활동

정년 이후 선생은 1978년 10월 광주 박물관장에 부임하였다. 그후 1989년 8월에 퇴임할 때까지, 호남의 전통문화 개발에 힘쓰면서 평소의 생각을 사회활동으로서 실천하였다. 평소의 의식의 개혁과 자각을 부르짖으며, 연구하고 정리하는 인생의 마무리 작업에 힘썼다. 관장직에 부임한 다음 해 2월에 박물관회를 조직하고, 박물관 강좌를 개최하며 고적답사를 통하여 전통문화의 현대화 운동에 힘썼다. 연구지의 발간과 연구보고서의 간행은 물론, 발굴과 조사활동을 펴면서 학계에서 찾아내지 못하였던 고고학적 업적을 쌓았다. 비전문가로서는 감당하기 어려웠지만 오히려 비전문적인 입장에서 전문적인 폐쇄성을 극복하면서 고고학의 대중화와 일반화를 이룰 수 있

었다. 1978년 강진의 다산유적지를 복원하고 이를 기념하기 위하여
『다산학보』를 창간하였다. 그 후 다산학보 간행위원이 중심이 되어
다산학 연구원을 개원하고, 박물관장과 다산학연구원장의 직책을 겸
하였다.

　박물관장직을 퇴임하고 다산학 연구원을 경영하면서 연구원에 다
신계를 조직하여 사회정화운동을 일으켰다.

　1993년에는 대우재단의 연구비를 지원받아서 『다산의 역학』이라
는 저서를 냈고 이듬해에 이 저서로써 열암학술상을 받았다. 이때
85세의 나이로, 수상 소감을 통하여 "나의 학문은 이제 비로소 시작
임을 알게 된다"고 하여 모든 사람을 긴장시켰다. 이후에도 활동은
계속되어 다신계운동과 자연사랑운동에 동참하였다 광록회장으로서
늘 푸른 생명운동을 전개하였다. 광록회는 본래 자연사랑운동의 모
임체로서 선생을 명예회장으로 옹립하여 참여한 것이다. 이는 만년
에 이르러 선생의 우주관과 인생관을 정리할 수 있는 기회를 얻은
것이었다. 국토사랑운동과 환경운동을 펴면서 『사람과 자연은 하나
다』라는 책을 저술하여 합자연(合自然)의 정신을 가르치고 인생에
대한 사색을 넓혔다.

　선생은 임종을 맞이하기 몇 개월 전까지 저술활동을 그치지 않았
다. 마지막의 원고가 「한국실학 자생론」이었다. 이 논문은 돌아가시
기 3개월 전에 완성한 것으로서 한국실학사상은 중국의 유학이 아
닌 한국의 사상과 문화에서 자생한 우리의 것임을 밝힌 글이다. 이
때에 선생은 이미 인생에 대한 미련이나 집착이 없는, 삶에 대한 깊
은 뜻을 모두 이해하는 달관의 경지에 이르러 있었다. 입버릇처럼
정해진 운명 또는 천명(天命)을 뇌면서 「미수후론(米壽後論)」이라는

회고록을 써서 사후에 대비하는 모습을 보였다.

2) 학문과 사상적 특징

선생의 학문은 호한(浩汗)하여 일컬어 말할 수 없다. 그러나 그 지향하는 바는 하나였으며, 그 실현하고자 하는 의지는, 동양이라는 보편성에서 한국의 사상과 문화가 지니는 독창성이 무엇인가 하는 것을 밝히는 것이었다. 그러한 관점은 인간의 본질에 대한 물음에서 비롯된 것이었고, 그 동기는 사상의학과의 만남이 그 계기가 된 것이다. 사상의학과의 만남은 학생 시절에 건강을 회복할 수 있었던 것이 동무(東武)의 사상의학이었기 때문이었다. 사상의학은 동양철학의 이해가 필수적이었기 때문에, 동양철학의 연구로 전환한 것이다. 조선학에 대한 관심과 다산 서거 100주년을 기념하여 간행된 『여유당전서』는 선생의 학문적 방향을 결정짓는 중요한 계기가 되었다.

(1) 다산학과 한국의 실학

다산학은 선생의 학문세계를 열어 준 길잡이였으며 학문적 보고(寶庫)였고 또한 동양의 사상을 이해할 수 있는 관건이었다. 선생은 다산을 통하여 조선조의 실학을 이해하였고, 실학을 통하여 한국의 사상을 알게 되었으며, 한국의 사상은 중국의 유학과 다른 독자적이고 자생적이라는 사실을 깨닫게 됨으로써, 조선조의 유학과 사상을 새롭게 정리하고자 하였다.

선생이 다산학을 이해하는 입장은, 첫째가 다산학은 원시유학을 조선조에 실현한 것으로서, 다산은 근세수사학의 창시자라는 것이며, 둘째가 다산학의 내용은 수기치인이며 수사학적 수기치인의 학문이 개신유학으로서 한국의 실학이라는 것이며, 셋째가 한국의 실학은 한국사상의 맥락에서 형성된 자생적 학문이라는 것이다. 이와 같은 관점에서 한국사상의 연원은 단군사상이며 단군 사상의 실체는 한사상으로 종합되고, 한사상의 특징은 이러한 종합적 사고에서 형성된 것으로서 그러한 사고가 '한'사상의 묘맥으로서 한국사상의 정신을 일관하는 이념을 형성하고 있다는 것이다. 선생은 이와 같은 일관된 논리로서 고대사상뿐 아니라 한국의 실학과 성리학도 이와 같은 특징을 통하여 이를 해명하고자 하였다.

선생은 다산이 근세 수사학의 창시자가 될 수 있는 근거를, 다산의 '오학론(五學論)'에서 찾는다. 다산은 성리(性理)·훈고(訓詁)·문장(文章)·과거(科擧)·술수(術數)의 오학(五學)은 유학의 근본정신과는 다른 것이라고 규정하였거니와, 유학의 정통성을 회복한 것은 다산이었고 다산의 학문은 중국의 유학이 아닌 한국의 유학으로서 재창조된 것이기 때문에 근세 수사학의 창시자로 규정한 것이다. 다산이 근세 수사학의 창시자가 될 수 있었던 것은, 그 학문적 특징이 수기치인(修己治人)의 실학이기 때문이다. 원시유학은 수기의 학문과 치인의 경세가 하나를 이루는 것으로서, 다산이 군자의 학은 수신이 절반이고 그 절반은 목민이다[君子之學修己爲半 其半牧民也]라 하였고, 육경사서로 수기하고 일표이서로 치국평천하한다[六經四書以之修己 一表二書以之治國平天下]라고 규정한 것 또한 원시유학의 정신을 조선조에 실현하고자 한 의지였다고 하였다.

이러한 관점에서 선생은 주자학의 이념이 되었던 명제, 이른바 성(性)을 리(理)라 하고 기질지성으로부터 본연지성을 회복하는 것을 학문적 목표로 제시한 송학과, 일표이서(一表二書)로서 치국평천하에 대비하고자 하였던 다산학은, 어느 것이 더 원시유학의 근본정신을 올바로 계승하고자 하였는가 하는 점에 유의하였다. 이러한 관점에서 다산학이 원시유학 정신을 근세에 실현한 것으로서, 다산은 근세 수사학의 창시자임을 분명히 하였다. 이러한 입장에서 조선조의 실학을 정의하고자 하는 실학의 개념 또한 달라졌음은 물론이다.

선생은 조선조의 실학을 실사구시의 약칭 또는 청조 고증학의 영향에서 형성된 것으로 이해하고자 하는 태도를 경계하였다. 그리하여 조선조의 실학은 청조 고증학과는 다른 것으로서, 조선조의 역사와 사상적 배경에서 성장한 한국적인 유학으로 규정하였다. 다산을 실학의 삼조(三祖) 또는 한국실학의 집대성자로 규정하고 있는 바와 같이 한국의 실학은 다산을 떠나서 논할 수 없다는 것이 선생의 지론이었다. 다산의 학문은 한국적 지혜와 전통적 토양이 그 밑받침이 된 것으로서, 다산학은 한국의 유학으로 이해되어야 한다는 것이다.

실학을 청대의 학풍으로 보아서 안 되는 것은, 고증학이란 청조의 학문이지만 한대(漢代)의 실사구시 정신을 이었기 때문에 한학의 영향을 받은 것이지만, 그 정신은 실사에 있었기 때문에 조선조의 고증학이나 실학에 커다란 영양을 주지 못하였다. 다산의 고증적 태도는 한송(漢宋)의 유(儒)에 있어서뿐 아니라, 청유(淸儒)들에게도 예외가 없었던 것이며, 청유의 선구자라고 할 수 있는 남뢰(南雷) 황종의(黃宗羲, 1610~1695)의 학문이 지나치게 반송종한적(反宋宗漢的)임을 비판하고 있는 것을 보더라도, 그는 청유들의 종한적 태도를 비판하면서 남뢰를 따르지 않았던 것이다. 이와 같이 조선조의 실학이 청조 고증학의 커다란 영향을 받지 않았다는 것은 천관우 또한 같은 견해로서[45] 조선조의 실학을 청조 고증학의 아류로 이해하는 것을 반대하였다. 또한 김정희(1786~1866)의 실사구시설 또한 그 근거가 되는 한송절충론(漢宋折衷論)·승당입실설(升堂入室說)·오입을제설(誤入乙第說)은, 첫째가 옹방강의 사상이요, 둘째는 완원의 사상이며 셋째만이 추사의 견해이기 때문에, 이들 세 견해를 조선조 실학의 실사구시설로 이해하는 것은 오류라는 것이다. 조선조의 실학은 청조 고증학의 실사구시 학파로서 성립되어야 할 근거가 없다. 실학이, 초기에는 실사구시의 약칭인 것처럼 이해되었지만, 추사의 실사구시설은 어느 것도 조선조 실학과 직접적인 연관이 없기 때문에, 조선조 실학을 실사구시로 설명하여서는 안 된다는 것이다.

조선조 실학의 개념은, 차음 정인보의 실학 삼조설(三祖說)이 처음 제기되어 발전적 특징을 이해하게 되었고, 그 후 천관우의 실정·실증·실용으로서 자유성·과학성·현실성의 삼실론이 제기되었는데 이러한 견해는 유학 외적인 입장으로서 실학을 설명하고자 한 것이었기 때문에, 한우근의 경세치용설의 반박을 받았고, 이우성의 경세치용·이용후생·실사구시의 실학 삼류파설이 있었지만, 이는 청대 고증학의 아류로서 설명하고 있는 것이기 때문에, 한국의 유학으로서 그 실체를 올바로 이해한 것이라 할 수 없는 것이다. 그러므로 조선조의 실학은 결국 수사학적인 수기치인의 실학으로 귀착될 수밖에 없다는 것이 선생의 결론이었다. 선생은 이와 같은 실학정신이 중국의 유학을 조선조에 재창조한 한국의 의식과 정신으로서 이루어진 조선조의 유학임을 밝혔던 것이다.

---

45) 천관우, 『한국실학사상사』, 「고증학과 후기실학」절 참조 『한국문화사대계』 6책(서울: 고대 민족문화연구소, 1970).

(2) 한국실학의 특징

조선조의 실학은 자생적이라는 데 그 특징이 있다. 그렇다면 선생은 자생적인 것의 특징을 어떻게 설명하였던 것일까. 선생은 이를 철학적 특징과 실천 윤리학적인 특징, 그리고 경세적 특징의 세 가지 측면에서 중국의 유학과 다른 한국적인 의식이 나타나고 있다고 하였다. 철학적 특징으로서는 ① 수기와 치인 등 두 가지를 하나로 이해하는(二而一) 종합적 사고이며, ② 성리학과 다른 성명론으로서의 새로운 천인관계의 정립을 이룩한 점과 ③ 음양을 옥극(屋極)으로 이해하는 태극관과 ④ 심(心)과 신(身)의 일여(一如), 신(神)과 형(形)의 묘합(妙合)으로서의 인간관을 확립하고 있다는 것이다.

수기(修己)와 치인(治人)은 두 가지의 일이지만, 이를 하나로 이해하려는 사고는 다산적 특징이지만 이는 한국적 사고에 기초하고 있는 것이다. 주자가 『중용』에서 "성(性)은 명(命)과 같은 것으로서 리(理)이다"라고 규정한 데 대하여, 다산은 성(性)은 명(命)으로서, 인간의 본성 속에 내재한 하나인 것이기 때문에, 성리가 아닌 성명이라고 규정하였다. 그러므로 성리학이 아닌 성명론인 것이다. 여기에서 또한 둘로 나누어 생각하지 아니하고 둘을 하나로 이해하고자 하는 종합적 사고가 있는 것이다. 그것은 천명이 인간의 내성(內性)에 깃든 하나라고 이해함으로써 천명과 인성이 둘이면서 하나인 이이일적(二而一的) 묘합을 형성하는 것이다. 또한 주자는 음양과 오행을, 음양이 오행과 결합하여 만물을 화생하는 질료와 형상으로 이해한 반면, 다산은 역(易)을 일월(日月)로 설명함으로써 두 개의 상반된 모습을 나타내는 음양대대의 기본 원리로서, 주자의 음양오행(陰陽五行) 화생만물설(化生萬物說)과 다른 입장을 취하고 있는 것이다. 이와 같은 종합적 사고는 심신(心身) 일여(一如)의 사상으로 발전하였던 것이니, 『대학(大學)』 신본(新本)에서 정자(程子)는 '신(身)은 당연히 심(心)으로 바꾸어야 한다'고 하였는데, 이는 심(心)과 신(身)을 서로 다른 이원(二元) 구조로 이해한 반면, 다산은 신(身)과 심(心)은 묘합한 것이므로, 정심(正心)은 정신(正身)과 같은 심신(心身) 일여(一如)의 종합적 사고를 보이고 있다는 것이다. 그렇다면 이러한 사고는 어디에서 기인한 것일까. 그것이 한국적 사유라고 하였다.

실천 윤리학적 특징으로서 ① 인(仁)을 남에게 베푸는 적극적인 사랑[嚮人之愛]으로 이해한 점, ② 명덕이란 효제자(孝悌慈)를 실천하는 구체적인 행사(行事)라고 이해한 점, ③ 덕(德)은 실천을 통하여 얻어지는 결과로 이해한 점, ④ 지성(至誠)을 통한 성학(聖學)의 길을 열어준 점 등이 다산적 사유의 특징이라 하였다.

인(仁)에 대한 정의는 성(性)을 어떻게 이해하려 하였는가에 따라서 그 실천방법이 달라짐은 두말할 필요가 없다. 주자는 성(性)을 리(理)로 이해하였기 때문에 인(仁)이란 사랑의 이치며 마음의 덕[愛之理 心之德]이라고 하였던 것이며, 다산은 실천을 통한 결과로서 얻어지는 성과로 이해하였기 때문에, 무지하고 위능이 없는[理本無知 亦無威能] 리(理)를 덕목으로 삼을 수 없다는 것은 분명하다고 하였다. 인(仁)이란 실천을 통한 사랑, 곧 남에게 베푸는 사랑을 통하여 얻어지는 결과로 설명하였다. 인간이란 두 사람(二人)의 상여(相與) 관계에서 존재하는 것이며, 향인(嚮人)의 사랑을 통하여 얻어지는 인륜의 성덕(成德)이 인(仁)인 것이다. 그러므로 인륜을 밝히는 명덕(明德)은 구체적인 행사(行事)로서 실현되어야 하는 것이다. 이러한 행사는 효제자(孝悌慈)로서 비롯되는 것이니 주자가 말하듯 '명덕이란 인간이 하늘에서 얻은 바의 허령불매(虛靈不昧)한 것으로서 중리(衆理)를 갖추어 만사(萬事)에 대응하는 것'으로 이해하여서는 안 된다는 것이다. 주자는 여기에서 심성혼명설(心性昏明說)을 원용하고 있지만, 심성혼명과 덕의 실천과는 동떨어질 수밖에 없는 것이다. 그러므로 인간은 언제나 지성으로 성인의 길을 따라야 하는 것이니 성인(聖人)은 지성지인(至誠之人)일 뿐이라고 하였다. 성(誠)을 통하여 성(聖)에 이르는 것은 성(聖)과 범(凡)이 하나인 것이니, 여기에서도 성범일여(聖凡一如)의 종합적 사고가 나타나고 있는 것이다.

경세에 관한 인식에 있어서도 경학과 경세를 하나로 이해하고자 하는 특징을 지적하였다. 다산의 경세는 경학을 기초로 하여 실현된 이이일(二而一)의 관계에 있는 것이다. 다산의 경세론은 목민지도(牧民之道)로 종합되는 것이며, 목민지도는 조선조의 경세론이기 때문에 원시유학의 재창조인 것이다. 이러한 점에서 다산이 '목과 민은 두 사람이다[牧與民二人也]'라고 정의한 것은, 목민자(牧民慈)의 윤리가 효제자(孝悌慈)의 삼덕(三德)을 완성하는 제4덕(第四德)을 가리키고 있음에 유의하여야 한다는 것이다. 그의 경세론은 사농공상(士農工商)의 질서를 올바로 세우는 데 있었다. ① 사(士)는 사(士)로서의 목민지도를 실현하도록 하고, ② 농(農)은 경자유전의 정신으로 토지제도를 개혁하여 착취계급이 없도록 할 것이며, ③ 공(工)은 기술혁신을 통한 기예를 개발하고 발전시켜야 하며, ④ 상(商)은 모든 경제의 유통은 화폐를 사용하여야 한다는 것이었다.

사(士)는 목자로서, 목자(牧者)는 민(民)을 위하여 존재하는 것이며, 인자(仁者)여야 하는 것이다. 이러한 점에서 목민자(牧民慈)라는 새로운 윤리사상을 확립하였던 것이니, 백성 위에 군림하는 목자가 아니라 백성을 사랑하는 목자가 되어야 하는 것이다. 농(農)은 농민으로서의 구실이 이루어지기 위해서는, 토지제도의 개혁이 우선되어야 한다. 농사는 토지의 올바른 소유에서 이루어지는 것이며 토지는 농사짓는 사람에게만 분배되어야 하는 것이다. 토지의 주인은 임금과 농민일 뿐이다. 농사를 짓는 사람에게는 농토를 나누어 주고, 농사를 짓지 않는 사람은 농토를 주어서는 안 되는 것이며, 그 사이에 무위도식하는 지주의 착취가 있어서는 안 되는 것이다. 또한 여전제(閭田制)를 주장하였던 것이니 여전(閭田)이란 30가(家)를 일여(一閭)로 하는, 오늘날의 집단영농제를 말하는 것이다. 공(工)은 기술혁신을 통한 새로운 기예의 발전을 도모하고자 한 것이었다. 다산은 직접 수원성을 설계하고 기중기를 발명하여 수만 냥의 국고를 절약하였다. 다산이 생각하였던 기술의 발전은 중국뿐 아니라 일본에 있어서도 우리에게 유익하다고 생각되는 것은 배워 들여야 한다고 하였다. 이러한 점은 전통적 기예로서 근대과학을 이룩하고자 하는 태도라고 할 것이니 이것이 실학의 정신이다. 상(商)에 대한 인식은 그의 전폐론(錢幣論)에 있다. 모든 세렴을 전폐로 거두어 화폐경제의 효용성을 높이고 중간착취의 방법을 막고자 하였다.

다산이 이와 같은 철학적 인식으로서 실천윤리학적 특징, 경세적 변화를 나타낼 수 있는 배경은 어디에 있었던 것일까. 선생은 이러한 인식은 한마디로 한국적인 사상과 의식에서 형성된 한국의 유학정신에 있었다고 보았다. 한국적 사고는 이일이(二而一)이라는 종합적 사고에서 잉태되었던 것이며, 그러한 의식의 형성은 단군신화에서 비롯되어 한국성리학의 고봉의 이기일원(理氣一元), 율곡학의 이이일(二而一)의 사상적 특징으로서 나타나고 있다. 다산의 사상 또한

이러한 묘합을 전제로 하였던 것이며, 이러한 정신이 근대의 민족종
교를 형성하고 인간의 구원에 이르기까지 일관성을 보이고 있다는
것이 선생의 생각이었다. 이와 같이 이해한다면 한국의 실학은 한국
의 의식에서 성장된 자생적인 것이며 중국 유학적 사유와는 구별되
는 한국의 것으로 이해되어야 한다는 것이다.

(3) 한 사상과 민족 정통성에 대한 인식

선생은 한국 사상의 정통성은 중국의 사상과도 다른 한국의 고유
한 것임을 밝히고자 하였다. 그와 같은 한국 사상의 원형을 단군설
화에 두었다. 단군의 신화는 한국의 정신에서 형성된 고유한 것으로
서 그러한 한 사상의 이념이 한국의 정신적 기조를 형성하는 것으로
서 한국의 정통성을 이루었으며, 나아가 한국적 종교로 승화할 수
있는 기저(基底)가 되었다는 것이다. 단군의 설화는 부자·군신·부
부의 삼륜적(三倫的) 관계로 구성되어 있는 것처럼 보이지만 이는 중
국의 삼강사상과는 전혀 다른 것으로서, 중국의 삼강이 주종적 윤리
로 구성되었다면 환인과 환웅은 부자자효(父慈子孝)의 이상적인 부자
관계로 이루어진 것이며, 환웅이 풍백·운사·우사, 솔도삼천 등과
함께 내려올 때의 모습은 복종적 군신관계가 아니라, 군신일체의 조
화적 관계에 있었던 것이다. 웅녀(熊女)와 신웅(神雄)과의 성혼은 남
자중심의 남존윤리나 부위부강과 같은 일방적 관계가 아닌, 조화의
윤리일 뿐이다. 그러므로 단군신화의 구조적인 성격 자체가 한 사상
을 형성하는 연원이 된 것이다. 환인과 환웅, 환검을 삼신이라 하지
만, 실제로는 조화·교화·치화의 기능을 담당하는 일신으로서, 삼일
원리로서의 일신(一神)으로 귀결되는 것이며, 신과 인간과 자연과의

조화를 이루고 있는 모습은 한국적인 정서에서만이 찾아볼 수 있는, 고유한 것이다. 또한 웅녀의 인간화는 남녀의 차별이 아닌 자신에 대한 고뇌이며, 그러한 인고를 통하여 웅녀(熊女)와 신웅(神雄)의 부부가 탄생된 것이라고 보았다. 그러한 구조적 특징은, 일백이사(一伯二師)의 군신윤리 또한 일체로서의 '한'의 모습인 것이며 웅녀와 신웅의 부부윤리 또한 화합하는 '한'의 모습이라는 점에서 조화와 평등의 모습이라는 것이다. 이러한 '한'의 원리는 조화와 종합을 지향하는 회삼귀일(會三歸一)이요, 유불도(儒佛道)의 종합이며 이이일적(二而一的) 융화인 것이다. 이러한 사고는 삼일신의 사상을 낳았던 것이며, 신인합일의 대종교사상을 이루게 된 것이다. 삼일신은 조화와 교화와 치화를 실현함으로써 신에서 인간으로 '하나'가 된 것으로서 '한'사상의 근원은 근본이 하나라는 수리에 근본하고 있는 것이다. 이와 같은 묘합의 원리로서 이루어지는 '한'은 한국사상의 고유한 영역으로서 우리의 사상과 문화, 그리고 철학과 가치관을 이루는 근본정신이었다. 그리하여 한국 사상에 나타난 그와 같은 '한 사상의 묘맥'으로서 한국 사상을 재구성하고자 하였다. 여기에서 중국 사상의 일방적인 수용이나 정신적 예속이 아닌, 독자적인 사상체계를 밝히고자 한 것이다.

이러한 관점에서 선생은, 조선조의 실학은 수기치인의 정신으로서 한국의 자생적인 유학인 것이며, 그러한 실학정신을 창조할 수 있는 근본정신에는 중국적 사고가 아닌 한국적 사고가 그 기저가 되었던 것이며, 그러한 사고의 연원은 한 사상이라 하였다. 그러한 정신에서 조선조 후기의 민족종교가 발생하였고, 또한 국가가 위기를 당할 때마다 이를 구할 수 있었던 원동력도 모두 그와 같은 지혜로 보았던 것이다.

3) 선생의 행의와 내면세계

선생은 평소 온화한 성품과 인자한 태도로서 오로지 학문연구에
진력하였다. 그러므로 깊은 내면의 세계는 쉽게 엿볼 수가 없다. 그
러나 그 시대적 요청과 자신의 신념을 실현하는 데 있어서는 언제나
강한 결단력으로서 어느 경우에도 굽힘이 없었다. 사상의학과의 만
남이 그러하였고, 민족독립운동을 주도하여 옥살이를 서슴지 않았음
이 그러하였으며, 광복 후 군수라는 고급관료보다 학교장을 택하고
교육의 길로 들어선 결단이 그러한 것이었고, 편안한 삶이 보장될
수 있는 약사면허를 반납하고 철학과의 강사를 결단한 것이나 생면
부지의 백성욱 박사 회갑논문집에 수록된 논문을 인연으로 하여 다
산경학의 연구를 이루어 냈던 것 모두가 선생만이 결단할 수 있는
신념이었다. 자신은 고보(高普) 시절에 나빠진 건강을 회복하게 된
것을 인연으로 사상의학과 만나게 되었다고 술회하였지만, 그러나
그러한 만남을 계기로 오늘의 선생이 있게 되기까지는, 선생이 아
니면 이루어 낼 수 없는 확신과 결단의 연속에서 얻어진 값진 결과
였던 것이다. 그것은 건강을 되찾았으면 그뿐, 여느 사람 같았다면
그 치료 원리와 학문적인 관심으로 발전하지는 못하였을 것이며, 사
상의학에 머물지 아니하고 인간에 대한 문제에 관심을 갖게 된 것은
선생만이 지닐 수 있는 남다른 학문적 결단이었다고 할 것이다.

약국을 개업하면서도 평범한 삶을 누리기보다는 독립운동단체를
조직하고 지역주민을 계몽하고 만세운동을 주도하였으니, 이는 평범

한 삶을 거부하고 그 시대적 소명을 다하고자 하는 의지였다. 옥중에 갇힌 몸으로서도 철학적 사색과 동양학에 대한 열정을 더욱 불태웠던 것은 선생만이 할 수 있는 일이었고, 그러한 신념은 자신을 위한, 위기지학(爲己之學) 그것이었다.

광복 후에 영광군수에 취임할 것을 종용받았지만 영광중학교 교장으로 부임하여 후세교육에 힘쓴 것 또한, 남다른 면모였다. 그때에는 모두 정부관료를 부러워하고 건준에 참여하는 것을 벼슬로 여겼던 풍토에서, 선생은 일제하에서 만세사건을 주도하고 옥살이까지 겪었던 몸으로서 교육의 길을 택하였던 것은, 선생이 아니면 결단하기 어려운 사려 깊은 결단이었다. 그 후 대학병원 약국장에 취임하고 약제학을 강의하면서도 철학과 강사가 되기를 희망하였고, 생활의 보장이 없었던 형편에서 약사면허를 반납하였던 것은 학문적 신념을 위해 경제적인 궁핍을 두려워하지 않는 구도자적인 일면을 발견할 수 있는 일이다.

인자하고 온화한 얼굴에 감추어진 내면세계에는 강인한 신념과 확신, 오로지 학문에 대한 열정이 자리하고 있었다는 사실은 누구도 쉽게 이해하지 못한다.

이와 같은 선생의 행의를 돌아볼 때, 다산과의 만남은 운명이었지만, 다른 한편으로는 숙명일 수밖에 없었다는 것을 알게 된다. 그것은 다산의 이상과, 선생이 살았던 시대에서 선생이 생각하였던 것은 어쩌면 다산의 시대에서 다산이 꿈꾸었던 시대정신과 너무나 흡사한 것이었고, 그 학문적 소신 또한 다산을 배울 수밖에 없었다는 것을 알 수 있다. 시대와 상황은 다르다고 할지라도 일제의 지배하에서 선생이 처하였던 환경은, 다산이 귀양살이에서 민족의 앞날을 우려하였던 것과 같은 것이었으니, 선생은 오로지 다산을 통하여 자신의 등불을 삼고자 하였음을 알 수 있다. 광복 이후에도 어지러웠던 시대에서 오로지 선생의 길을 걸을 수 있었던 것은, 다산의 지혜에 힘입은 것이었다. 목민심서를 국역하고 공무원들에게 목자의 책임을 가르쳤으며, 만년에 이르러 다신계를 조직하고 사회 교화를 펴고자 하였던 것 또한 다산의 삶을 따르고자 한 것이었다. 선생은 평소에 경제적 관심이나 이재(理財)에 대하여는 전혀 이해하지 못했다. 영광중학교를 건립할 때는 건립 기금을 거의 전담하다시피 하여 학교를 열게 하였고 선대부터 물려받은 산과 토지 또한 그냥 학교에 기부하였다. 이러한 경제적인 무관심 때문에 정년 이후 다산학 연구원을 경영할 때나 학술대회를 준비할 때는 선생을 따르는 제자들이나 실무자들이 애를 먹기도 하였다. 그러나 하고자 하는 일이 중단되거나 경제사정으로 그 일이 수포로 돌아가는 경우는 없었다.

만년에 이르러는 자신의 삶에 대한 확신으로서, 인생에 대한 깨달음은 물론, 우주에 대한 사색에 이르기까지, 한국인으로서 한국적인 세계관을 확립하는 경지에 이르렀다. 그것이 우리의 자연과 환경은 우리와 하나라는 생각이었다. 그것이 소박한 명제로서는 신토불이(身土不二)였다. 그리하여 우리의 환경을 사랑하고 이를 가꾸어 영원한 한국사람이 되기를 희망하였던 것이다.

4) 현대 유학과 선생의 위상

선생이 살았던 한일합병기로부터 1998년까지는 우리의 문화와 학술사적으로는 엄청난 변환기였다. 조선조의 멸망과 일제의 지배, 미군의 진주와 새로운 식민지 체제의 형성, 한국전쟁의 발발과 미국의 문화적 침탈 등 엄청난 소용돌이에서 우리의 문화와 가치관에 대한 변화는 물론, 전통사상에 대한 단절현상이 나타났기 때문에, 조선조 유학의 연구는 황무지나 다름이 없었다. 그나마도 일인들의 업적에 의지할 수밖에 없었고 일인들은 우리의 문화를 예속과 복종의 문화로 이해하였다. 현상윤의 『조선유학사』 정도가 그 업적이었고, 이때에 활약하였던 학자들이 백낙준·박종홍·이병도 등이었다. 한국의 유학정신으로서 한국사상을 연구한 것은 선생이 처음이었다. 그 학문적 연원을 보면 일제하에서 민족의 정통성을 회복하고자, 우리의 학문을 조선학으로 규정하고 실학의 연구를 통하여 국가를 구하고자 하는 운동이 일어났을 때, 이에 호응하여 다산을 연구하고 국학의 부흥에 뛰어든 것이 선생이었다. 그러므로 일제시대에 활동하였던 다른 학자들과는 그 학문적 동기와 의식이 서로 다른 것이었음은 두말할 나위가 없다.

선생의 학문은 처음 24세 되던 1934년, 일제하에서 동서양의 학문관에 대한 소신을 피력하여 동양의 학문적 특성과 근본정신을 회복하고자 한 것이 처음이었다.

당시 선생은 양의학도로서 24세였지만, 선생의 주장은 단순한 한의학과 양의학에 대한 논쟁에서 한의학의 중요성을 말한 것이라기보다, 동양의 학문과 서양의 학문, 그리고 나아가 새로운 문물을 받아들이는 것만을 최선이라고 여겼던 식민지치하에서 그들에게 영합하고자 하였던 지식인들에게 커다란 경종을 울려 주었던 것이다. 그러나 이 논쟁에서 주목되는 것은 이 논쟁이 한의학과 양의학의 주도권 다툼이라는 내적인 요인도 있었지만 나아가서는 외래사상에 대한 전통사상의 도전이라는 점에서 한국적 사고와 전통적 사고의 우월성을 강조한 선생의 학문적 의지는 현대사로 넘어오는 과도기에 있어서 우리의 문화에 대한 새로운 인식을 심어 준, 커다란 위치를 차지하고 있다.

1966년 을유문화사에서 한국문화총서 19집으로 간행된 『다산경학사상연구』는 『신동아』에서 선정한 광복 이후에 발표된 인문과학 연구 업적으로서 몇 편 안 되는 훌륭한 논문으로 선정되었지만, 이 책은 처음으로 다산의 경학을 종합적으로 연구한 업적이라는 점에서, 그뿐 아니라 한국유학의 경학적 구조를 이해하는 업적으로서 가장 우뚝한 것이었다. 이 업적을 통하여 조선조의 유학이 결코 중국유학에 굽힐 수 없다는, 우리의 자존심을 회복시켜 준 것이었고, 이 연구를 통하여 조선조의 실학을 현상적으로 이해하였던 역사학계에 반성을 가져오게 하였고 실학의 철학적 성격을 연구하는 촉진제가 되었다. 또한 한국실학을 연구하는 붐을 조성하는 데 중요한 영향을 주게 되어 실학이 한국의 현대화에 끼친 영향을 연구하고 현대사상의 특징을 실학에서 찾고자 하는 학문적 계기가 되었던 것이다.

선생은 오로지 다산을 사숙하였을 뿐, 사승 없이 굴기하였으니 굳이 선생의 학문 연원을 말한다면 동무를 거쳐 다산에 이른 것이다. 이는 조선조의 실학을 사숙한 것이며 일제의 학문과는 무관하다. 그러므로 광복 후의 인물로서 다산을 사숙한 일인이라고 할 것이다. 학문적 성숙이 이루어진 이후에는 백낙준·이병도·박종홍 등 몇 분과 사우연원을 맺게 되었고 선생은 이분들을 극진히 대하였다.

선생은 광복 이후 불모지에 버려진 한국의 사상과 문화를 연구하고 이를 체계화하여 현대의 정신으로 재정립하였다. 한국의 유학은 한국의 의식에서 형성된 독자적 성격임을 밝히고, 그러한 사상적 연원으로서 단군 사상의 실체가 '한'사상이며 '한'사상의 특징이 삼귀일(三歸一)의 종합적 사고라는 것이다. 그러한 사고가 한국 실학을 형성할 수 있는 토양이 된 것으로서, 한국의 유학을 형성하였다는 것이 일관된 지론이었다.

이와 같은 관점은 지금까지 한국 유학을 중국유학의 답습과 아류로 이해하였거나 일제의 영향을 받아 중국사상의 예속 또는 부정적인 시각으로 이해하고자 한 데 비하여 한국의 유학을 새로운 시각으로 이해함으로써 민족의 정통성과 자존심을 되찾게 한 학문적 업적 또한 결코 과소평가할 수 없을 것이다. 그러나 실제적인 가치는 한국의 유학을 예속적이거나 부정적인 시각에서 평가하였던 종전의 시각에서 벗어나게 함으로써 조선조의 유학이 훌륭한 현대사상으로서의 새로운 가치를 인식시켜 줌으로써 지금의 우리는 물론 새로운 시대에 있어서 문화적 긍지를 되찾게 하였다고 할 것이다.

5) 행록과 문집간행 사실

선생은 세 살 때부터 자친(慈親)의 무육(撫育)을 받았다. 부친을 일찍 여의었으나 조모는 105세까지 사셨다. 여기에서 자친의 훌륭한 인품을 짐작할 수 있다. 선생의 학문적 열정과 처사(處事)와 접물(接物)이 남달랐던 점은 이러한 가정적인 영향에 힘입은 것이다. 영광은 평야가 넓고 일인의 농장들이 많았다. 항일 의식이 투철하였지만 선생은 겉으로는 그들과 대립하지 않았다. 그것은 대결할 필요가 없었던 가정환경이기도 하였지만 고등교육을 받은 신분 때문이기도 하였다. 선생은 영광중학원 첫 입학생으로서 졸업 후에는 중앙고보로 진학하였다. 중앙고보 때 사상의학을 접하고 동무(東武 李濟馬)를 사숙하였다. 선생은 사상의학 연구 그룹을 만들고 강의를 들으면서 학문적 입지를 굳혔다. 1933년부터 10년 동안은 약국을 경영하면서『동의수세보원』을 역주하고,『동양의약』학술지를 창간하는 데 협찬하고 발간을 도왔다. 그때를 전후하여 조선일보, 동아일보, 동양의약잡지 등에「한의학의 나아갈 길」등 여러 편의 논문을 발표하여 주위의 관심을 모았다. 호연당 약국은 맹자의 호연지기(浩然之氣)에 연유한 것으로서 약국은 점차로 지식인의 출입이 잦아지면서 민족운동의 집합장소가 되었고 자연히 의식 있는 선각자들의 집합소가 되어 선생은 지역적인 중심인물이 될 수밖에 없었다. 이러한 여건이 선생으로 하여금 영광 만세 사건을 주도하지 않으면 안 되었던 것이다.

해방을 맞이하여 정종과 함께 영광중학교를 건립하고 교장으로 취임하였다. 48년까지는 학교를 운영할 수 있었으나 건준이 무너지고 한민당이 발기되면서 찬탁, 반탁의 와중에서 외부세력이 학교를 지배하려 하였기 때문에 학교를 그만두게 되었다. 그때 제헌의원을 선출하게 되었는데, 선생이 출마하면 당선이 확실하게 되어 있어서 필요 없이 다른 후보들과 오해를 불러일으키기 싫어 서둘러 광주로 이사하고 약국장에 취임하였다.

6·25 때는 보길도로 피난하였고 1·4후퇴 때는 목포에서 난을 피하였는데, 영광 출신으로서 목포에서 활동하고 있었던 문인(文人) 조희관을 만나 문학활동에 참여하였다. 당시 영광의 문화계는 조운의 일가들이 많았고 박화성 씨 또한 영광에 있었기 때문에 문학활동을 하는 데는 좋은 환경이었다.『간양록』을 번역하고 출판기념회를

금잔디 다방에서 열었는데 그때는 아직 문단에 이름이 알려지지 않았을 때라, 비전공자가 어떻게 번역을 할 수 있겠느냐는 말이 오고 가기도 하였지만 이 책의 출판은 선생을 문인의 길로 들어서게 하였다. 약국장이 되어서는 강의도 겸하게 되었는데 학생들에게『동의수세보원』을 읽도록 하여 서양의학을 전공하는 학생들에게도 동양의학의 지식을 습득하도록 하였다. 다산학에 대한 관심은 조선학 연구가 유행한 원인도 있었고, 마침『여유당전서』초판이 간행되자 이를 자연히 입수하여 탐독하였는데 그 후 철학과의 강의를 시작하면서『대강공의』와『중용자잠』등을 교재로 하여 강독을 계속하였기 때문에 다산학 연구의 시작에 있어서나 그에 대한 관심은 선생만큼 일찍 눈을 뜬 사람이 없었다.

백낙준 박사의 연구비 지원을 받은 지 10년 만에『다산경학사상연구』라는 결실을 거두고 이를 제출하고자 하였으나 백 박사가 미국에 있었기 때문에 박종홍 선생을 찾게 되었는데, 이를 학위논문으로 할 것을 권유하여 이병도 선생의 인준을 요구하였고 이병도 선생의 인준을 받아서 대학원 위원회에 회부하였는데 대부분의 위원이 반대의 의사를 표하자 박종홍 원장은 이 논문의 내용을 읽어 보고 표결에 붙일 것을 제안하게 되었고, 다음의 모임에서는 표결 없이 만장일치로 통과되었다. 고건 씨가 전남 지사로 왔을 때, 다산 유적지를 복원하기로 하고 1978년에 복원기념행사를 하였는데 백낙준 박사가 직접 참여하여 기념사를 하였고, 강진 군민과 전국의 교수들을 모두 초청하였는데 고건 지사가 강진에서 당시의 서울대학교 은사들과 인사를 나누고 점심을 함께하였다. 그 자리에서 다산학 연구의 종합 연구지가 필요하다는 의견이 나와서 지사가 발간비를 지원하기로 하여 『다산학보』 창간호가 나오게 되었는데, 창간호는 다산의 학문적 성격을 각 분야로 집필하기로 하고 정치·경제·사회·문화·의학·약학 등 각 전문가에게 원고를 위촉하였다. 이를 기초로 하여 1977년에 다산학 연구원이 설립하게 된 것이다.

1976년 정년기념 논문집으로 간행한 『실학논총』은 조선조 실학의 연구업적을 종합한 최초의 논총이었다는 점에서 학계의 주목을 받았다. 그 후 광주 박물관장에 부임하게 되었는데 그 동기는, 선생이 전남대학교 박물관장 시절에 중앙박물관 학예실장이었던 최순우 씨와 깊은 사이를 맺을 수 있었고, 또한 선생을 좋아하였던 최순우 씨의 추천에 의한 것이었다. 당시의 김성진 문공부장관은 일면식이 없는 선생을 좋아하지 않았는데 최순우 씨가 본인을 한번 만나 보기를 청하여, 김성진 장관을 만나게 되었는데 그 자리에서 단번에 취임이 결정되었다. 부임 후에는 전문가가 아니라는 비판이 있었지만 비전문가로서 전문가들이 생각하지 못하였던 새로운 운영방식으로 지역사회와 원만한 관계를 유지하여 그 기초를 튼튼히 할 수 있었다. 부임 후에는 첫해부터 박물관학의 대중화를 선언하고 박물관대학, 박물관 강좌 등 다른 박물관에서 생각하지 못했던 일들을 열심히 하였기 때문에 광주박물관이 지역박물관으로서 주민들과 함께 호흡할 수 있었다. 박물관장직을 그만두고 다산학 연구원장으로서 다신계 문화교실을 설립하였는데 장소는 광주은행에서 제공한 광주은행 서동지점 3층이었다.

정년퇴임 교수들과 소장학자들이 문화활동을 하면서 함께 어울려 다산학 강연 등을 열었다. 몇 년 후 광록회장에 부임하였는데 광록회는 본래 자연을 사랑하는 모임으로서 그 책임자가 선생을 명예회장으로 옹립한 것이다. 그 취지가 선생의 생각과 상감되는 바가 많아 기꺼이 이를 승낙하고 자연과 인간은 하나라는 구호를 걸고 생명운동에 앞장서게 된 것이다. 이 운동은 결국 선생의 일생을 마무리하는 중요한 계기가 되었다.

선생은 평소 남의 일에 관하여는 한 번도 그 시비를 말한 적이 없다. 누구는 좋더라, 누구는 나쁘더라 한마디를 입에 담지 않았다. 또한 자신이 할 일은 꼭 실천하였으며 이를 남에게 자랑하지 아니하였다. 독립운동을 주도하던 일도 묻기 전에는 말하지 않았으며 가족들에게도 생전에는 이를 입 밖에 꺼내지 않도록 하였다. 그러한 까닭으로 선생의 일주기가 지난 1999년 8월 15일에야 정부에서 선생에게 광복장을 추서한 것이다. 평소에 선생은 적은 일에는 관심이 없었다. 하여야 할 일이라고 생각되면 착수하고 보는 성격이셨다. 그일을 이루는 데 얼마나 많은 재원과 노력이 필요한 것인가는 깊이 생각하지 않았다. 그러나 일은 이루어진다는 것이 선생의 생각이었다. 그래서 선생을 따르고 보좌하는 데는 어려움이 많았다. 그러나 계획한 일은 꼭 끝을 맺도록 하셨다. 자상하면서도 온화한 빛을 잃지 않으셨고, 가족에 대한 사랑, 특히 사모님께 대한 정성은 남다른데가 있었다. 1982년에 영광 조씨와 상배하고 1983년에 주재성 여사와 재혼하셨으나 그분에 대한 정성 또한 지극한 것이었다. 임종 1년 전 영남대학교의 청탁으로 「한국실학 자생론」이라는 원고를 탈고하고, 이어서 「미수후론(米壽後論)」을 지어 일생의 행적을 적은 간략한 자서전을 지어 문인 오종일에게 정리할 것을 부탁하고 절필하였다.

1998년 3월 13일 금요일 광주 금호타운 아파트에서 임종하셨다.

동광주병원 영안실로 빈소를 결정하고 9시 30분에 영안실로 안치하였고 외국에 체재 중인 자녀들이 도착하였다. 전남대학교 철학과에서 각 언론사와 학계에 부고를 보내고 상례에 임하였다. 학계·문화계·정계·재계 등 많은 인사들이 선생의 죽음을 조상하고 슬퍼하였다.

3월 15일 발인하였다. 영결식은 친우 정종 박사의 영결사와 문인 안진오의 조사로서 간략하고 소박한 분위기에서 진행되었다. 광주 박물관에서 노제(路祭)의 형식으로서 영결의식을 가졌다.

장지는 임종 3주일 전에 사자(嗣子) 이원태, 지리가 기우하, 문인 안진오, 문인 오종일이 함께 상의하여 결정한 선영, 영광군(靈光郡) 불갑면(佛甲面) 봉동(鳳洞) 후록(後麓) 유좌지원(酉坐之原)이었다. 운구는 전남대학교 대학원 재학생과 교강사들이 맡았다. 운구차량은 광주 박물관을 거쳐서 선생이 설립한 영광중·고등학교를 지나서 장지에 이르렀다. 오시에 하관하였으며 치산은 평소 선생을 존경하였던 영광향교의 전교 이기태와 안진오, 오종일이 주관하였다. 불갑사에 사십구재를 모시기로 하고 하산하였다.

평소에 애용하시던 만년필 3자루를 안진오·오종일·최대우에게 물려주도록 하라는 유언으로 세 사람이 이를 물려받았다.

4월 30일 유족대표와 문인이 회동한 자리에서 선생의 문집을 간행하기로 하고 전남대학교 출판부 박방배 과장이 수집한 기초자료를 중심으로 하여 모든 원고를 정리하는 작업에 착수하였다. 모든 비용은 유족대표인 이원태가 후원하기로 하고 편집과 조판은 전남대학교 철학과에서 진행하고 평소에 애지중지하셨던 다산학 연구원에서 편찬하기로 하였다. 6월 25일 오종일이 모든 원고의 편차를 나누어 전남대학교로 보내 편차에 따라서 입력하도록 하였다.

1999년 8월 15일 대한민국 정부에서 한국 독립에 이바지한 공로로 광복장을 수여하였다. 영광 독립만세사건을 주도하여 투옥당한 사실에 대한 정부의 포상이었다.

1999년 9월 26일 출판처를 예문서원으로 결정하고 1999년 12월 7일 1차의 원고를 예문서원으로 보냈다.

2000년 1월 21일 한국사상체질학회에서 선생에게 사상의학 연구업적을 기리는 포상을 수여하였다.

2000년 4월 12일 전체적인 편집을 마치고 교정을 끝냈다.

2000년 10월 전집의 간행이 이루어졌다.

문인(門人) 오종일(吳鍾逸) 근지(謹識)

2. 현암 이을호 선생 연보

1) 세계(世系)

　선생은 휘(諱)는 을호(乙浩), 관향은 전주(全州)이며 호는 현암(玄庵)이다. 배위(配位)는 창녕조씨(昌寧曺氏) 희열(喜烈)의 따님으로 효순(孝淳)이다. 고(考)의 휘는 갑영(甲榮), 비(妣)는 창녕조씨, 조고(祖考)의 휘는 흥린(興麟), 조비(祖妣)는 진주정씨(晉州鄭氏), 증조(曾祖)의 휘는 순삼(淳三), 고조(高祖)의 휘는 정흠(廷欽)이다.

　전주이씨의 시조는 신라의 사공(司空)을 지냈다고 하는데, 선생은 여말(麗末) 완풍대군(完豊大君) 휘 원계(元桂)의 후손이다. 완풍대군 원계는 추왕(追王) 환조(桓祖)의 장자(長子)다. 완풍대군의 차자(次子) 휘 천우(天祐)는 개국원종공신(開國原從功臣)으로 봉해지고 완산부원군(完山府院君)으로 봉(封)해졌으며, 시호가 양도(襄度)이므로 양도공파(襄度公派)의 종조(宗祖)가 되었다.

　선생은 양도공의 22세 손인데, 양도공의 장자 여양군(驪陽君) 휘 굉(宏)이 일찍 죽자, 정부인(貞夫人) 경주김씨(慶州金氏)가 4형제를 데리고 전라도 담양(潭陽)으로 낙남(落南)하였다. 그 4형제 가운데 셋째가 월산군(月山君) 휘 경인(敬仁)으로서 선생의 18대 조(祖)다. 월산군의 손자 휘 세문(世文)의 삼남(三男)인 휘 영석(永碩)이 무장(茂長)으로 이거(移居)한 이래, 그의 후손이 영광(靈光)에서 세거(世居)하였다.

2) 생애(生涯)와 사실(事實)

선생은 1910년 10월 15일 전라남도 영광군 영광읍 백학리(白鶴里)에서 태어났다. 향리에서 중등과정을 마치고 서울 중앙고등보통학교에 입학하여 학업을 닦은 후, 동무(東武) 이제마(李濟馬)의 문인 해초(海初) 최승달(崔承達)에게 사상의학(四象醫學)을 전수받았다. 그 영향으로 서울 약학전문학교에 입학, 졸업 후에는 고향에 돌아와 약국을 경영하면서 한의학에 관한 논문을 발표하고 한의학 부흥에 노력하는 한편 항일운동을 전개하여 민족의식을 고취시키다가, 일경(日警)에 체포되어 형무소에 복역하던 중에 동양철학으로 전환하였다.

광복 이후 사재(私財)를 희사하여 영광에 민립 남녀중학교를 세우고 초대 교장이 되었다가, 1948년 광주의과대학 부속병원 약국장에 취임하였다. 이때부터 동양철학(東洋哲學) 연구에 진력, 강항의 『간양록(看羊錄)』을 국역하고 유교경전(儒敎經典)의 한글화에 힘쓰다가, 전남대학교 문리과대학 철학과 교수로 부임하면서 다산(茶山) 정약용(丁若鏞) 연구에 치력(致力)하여 다산학(茶山學)을 체계화시켰다.

선생은 다산학을 통하여 조선조의 실학사상을 재발견하였다. 특히 실학정신이 우리 민족의 고유한 사고에 그 연원을 두고 있다는 것을 깨닫고 오로지 우리 민족의 사고로서 형성된 의식과 사상으로서 한국철학을 재구성하였다.

정년퇴임 이후, 국립광주박물관장에 취임하여 호남의 유물·유적을 발굴하고 우리의 사상과 문화를 정립하는 데 힘쓰면서, 다산학연구원을 설립하여 실학의 정신을 고취시켰다. 만년에는 '신토불이' 생명론을 전개하여 생명과 환경의 중요성을 일깨웠다. 1998년 3월 13일 영면하셨는데 선생이 남긴 많은 저서와 수백 편의 논문을 가려 뽑은 『이을호전서(李乙浩全書)』 9책이 전한다.

서세(逝世) 이후 선생을 기리기 위하여 2006년 5월 영광에 '현암길'이 지정되었으며 2008년 11월 전남대학교에 '이을호 기념강의실'이 개소되었다.

1세(1910년)

6세(1915년)
· 향리 서당에서 한문수업.

9세(1918년)
· 영광공립보통학교 입학하여 1923년까지 5년간의 과정을 수료.

14세(1923년)
· 영광학원 중등과에 입학하여 1925년까지 2년간의 과정을 수료.

16세(1925년)
· 경성 중앙고등보통학교 2년 편입.

20세(1929년)
- 3월 중앙고등보통학교 졸업(20회).
- 동무(東武) 이제마(李濟馬)의 문인(門人) 해초(海初) 최승달(崔承達) 선생의 문하에서 『동의수세보원(東醫壽世保元)』을 수업.

21세(1930년)
- 해초 선생의 지도에 따라 한의학의 개선을 위한 기초지식을 터득할 목적으로 경성약학전문학교에 3년 과정 진학.

22세(1931년)
- 11월 17일. 연희전문학교학생기독청년회(延禧專門學校學生基督靑年會) 집회에 경성약전 대표로서 제2의 발표자로 참여하고 항일운동을 고취하는 글을 발표하여 일경(日警)의 감시를 받음.

24세(1933년)
- 9월 □일. 향리(鄕里) 조희열(曹喜烈) 공의 장녀 조효순(曹孝淳) 여사와 결혼.
- 경성약학전문학교에 3년 과정을 모두 마치고, 전남 영광에서 호연당약국(浩然堂藥局)을 개업하여 1945년까지 주민들의 건강을 도모하는 한편 선각자들과 함께 민족자강운동을 일으키고 임시정부를 지원함.

25세(1934년)
- 경성약학전문학교 졸업(4회).
- 3월 15일 「綜合醫學樹立의 前提: 한방의학부흥에 대하여」(『조선

일보』) 발표(총 14회 연재). 이 논문이 계기가 되어 동양의학회
(東洋醫學會)가 조직되고 조헌영(趙憲泳)이 『동양의약(東洋醫藥)』
잡지를 창간하기로 하자 이에 협찬하여 의학 발전을 도모함.
· 4월 □일 영광에서 닐스-북 도시체조의 보급 및 체육단을 통해
민족의식과 독립운동 전개.

26세(1935년)
· 1월 1일 「漢方藥을 原料로 한 新製劑 一覽」·「醫學槪念에 對한 吾人
의 態度」·「漢方醫學의 輪廓」 3편 게재(『동양의약』 제1호 창간호,
동양의학회, 동양의약사 발행. 본 잡지는 1934년 12월에 인쇄).
선생은 동양의학회 편집부원으로 1936년까지 활약.
· 2월 1일 「現代醫學의 苦憫」·「四象醫學論」 2편(『동양의약』 제2호,
동양의학회, 동양의약사 발행).
· 5월 1일 「四象醫學의 硏究」(『동양의약』 제3호, 동양의약회, 동양
의학사 발행).
· 10월 □일 '한방의좌담회'에 참여.

27세(1936년)
· 4월 21일 「四象醫學說 批判－그 理論과 實際에 관하여－」(『조선일
보』 연재). 본 글은 1964~65년 『대한한의학회보(大韓漢醫學會報)』,
13·14·15집에 재수록.

28세(1937년)
· 9월 □일 영광 갑술구락부 및 체육단(민족운동청년단체) 사건으

로 일본 경찰에 피체, 7개월 동안 조사를 받음.

29세(1938년)
- 4월 5일 목포지청 검사분국으로 이양되어 목포형무소에 수감. 1년 반 수감 중 유가경전(儒家經典)을 정독(精讀), 동양철학에 입문할 것을 결의.

30세(1939년)
- 2월 8일 예심면소처분으로 석방.

33세(1942년)
- 선생이 이전 『조선일보』에 발표한 「綜合醫學樹立의 前提: 한방의학부흥에 대하여」와 『동양의약』 제1호에 게재한 「醫學槪念에 대한 吾人의 態度」는 박계조가 한의학 부흥에 관계된 14편의 글을 수집하여 『韓醫學의 批判과 解說(全)』(전주: 全北韓醫藥組合)을 편찬할 때 수록. 그 후 이 책은 1957년 행림서원(杏林書院: 서울)에서 출간되었고, 1997년 10월 10일 조합공동체 소나무(서울)에서 정근식 해설·박석준 보론(1)·최종덕 보론(2)을 추가하여 출간.

36세(1945년)
- 9월 □일 영광에서 정주연학회(靜州研學會) 조직(정주는 영광의 옛 이름), 영광중학교 설립에 사재 기부와 아울러 위원회 발족.
- 10월 15일 영광민립중학교 개교되자 1947년까지 초대교장 역임.

39세(1948년)

· 광주의과대학 부속병원 약국장에 취임하여 1951년까지 역임.

43세(1952년)

· 광주의과대학 강사로 약제학을 강의하기 시작하여 1956년까지
활동.

· 11월 25일 역서 『(壬亂實話) 睡隱看羊錄』(이은상 감수, 서울: 民族文
化社) 출간. 이 역서는 선생이 처음으로 번역한 것. 이 책 3쪽에
는 "조국과 민족을 위하여, 청춘도 영광도 버리고, 고귀한 생명
을 바치신, 모든 순국선열의 제단 앞에, 삼가 이 책을 바칩니다"
라는 선생의 애국적 결의를 적음. 이 책은 1962년 10월 15일 형
설출판사에서 『睡隱看羊錄』으로 재출간되고, 1984년 '睡隱 姜沆先
生 年譜'와 '睡隱 看羊錄 原文'을 추가하여 양영각(養英閣)에서 『수
은간양록』으로 다시 출간.

45세(1954년)

· 6월 1일 「東洋醫學에의 序說」(『전남대학신문』).
· 7월 15일 「의약분리의 시비」(『행림』).
· 7월 23일 「돋보기」(『호남신문』).
· 9월 15일 「도서관」(『전남대학신문』).
· 10월 1일 「고서」(『전남대학신문』).
· 10월 15일 「맹자와 플라톤」(『전남대학신문』).
· 11월 15일 「호독서」(『전남대학신문』).
· 12월 1일 「墨冠儒服」(『전남대학신문』).

46세(1955년)

- 1월 15일 「栗谷先生의 天道策」(『전남대학신문』, 이 글은 필명 '浩'로 투고).
- 3월 15일 「學窓餘墨－六藝一」(『전남대학신문』).
- 4월 15일 「修己治人－우리는 무엇을 배워야 하는가?－」(『전남대학신문』).
- 7월 15일 「學窓餘墨 2－樂山樂水－」(『전남대학신문』).
- 9월 2일 「學園漫步－新凉入郊墟－」(『전남대학신문』).
- 11월 전남대학교 인문과학대학 전임강사 취임, 동양철학 및 다산학 강의 담당.
- 12월 15일 「燕巖 朴趾源 先生 百十周忌－實學派의 巨擘이며 李朝文學의 最－」(『전남대학신문』). 이 글은 필명 '호(浩)'로 투고.

48세(1957년)

- 정다산유적보존회의 중심 일원으로 참여.
- 4월 29일 「경전의 대중화」(『전남대학보』).
- 5월 4일 「宜爾子孫」(『전남대학보』).
- 9월 1일 「경애하는 Gregory Henderson님께－보내주신 「丁茶山論」을 읽고」(『전남대학보』).

49세(1958년)

- 전남대학교 인문과학대학 조교수.
- 2월 15일 역서 『한글 孟子』(광주: 전남대출판부). 이 책은 1963년 형설출판사에서 출간되었다가 10여 년이 지나 주해(註解)를

보완하여 1974년 11월 25일 박영사(서울)에서 『한글 孟子』(博英文庫 42호)로 출간. 「무등예찬」(『전남대학보』).

- 5월 10일 「김경탁 교수의 『한글맹자』에 대한 서평을 읽고」(『고대신문』).
- 7월 20일 「丁茶山의 易理에 관하여」(『논문집』 제2집, 광주: 전남대학교). 본 논문은 '다산학'과 관련한 첫 논문임.
- 7월 ㅁ일 「小論」 발표(본 글은 '中庸書'만을 다룬 것으로, 한국철학회 모임에서 발표한 것. 내용은 파악할 수 없으나, 1960년 6월 1일에 발표한 「中庸思想展開의 方向」을 보면 그 내용을 가늠할 수 있다. 1958년 한국철학회 '철학회일지'가 없어 정확한 제목과 날짜는 알 수 없다).
- 9월 1일 「孟子의 民主精神과 現代知性」(『思潮』 1권 4호, 서울: 사조사).
- 9월 14일 「孤高의 일생-少靑 조희관 님은 가셨는가-」(『호남신문』).
- 11월 13일 「五十而學 한글-우리 할머니의 유산-」(『호남신문』).

50세(1959년)
- 전남대학교 출판부 초대부장으로 1960년까지 활동.
- 5월 5일 「丁抹体操와 더불어-日人들의 북새 속에서 지고 샌 시절-」(『전남대학신문』 제55호) 수록.
- 7월 15일 역서 『論語』(서울: 新楊社, 教養新書 47호). 이 책은 주해(註解)가 보완되어 1974년 11월 20일 박영사(서울)에서 『한글 論語』로 출간됨(博英文庫 32호).
- 7월 25일 「儒佛相交의 面에서 본 정다산」(『(白性郁博士頌壽紀念) 佛

敎學論文集』, 白性郁博士頌壽紀念記念事業委員會, 서울: 동국대학교]. 본 논문은 '다산학'과 '불교' 교류에 관한 첫 번째 글임.

51세(1960년)
- 3월 20일 「南人과 開의 方向」(『전남대학보』).
- 6월 1일 「中庸思想展開의 方向」(『論文集』 제5집, 광주: 전남대학교). 이 글의 마지막 줄에 집필완료일, 즉 1960년 3월 25일이 있음.
- 전남대학교 문리과대학 철학과장을 1961년까지 역임.

52세(1961년)
- 5월 7일 「서재유감」(『전남대학보』).
- 7월 10일 「고교판 전남대학─栽者培之論」(『고교판 전남대학』).

53세(1962년)
- 10월 15일 역서 『壬亂 捕虜의 手記』(서울: 형설출판사).
- 10월 25일 「학생 연구활동의 조성책이 시급히 요청된다─논문집 제7집의 간행을 보고─」(『전남대학보』).
- 11월 22일 「낙엽」(*The Chonnam University Press*).

54세(1963년)
- 전남대학교 박물관장을 1966년까지 역임.
- 광주시 교육회장을 1967년까지 역임.
- 전남대학교 호남문화연구소 초대소장을 1970년까지 역임.
- 1월 1일 「全南 康津에 남긴 茶信契節目考」(『湖南文化研究』 1집, 광

주: 전남대학교 호남문화연구소). 「丁茶山의 經學思想 研究」(『東方
學志』 6집, 연세대학교 국학연구원, 서울: 연세대학교 출판부).
본 논문은 1960년 백낙준(白樂濬) 박사 연세대학교 재임 당시
동방학연구소(東方學研究所)의 위촉에 의하여 집필한 내용 가운
데 요점만을 추린 것임.

- 2월 25일 「歷程 五十年」(『인생을 어떻게 살 것인가』 정종 편, 서울:
삼양문화사). 이 책은 1965년 12월 10일 『나의 靑春 나의 理想: 60人
士의 人生歷程』(정종 편, 서울: 실학사)로 재판됨.
- 2월 26일 「익명천자 – 형설지공 –」(『전남대학보』).
- 4월 18일 「儒敎 倫理의 宗敎的 基盤」(『전남대학보』).
- 7월 26일 「東洋人의 禮」(『전남대학보』).
- 8월 17일 「설악산 기행 – 가을 散策 –」(『전남일보』).

55세(1964년)

- 8월 14일 「巨文島 降仙臺」(『전남대학보』).
- 8월 18일 「고려청자」(『전남매일』).
- 9월 1일 「丁茶山의 洙泗學的 人間像의 問題」(『金斗憲博士華甲紀念論
文集』, 서울: 汭東金斗憲博士華甲記念論文集刊行委員會, 서울: 語文閣).
이 글의 마지막 줄에 집필완료일, 즉 1963년 10월 30일이 있음.
- 9월 4일 「南海 島嶼를 다룬 意義」(『전남대학보』).
- 9월 30일 「湖南文化의 槪觀」(『湖南文化研究』 2집, 광주: 전남대학
교 호남문화연구소). 이 논문은 동년 5월 9일 전남대학교 부설
호남문화연구소에서 강연한 내용임.
- 10월 1일 「四象醫學說批判(上): 그 理論과 實際에 關하여」(『大韓漢醫

學會報』 제13호 10월호, 서울: 대한한의학회).

56세(1965년)

- 1월 1일 「四象醫學說批判(中): 그 理論과 實際에 關하여」(『人韓漢醫學會報』 제14호 1월호, 서울: 대한한의학회). 「永遠한 記憶-나를 꼬집으시던 어머니-」(『思想界』 제142호(13권 1호), 서울: 思想界社).
- 3월 1일 「四象醫學說批判(下): 그 理論과 實際에 關하여」(『人韓漢醫學會報』 제15호 3월호, 서울: 대한한의학회).
- 3월 12일 「'호랑이' 愛稱으로 불리우던 그이」(전남대학학보).
- 4월 5일 「眞理探求의 길」(『人物韓國史』 IV, 人物韓國史編纂會, 서울: 博友社).
- 5월 1일 「日本에 뿌린 朱子學의 씨-姜沆」. 이 글은 「강항=일본에 가르친 주자학」이란 제목으로 수정하여 1974년 4월 15일 『朝鮮의 儒學者 8人』으로 발행 당시 수록(新丘文庫 15호).
- 5월 14일 「五月有情」(전남대학학보).
- 5월 30일 「北學議에 심은 經綸-朴齊家」(『(韓國傳記全集) 韓國의 人間像』, 서울: 新丘文化社). 이 글은 신구문화사에서 1974년 5월 1일 『朝鮮實學의 再開拓者 10人』으로 발행할 때 수록(新丘文庫 16호).
- 6월 1일 「茶山 實學의 洙泗學的 構造」(『亞細亞研究』 8권 2호 통권18호, 서울: 고려대학교 아세아문제연구소). 이 논문은 1974년 12월 10일 현암사(서울)의 『實學思想의 探究』에 재수록.
- 8월 27일 「내가 보낸 한 여름-靑山島点描」(전남대학학보).
- 10월 15일 「나의 독서벽-장례식 행렬의 가마 속에서도-」(『전남대학보』).

· 전라남도 교육위원회 교육위원을 1966년까지 역임.

57세(1966년)

· 2월 26일 「인문학도 K군에게」(『전남대학보』).

· 3월 1일 「看羊錄解題」(『국회도서관보』 3권 2호, 서울: 대한민국
국회도서관).

· 3월 30일 저서 『茶山經學思想研究』(서울: 乙酉文化社, 韓國文化叢書
第19輯). ※ 본 서책에 대한 李内燾의 서평은 1967년 『아세아연구』 10
권 1호(고려대학교 아세아문제연구소)에 게재하였다.

· 6월 20일 「下剋上」(김재준 찬, 『진리』, 서울: 박우사).

· 7월 19일 전남대학교 문리과대학 부교수.

· 7월 27일 「내가 찾아본 여름철 강산」(전남대학학보).

· 9월 27일 「길을 닦자」(전남대학학보).

· 9월 28일 「개와 아리랑」(전남대학학보).

· 10월 26일 「새로운 倫理觀의 모색」(전남대학학보).

· 12월 7일 「서평: 朴鍾鴻 著 『韓國思想史 ─ 古代篇』」(전남대학학보).

58세(1967년)

· 2월 1일 「만물병육」(『전남대학보』).

· 2월 17일 서울대학교 대학원에서 「茶山經學思想研究」로 철학박사
학위 취득.

· 2월 26일 「봄 뜻」(『전남매일』).

· 3월 7일 「대지」(『전남매일』).

· 3월 8일 「본 대로 느낀 대로 ─ 造花滿庭 ─」(『전남대학보』).

- 4월 19일 「본 대로 느낀 대로 – 연구하는 대학 – 」(『전남대학보』).
- 6월 1일 「茶山 丁若鏞 著 『論語古今註』」(『동서춘추』 1권 2호, 서울: 희망출판사).
- 7월 30일 「禮槪念의 變遷過程: 특히 茶山禮論의 立場에서」(『大東文化硏究』 제4집, 서울: 성균관대학교 대동문화연구원).
- 8월 7일 「韓國儒敎의 問題點」(『전남대학보』).
- 10월 ㅁ일 「호남문화의 개황」(『전남매일』).
- 10월 25일 「茶山經學의 陸王學的 斷面」 게재(『東方學志』 8집, 서울: 연세대학교 동방학연구소).
- 11월 6일 「웨딩드레스」(『(대표작 에세이 55인선) 생각하는 실타래』 강원룡 등 저, 서울: 동아일보사).
- 11월 14일 한국철학회 연구발표회에서 「韓國儒敎와 茶山學」 발표.

59세(1968년)
- 1월 20일 「배움의 길」(『옥당』 창간호).
- 3월 12일 「경칩절」(『전남매일』).
- 6월 9일 「대학은 문화 창조다」(*The Chonnam University Press*).
- 9월 11일 「實學槪念構成의 諸要因」(『實學講座』 제2권 제2호, 서울: 연세대학교 실학강좌위원회). 『실학강좌』는 별쇄본. 이 글은 선생 사후 2003년 3월 21일 연세대학교 국학연구원이 혜안(서울)에서 『연세실학강좌(Ⅰ) – 실학공재강좌(1)』에 수록(연세국학총서 30호).
- 10월 전라남도 문화상 심사위원.
- 10월 5일 「書舍餘話: 개땅쇠」(『동아일보』 5면).

- 10월 19일 「書舍餘話: 風前細柳」(『동아일보』 5면).
- 11월 12일 「書舍餘話: 孔子의 걸음마」(『동아일보』 5면).
- 11월 23일 「書舍餘話: 스카이웨이」(『동아일보』 5면).
- 12월 5일 「書舍餘話: 판소리」(『동아일보』 5면).
- 12월 21일 「書舍餘話: 一而二」(『동아일보』 5면).

60세(1969년)

- 3월 13일 「三綱五倫의 逆理」(『金載元博士回甲紀念論叢』, 김재원박사회갑기념논총편찬위원회, 서울: 을유문화사). 이 글을 「삼강오륜 론」으로 바꾸고 내용을 수정하여 1976년 12월 10일 『茶山學』 (서울: 玄岩社)에 수록(韓國思想全書 3호).
- 9월 15일 「民間信仰의 根本-土亭秘訣」·「人倫의 教育憲章-五倫行實圖」(『韓國의 名著』 2, 玄岩社).
- 11월 1일 「論語古今註의 洙泗學的 考察」(『哲學』 제3집, 한국철학회).
- 11월 20일 「丁茶山의 教育思想」(『哲學研究』 4집, 철학연구회).
- 12월 11일 「이순」(『전남대학보』).
- 12월 □일 전라남도문화상 수상.
- □월 □일 「第三篇 民間信仰, 第三章 儒佛道, 第一節 儒教」(『한국민속종합조사보고서-전라남도 편』, 서울: 문화공보부 문화재관리국).

61세(1970년)

- 2월 4일 「추도사」. 본 글은 玄空 尹柱逸 先生 49일제에 쓴 것이다. 윤주일(1895~1969)은 승려이자 독립운동가로, 전남대학교 철학과 교수로 1952년부터 1959년까지 불교강의를 하였다.

- 5월 1일 「地域社會開發의 文化的 戰略」(『地域開發研究』 1호, 광주: 전남대학교 지역개발연구소).
- 10월 16일 「나그네」(『전북대신문』).
- 11월 14일 退溪先生四百忌紀念事業會 주최로 개최된 학술대회에 「退溪先生과 奇高峰」 발표(『退溪學研究: 退溪先生四百忌紀念論文集』). 이 글은 1972년 8월에 『퇴계학연구』로 출간, 『퇴계학보』 제28호(1980년 10월 1일)에 재수록됨.
- 12월 1일 「공재 윤두서 행장」(『미술자료』 제14호, 국립중앙박물관).

62세(1971년)
- 1월 1일 「海南 尹孤山 舊第所藏 古圖書」(『문화재』 5호, 서울: 한국문화재관리국).
- 3월 19일 대한사상의학회 월례 이사회에서 '4월 14일(음력 3월 19일) 이제마 선생 탄신 134회 기념식'을 실시하기로 한 결의에서 특별 강연회 강사로 선임되다.
- 4월 19일 대한사상의학회가 주최한 '동무이제마선생 탄신 134주년 학술강연회'에서 「四象學說의 이론과 실제」라는 주제로 강연하다. 4월 19일 학술강연회는 본래 4월 14일에 개최하기로 하였으나 연기된 강연회이다. 장소는 서울 약공회관이다.
- 6월 7일 대한한의학회가 후원하는 학술활동에서 사상의학에 대해 강연하다.
- 8월 4일에서 6일까지 대한사상의학회 화요한의학연구회에 강사로 초청되어 사상의학에 대해 강연하다. 장소는 서울시 인창동

제원한의원이다.

- 8월 19일 대한사상의학회 1971년도 정기총회에서 『東醫壽世保元』 번역위원회 구성에 참여하고, 위원으로 위촉되다.
- 10월 19일 대한사상의학회에서 개최한 이사회에서 『동의수세보원』 번역위원을 다시 선정하는 데 선임되다. 번역사업이 난항을 거듭하자, 홍순용과 함께 번역을 분담, 선생은 『동의수세보원』의 原理論 부분인 性命論·四端論·擴充論·臟腑論·醫源論·廣濟說·四象人辨證論을 담당하고, 홍순용은 少陰人·少陽人·太陰人·太陽人의 病證論을 담당한다.

63세(1972년)
- 1월 1일 「여성의 사회 참여」(『샘』 제20호, 광주: 전남여자고등학교).
- 3월 1일 한국철학연구회장 취임.
- 5월 17일 「두 제자」(『전남매일』).
- 5월 25일 「구공탄」(『전남매일』).
- 6월 5일 「退溪先生과 奇高峰」(『退溪學研究: 退溪先生四百周忌紀念論文集』, 退溪先生四百周忌紀念事業會).
- 6월 27일 「原始反終」(『전남매일』).
- 8월 1일 「湖南文化의 開發育成」(『龍鳳』 3집, 광주: 전남대학교 총학생회).
- 8월 □일 「오복설」(『호우』).
- 9월 10일 역서 『牧民心書』(서울: 玄岩社, 玄岩新書 3).
- 10월 15일 역서 『海東諸國記』(申叔舟 著 『韓國名著人全集』 15, 서

울: 대양서적).

- 11월 14일 「고봉 선생의 생애와 사상」(본 논문은 고봉 기대승 선생 4백 주기를 맞아 '性理學과 고봉선생사상'이란 주제로 한 세미나에서 발표한 것).
- 11월 20일 「李東武 四象說 論考」(『哲學硏究』 7輯, 철학연구회). 이 글은 제목을 「東武四象說」로 바꾸고 내용을 수정하여 1976년 12월 10일 『茶山學』(서울: 玄岩社)에 수록(韓國思想全書 3호).
- 체형사상학회에서 『동의수세보원』을 강의.

64세(1973년)
- 3월 한국철학회 부회장.
- 3월 30일 「高峰思想淵源小考」(『亞細亞硏究』 16권 1호, 서울: 고려대학교 아세아문제연구소).
- 4월 25일 「한국유도의 새로운 방향」(『유림월보』).
- 5월 1일 「大學經義의 反程朱學的 考察」(『韓國哲學硏究』 제3집, 해동철학회).
- 6월 25일 「효도교육의 현대적 의의」(『敎育全南』 제16호, 광주: 전라남도교육위원회).
- 6월 30일 「丁酉避亂記 解題」(『호남문화연구』 5집, 광주: 전남대학교 호남문화연구소).
- 9월 1일 「改新儒學의 經學思想本質」(『다리』 4권 9호, 서울: 계간 다리사) 발표(본 논문은 동년 5월 30일 고려대학교 아세아문제연구소가 주최하는 제2회 실학사상연구발표에서 발표).
- 10월 15일 공역술서(共譯述書) 『四象醫學原論』(원서명: 『東醫壽世保

元』, 서울: 壽文社). 이 책은 사상의학을 연구하는 후학들의 필독서가
되었다.

65세(1974년)

· 전남대학교 문리과대학장 취임.

· 2월 1일 「새물결 운동과 노자의 사상」(『새물결』 1·2월호, 제9
권 1호 통권62호, 서울: 자유평론사).

· 2월 25일 「百濟文化의 特異性」(『晧園』 2호, 익산: 원광대학교 문리
과대학 학생회). 이 글은 원광대학교 문리과대학이 1973년 11월
24일과 25일 '馬韓·百濟文化의 再檢討'라는 주제로 주최한 학술
대회에서 발표한 것.

· 3월 10일 역서 『정다산의 대학공의』(원서명: 『대학공의』, 서울:
한국자유교육협회, 世界古典全集 12).

· 5월 18일 왕인박사현창협회가 주최하는 왕인박사유적연구발표
회에서 '왕인'에 대하여 발표.

· 5월 25일 「李朝後期 改新儒學의 經學思想史的 研究」(『哲學』 제8집,
한국철학회). 이 글은 제목을 「改新儒學으로서의 實學의 本質」로 바
꾸고 수정하여 1976년 12월 10일 『茶山學』(서울: 玄岩社)에 수록(韓國
思想全書 3호).

· 9월 1일 「高校國語와 語文敎育의 診斷: 高等學校 國語敎育 批判」(『한
국문학』 2권 9호(11호), 서울: 한국문학사).

· 9월 28일 「孝의 價値觀」(본 글은 孔子誕降紀念講論會에서 발표한 것).

· 10월 19일 한국철학회가 '현대사회(現代社會)와 인간(人間)의 문
제(問題)'를 주제로 하여 개최한 추계발표회에서 논문 「東洋에 있

어서의 傳統的 人間像」(미게재).

- 10월 □일 '다산 정약용 선생 묘비문'(묘소 앞 비석문 참조).
- 12월 28일 이을호 박사 정년(停年)을 기념하는 논총준비위원회에서 박종홍·이우성·이을호·천관우 등을 모시고 '실학의 개념'에 대한 좌담회를 마련하였는바, 본 좌담회에서 의견을 제시. 이에 대한 내용은 「實學의 槪念-座談을 통한 접근-」이라는 글로 『(李乙浩 博士 停年紀念) 實學論叢』(1975년 12월 20일)에 수록.
- 12월 □일 자유중국 및 일본 교육시찰.

66세(1975년)

- 2월 15일 「東洋思想을 통해 본 韓國的 世界觀: 民族史觀의 探索」(『比斯伐』 2집, 광주: 전남대학교 총학생회).
- 4월 10일 저서 『茶山學의 理解』(서울: 玄岩社, 玄岩新書 25호). 이 책은 동년 10월 7일 문공부추천도서로 선정.
- 5월 7일 「본교의 앞날을 위한 관건」(『전남대학보』).
- 5월 18일 「互惠的 윤리의 回復」(『독서신문』). 본 글은 큰 주제 "지혜의 발견"에서 소 주제 '집'에 대한 유교의 측면에서 쓴 내용이다.
- 7월 1일 「道德教育의 實踐課題」(『敎育評論』 통권201호, 서울: 교육평론사). 이 논문은 동년 6월 19일 대한교육연합회가 '사회변천과 도덕교육'이란 주제로 한 '교육논단'에서 발표한 것.
- 7월 27일 「옳게 사는 바로 그것」(『독서신문』). 본 글은 큰 주제 "지혜의 발견"에서 소 주제 '幸福'에 대한 유교의 측면에서 쓴 내용이다.

- 9월 15일 역서 『茶山學提要(上)』(서울: 大洋書籍).
- 9월 30일 「茶山 丁若鏞」(공저 『韓國의 思想家 12人』, 서울: 玄岩社, 玄岩新書 26호).
- 11월 1일 「奉仕活動의 韓國的 背景」(『The lion in Korean』 통권23호, 서울: 국제라이온스협회).
- 12월 15일 「實學思想의 哲學的 側面」(『韓國思想-韓國思想史의 主流』 제13집, 서울: 한국사상연구회 韓國思想叢書 5호).
- 12월 20일 「韓國實學의 發展史的 硏究」(『(李乙浩 博士 停年紀念) 實學論叢』, 광주: 전남대학교 출판부. 1983년 재판할 당시 「재판에 즈음하여」라는 글을 씀).
- 12월 □일 「跋文」. 이 글은 정약용에 대한 추가자료를 발굴하여 경인문화사에서 1975년 12월 25일 그 자료를 영인(『與猶堂全書 補遺』 1~5) 발행할 때 쓴 것.

67세(1976년)
- 2월 28일 전남대학교에서 정년퇴임.
- 4월 18일 「李濟馬의 四元構造的 人間學」(『독서신문』 제274호 5면, 한국의 사상-元曉에서 丹齋까지-〈51〉).
- 5월 1일 「學問의 흰자위와 노른자위 – 외도론의 변명 –」(『(월간)讀書生活』 통권6호, 서울: 삼성출판사).
- 6월 30일 「燕行日記 解題」(『호남문화연구』 8집, 광주: 전남대학교 호남문화연구소).
- 7월 5일 역서 『중용·대학』(서울: 博英社, 博英文庫 118호).
- 8월 3~8일 멕시코에서 열린 제30차 동양학대회에 한국대표단

의 일원으로 참가함.

- 8월 4일 「旅程萬里 1－멕시코에 첫발」(『전남매일』).

- 8월 21일 「旅程萬里 2－시카고 機上에서」(『전남매일』).

- 9월 1일 「歷史的 人物是非: 朴世堂은 先知的 實學者였나－實學豫示한 現實論 者」(『(월간)중앙』 통권102호, 서울: 중앙일보사).

- 12월 1일 「李東武 四象說 論考」(『黃帝醫學』 Vol.1, No.2, 대구: 대구한의대학교 濟韓東醫學術院). 「儒教文化의 肯定的 理解」(『기러기』 제140호, 서울: 흥사단). 「南道文化의 性格問題」(『龍鳳』 7집, 광주: 전남대학교 총학생회).

- 12월 10일 저서 『茶山學』(서울: 玄岩社, 韓國思想全書 3호).

- □월 □일 「정다산의 철학사상」(『토요문학사상강좌집』, 성바오로서원자료 편, 서울: 성바오로출판사). 『토요문학사상강좌집』은 1977년 『현대 사조와 문학』(성바오로서원자료실 편)으로 출간.

68세(1977년)

- 1월 1일 「實學에서 본 人本思想」(『圓佛教思想과 宗教文化』 2집, 익산: 원광대학교 원불교사상연구원). 「受驗生의 座標: 泰山의 한 줌 흙」(『大學入試』 1977 1월호, 서울: 용문출판사).

- 3월 5일 「東武四象說의 經學的 基調」(『韓國學報』 제6집 3권 1호, 서울: 일지사). 「誠實 一貫의 道」(『(朴鍾鴻 博士를 回想한다) 스승의 길』 崔禎鎬 編, 서울: 일지사). 이 책은 1998년 2월 9일 열암기념사업회(洌巖紀念事業會)에 의해 천지(天池)에서 재출간.

- 4월 1일 「김충렬 교수의 「삼국시대의 유교사상」을 읽고」(『韓國哲學研究』 중권, 한국철학회, 서울: 동명사).

· 4월 10일 '다산 정약용 선생 유적비문' 근찬·

· 5월 5일 「全身을 던지는 실천적 태도」(『죽음의 신들을 위하여: 젊은이여 인생을 이야기하자-신앙』, 서울: 동화출판공사 출간). 이 글은 동화출판공사에서 1986년 10월 30일 『그 크나큰 순결의 불꽃』으로 출간할 당시 수록.

· 5월 30일 「서구사상의 수용태도-茶山經學思想의 한 課題로서-」 (『韓國哲學研究』 제7집, 해동철학회).

· 8월 1일 「玉笏調査報告書」(『艸溪崔氏大同譜』, 艸溪崔氏大宗會 編纂, 광주: 최씨대동보편찬위원회).

· 9월 1일 「忠孝倫理의 古典的 意義」(『敎育』 2호, 서울: 중앙교육연구원). 본 논문은 동년 4월 28일 단국대학교에서 충효사상앙양(忠孝思想昂揚)을 위한 심포지엄에서 발표한 것.

· 9월 10일 「茶山의 孝弟觀」(『韓國思想-한국사상사의 주류』 제15집, 서울: 한국사상연구회. 韓國思想叢書 15).

· 9월, 17일 「白湖全書」(『국회도서관보』 14권 5호(125호), 서울: 대한민국 국회도서관).

· 10월 1일 「現代社會에 있어서의 忠孝思想」(『윤리연구』 6호, 국민윤리학회, 서울: 국민윤리학회);「隨想-續 「傳習錄辨」의 辨」(『退溪學報』 제15집, 서울: 퇴계학연구원).

· 10월 15일 「효의 윤리와 가정교육」(새마을연구소 편, 『충효사상: 현대적 윤리관의 정립』, 서울: 단국대학교출판부).

· 11월 30일 「白湖尹鑴人性論研究」(『學術院論文集』 제16집, 인문사회과학편, 서울: 대한민국학술원).

· 12월 1일 「東武 四象說의 經學的 基調」(『黃帝醫學』 Vol.2, No.2, 대

구: 대구한의대학교 濟韓東醫學術院). 본 논문은『한국학보』Vol.3, No.1(서울: 일지사)에 수록한 것임.

· 12월 23일「율곡선생의 윤리관과 오늘의 한국」(본 논문은 율곡 사상연구원이 '율곡선생과 오늘의 한국'이란 주제로 제2차 강연한 것).

· 12월 31일「解題: 經世遺表」게재(『민족문화』제3집, 서울: 민족문화추진회).

69세(1978년)

· 1월 1일「자연과 인간: 老莊思想에 나타난 自然觀」(『西江』8호, 서울: 서강대학교 학도호국단).

· 4월 1일「韓國傳統思想之現代的理解」(『韓中文化』통권42호, 서울: 韓中文化編集委員會). 이 글은 한국국제문화협회와 한중문화협회가 1978년 3월 28일(장소: 국토통일강당) 공동 주최한 "한중전통사상학술회"에 발표한 논문으로, 당시 많은 주목을 끌었다(『경향신문』5면 참조).

· 5월 5일「韓國傳統思想の現代的 理解」(『アジア公論』68호 제7권 5호, 한국국제문화협호, 서울: 한국홍보협회).

· 6월 15일「茶山學 序說」(『茶山學報』제1집, 다산학연구원, 광주: 다산학보간행위원회).

· 6월 28일「霽峯 선생의 선비사상」(이 논문은 高敬命先生事業會에서 주최한『正氣錄』국역 출판 기념강연회에서 발표한 것).

· 8월 8일 제1회 확대 정기총회에 특별강연자로 초청되어 강연하다. 장소는 서울 경희의료원이다.

- 9월 1일. 「朝鮮朝 前期의 儒家哲學」・「反朱子學的 思想의 擡頭」・「丁若鏞의 哲學」 3편(공저 『韓國哲學硏究』 중권, 한국철학회, 서울: 동명사).
- 10월 10일 「향약과 우리 민족의 공동의식」(『새마을금고』 1권 2호, 서울: 마을금고연합회).
- 10월 14일 「추사와 고증학」(『한국학』 18집, 서울: 영신아카데미 한국학연구소).
- 11월 1일 「『북학의』에 나타난 과학정신」(『밀물』 통권11호, 서울: 해외건설협회).
- 12월 1일 「北學의 선구자 洪大容」(『밀물』 통권12호, 서울: 해외건설협회).
- 12월 1일 「李朝後期 實學派와 平和主義」(『평화연구』 4집, 대구: 경북대학교 평화문제연구소).
- 12월 6일 국립광주박물관 초대 관장에 취임하여 1987년 7월 30일까지 역임.

70세(1979년)
- 1월 1일 「우리나라 실학파와 그들의 공헌」(『밀물』 통권13호, 서울: 해외건설협회).
- 2월 1일 「우리나라 실학파와 그들의 공헌」(『밀물』 통권14호, 서울: 해외건설협회).
- 3월 1일 「우리나라 실학파와 그들의 공헌」(『밀물』 통권15호, 서울: 해외건설협회).
- 4월 1일 「우리나라 실학파와 그들의 공헌」(『밀물』 통권16호, 서

울: 해외건설협회).

- 5월 1일 「우리나라 실학파와 그들의 공헌」(『밀물』 통권17호, 서울: 해외건설협회).
- 5월 10일 「傳統倫理의 現代的 意義」(『현대와 윤리』, 이상비 편, 서울: 학문사). 「한사상의 전통성」(본 논문은 '한'사상연구소가 주최한 제1회 한사상연구발표회에서 발표한 것).
- 7월 30일 「韓國文化의 本質과 湖南文化」(『中等教育』 8월호 통권37호, 서울: 한국중등교육협의회).
- 8월 8일 대한학의학회 사상의학분과학회 1회 확대 정기총회에서 특별강연을 하다.
- 10월 10일 저서 『丁茶山의 生涯와 思想』(서울: 博英社, 博英文庫 210).
- 10월 24일 「蘆沙선생의 생애와 업적」(이 논문은 향토문화개발협의회가 노사 선생의 1백 주기 기념사업으로 주최한 학술강연회에서 발표한 것).
- 11월 5일 「새마음 교육의 본질」(『教育全南』 제41호, 광주: 전라남도교육위원회).
- 12월 7일 국립광주박물관 '개관 1주년기념 학술대회'에 「韓國傳統文化와 湖南-歷史的 照明」 발표.
- 12월 25일 「實學概念論辨의 是非」(『茶山學報』 제2집, 다산학연구원, 광주: 전남대학교 다산학보간행위원회).

71세(1980년)
- 1월 30일 저서 『韓國改新儒學史試論』(서울: 博英社).

· 3월 1일 「偉大한 常識」(『한국문학』 8권 3호, 서울: 한국문학사). 본 글은 1987년 10월 1일에 출판된 『명교수 명강의』(서울: 배제서관)

· 3월 5일 「(서평) 茶山學의 새로운 면모: 丁茶山서한집 『流配地에서 보낸 편지』」(『創作과批評』 15권 1호 통권55호, 서울: 창작과비평사).

· 3월 12일 「금관」(『전남일보』).

· 3월 24일 「전일춘추—梅谷洞—」(『전남일보』).

· 3월 31일 「韓國哲學의 傳統的 基調」(『歷史的 脈絡에서 본 現代韓國 文化의 方向』, 성남: 한국정신문화연구원<한국정신문화연구원 학술대회보고노총 2>). 이 논문은 한국정신문화연구원이 1979년 11월 16-17일 '역사적 맥락에서 본 현대 한국문화의 방향'이라는 주제로 주최한 79년도 학술대회(장소: 충남대학교 문과대학 문원강당)에서 발표한 것.

· 4월 20일 「유교-군자가 될 사람」(『도대체 사람이란 무엇일까: 사람이 사람인 까닭 열여덟 가지』, 손보기 외 17인 저, 서울: 뿌리깊은 나무).

· 4월 22일 「나무 박물관」(『전남일보』).

· 6월 8일 '元曉寺 大雄殿址 發掘調査'에 발굴단장으로 7월 2일까지 활약함.

· 8월 1일 「老妻의 鬪病」(『여성동아』 통권154호, 서울: 동아일보사).

· 9월 □일 「閨範選英」(『정신문화연구』 3권 2호 통권 18호, 서울: 한국학중앙연구원).

· 10월 1일 「日本人의 두 개의 얼굴」(『隨筆文學』 통권96호, 서울: 隨筆文學社).

- 12월 1일 「아직도 못다 한 일: 평생의 업, '다산' 연구」(『밀물』 통권36호, 서울: 해외건설협회).
- 12월 2일 「丹齋史學에 있어서 檀君의 문제」(『丹齋 申采浩와 民族史觀 − 丹齋 申采浩 先生 誕辰 100周年 論文集』, 서울: 단재 신채호선생기념사업회).
- 12월 20일 「推薦辭」(『한글소학』 주자 원저/한영호 편역/이을호 감수, 광주: 세종출판사).
- 12월 26일 국립광주박물관 '개관 2주년기념 학술대회'에 「韓國傳統文化와 湖南-敎育的 照明」 발표.
- 12월 31일 「現代實學의 課題 − 新文化運動의 前提로서 −」(『茶山學報』 제3집, 다산학연구원, 광주: 전남대학교 다산학보간행위원회).
- 12월 □일 「遜簏錄」(『정신문화연구』 3권 3호 통권 19호, 서울: 한국학중앙연구원).

72세(1981년)
- 2월 20일 「『三一神誥』 해제」(『한국의 민속·종교 사상』, 서울: 삼성출판사). 「한국의 실학사상의 개설」(『한국의 실학사상』, 서울: 삼성출판사).
- 4월 4일 「倫理的 側面에서 본 檀君神話」(『玄潭柳正東博士華甲紀念論叢』, 현담유정동박사기념논총간행위원회, 서울: 檀君精神宣揚會). 이 논문은 1980년 6월 7일 단군정신선양회의 제1회 학술회의에서 발표한 것을 재정리한 것.
- 6월 8일 「改新儒學과 茶山經學」(『韓國學』 24집, 서울: 영신아카데미 한국학연구소).

· 9월 1일 「일화로 엮은 歷史의 선각자들」(『밀물』 통권36호, 서울: 해외건설협회).

· 9월 25일 '靈岩 萬樹里 甕棺墓 發掘調査'에 발굴단장으로 10월 3일까지 활약함.

· 11월 13~14일 「논평: 尹白湖의 倫理思想」(한국정신문화연구원의 '한국학연구의 성과와 그 성찰'이란 주제로 열린 '81학술대회논문발표회에서 鄭仁在의 주제발표 「윤백호의 윤리사상」에 대한 논평문임). 『한국학연구의 성과와 그 성찰』(편집부 편)은 1982년 10월 1일 한국정신문화연구원에서 출간.

· □월 □일 成殷九 역주 『삼국유사』(전남대학교 출판부)를 감수함.

73세(1982년)

· 3월 20일 「동강난 문화—새文化創造가 찬물 마시듯 쉬우랴—」(『광주일보』).

· 5월 1일 「檀君說話의 基本課題」(『韓國宗敎』 7집, 익산: 원광대학교 종교문제연구소).

· 5월 21일 '靈岩 萬樹里 土壙墓 發掘調査'에 발굴단장으로 5월 29일까지 활약함.

· 5월 25일 「Pragmatism과 實學思想」(『존 듀우이와 프라그마티즘: 존 듀우이 30주기 기념논문집』 한국철학회 편, 서울: 삼일당).

· 5월 30일 「'한'思想의 哲學的 課題」(『한국철학연구』 12집, 해동철학회).

· 7월 15일 「檀君神話의 哲學的 分析」(공저 『韓國思想의 深層研究』, 서울: 우석, 한국학시리즈 1호).

- 7월 31일 「茶山學의 內實과 外延」·「茶山學의 研究院 趣旨文」(『茶山學報』 제4집, 다산학연구원, 광주: 전남대학교 다산학보간행위원회).
- 8월 30일 「'한'思想의 構造的 性格과 歷史的 脈絡」(『圓佛敎思想의 全開(上)』, 서울: 敎文社: 한국종교연구 12호).
- 10월 □일 정진백과 인생역정에 대한 대화를 나눔. 정지백은 대담을 토대로 「지성 탐방─이을호 박사」(『남풍』 10월호)를 씀.
- 11월 11~14일 「茶山經學 성립의 배경과 성격」(이 논문은 대우문화재단이 주최한 다산학 학술회의에서 발표한 것).
- 11월 13일 부인 조효순 여사 별세.
- 11월 15일 「看羊錄의 인연」(『(민족시인) 노산의 문학과 인간』 노산문학회 편찬위원회 편, 서울: 횃불사).
- 11월 23일 '康津 永福里 支石墓 發掘調査'에 발굴단장으로 12월 17일까지 활약.
- 12월 27일 「倫理的 側面에서 본 檀君思想」(『國祖檀君』 서울: 檀君精神宣揚會). 이 논문은 1980년 6월 7일 단군정신선양회의 제1회 학술회의에서 발표한 것.
- 12월 □일 최계원은 '인생역정과 신문화'에 대한 대화를 나눔. 최계원은 대담을 토대로 「광주 신문화 운동의 기수, 이을호」(『마당』 12월호, 서울: 마당사)를 씀.

74세(1983년)
- 1월 □일 「韓國文化의 本質」(『錦湖文化』 제1집 창간호, 광주: 금호문화재단).
- 4월 1일 「철쭉이 피는 계절」(『(월간) 一洋』 4권 4호, 서울: 一洋藥

品工業); 「부귀란 뜬구름 같애」(『경향잡지』 75권 4호, 서울: 한국천주교중앙협의회).

· 4월 20일 「한국의 실학사상과 미국의 프래그머티즘」(공저 『韓國 속의 世界像』, 세계평화교수협의회 편, 서울: 일념).

· 7월 20일 저서 『茶山學 入門』(서울: 중앙일보사, 中央新書 108호).

· 10월 10일 「改新儒學으로서의 實學의 本質」(『淡水』 12집, 대구: 담수회).

· 11월 1일 「'한' 民族信仰의 正統性」(『甑山思想硏究』 9집, 서울: 증산사상연구회).

· 11월 16일 「高峰 奇大升의 사상」(『동아일보』 9면).

· 11월 30일 「茶山學의 傳統性과 近代意識」 게재 및 「茶山詩帖」 의역 수록(『茶山學報』 제5집, 다산학연구원, 광주: 전남대학교 다산학 보간행위원회). 「다산시첩」은 정약용이 직접 쓴 시첩을 의역(意譯)한 것.

· 12월 1일 「한국 교육의 새 좌표」(『과학과 교육』 제20권 12호, 서울: 시청각교육사).

· □월 □일 『전라남도지』(제1권-제2권, 전라남도지편찬위원회 편, 1982-1983년도 판)을 감수.

75세(1984년)

· 1월 1일 「圓佛敎 敎理上의 實學的 課題」·「韓國宗敎의 近代化 方向: 儒敎的 立場에서」 2편(『圓佛敎思想과 宗敎文化』 8집, 익산: 원광대학교 원불교사상연구원). 전자의 논문은 1983년 12월 22일 원불교사상연구원이 제5회 '실학사상과 원불교'란 주제로 한 학술

회의에 발표한 것으로, 1987년 6월 1일 『韓國知性이 본 圓佛敎』에 재수록 출간. 후자의 논문은 숭산 박길진 박사 고희기념(崇山 朴吉眞 博士 古稀紀念) 학술강연회에서 강연한 것.

· 1월 15일 금호문화재단에서 '호남학정립(湖南學定立) 무엇이 문제인가'라는 주제로 좌담회를 개최한 자리에서 사회자로 진행. 좌담회에 참여한 인사는 김동수(金東洙), 김웅배(金雄培), 변동현(卞東炫), 오종일(吳鍾逸), 최덕원(崔德源) 등. 이에 대한 글은 동년 2월 1일 발행한 『금호문화』 통권7호에 실려 있음.

· 1월 25일 「현대사회와 유교」(『<21세기를 향한> 한국인의 가능성』, 세계평화교수협의회 편, 서울: 일념).

· 1월 □일 「丁若鏞의 『論語古今註』」(『역사를 움직인 100권의 철학책』〈『신동아』 1월호 별책부록〉, 신동아편집실, 서울: 동아일보사).

· 5월 6일 「好賢樂善」(『柳鏡』 통권203, 서울: 유한양행).

· 5월 □일 「『귤은재문집』 譯刊本 序文」(『(국역)橘隱齋文集』 전남: 橘隱齋集成刊委員會, 1984년 5월 15일).

· 6월 20일 「廷年益壽」(『문예중앙』 7권 2호, 서울: 랜덤하우스중앙).

· 7월 20일 「『광주박물관연보』 발간사」(『광주박물관연보』, 광주: 광주박물관, 국립광주박물관, 1984년 11월 30일).

· 9월 20일 「述齋遺集 序文」(『述齋遺集』, 광주: 술재유집간행위원회, 1984년 10월 5일).

· 9월 29일 「내 고향 영광」(『광주일보』).

· 10월 30일 「近代儒學의 斥邪衛正思想」(『(崇山朴吉眞博士古稀紀念) 韓國近代宗敎思想史』, 숭산박길진박사고희기념사업회, 익산: 원광대학교출판부).

- 11월 25일 「韓國儒學史上 崔冲의 位置」(『崔冲研究論叢』 경희대학교 전통문화연구소 편, 서울: 문헌공최충기념사업회).
- 12월 1일 「청춘찬가」(『신동아』 27권 12호, 서울: 동아일보사).
- 12월 30일 「韓國의 實學思想」·「茶山詩帖」 의역 수록(『茶山學報』 제6집, 다산학연구원, 광주: 전남대학교 다산학보간행위원회).
- 12월 □일 「星湖 李瀷」·「茶山 丁若鏞」(『民族文化를 빛낸 先賢─조사보고서─』 문화공보부 편, 서울: 문화공보부).
- 광주 남구 칠석동 고싸움놀이 제1회 축제 개최년 보존회 설립 이사장 엮임.

76세(1985년)

- 1월 1일 「丁茶山의 對日觀」(『茶山學報』 제7집, 다산학연구원, 광주: 전남대학교 다산학보간행위원회). 「韓國儒學史上 高峯先生의 位置」(『全國文化院』 3호, 서울: 한국문화원연합회). 「茶山經學과 時代性」(『嶺大文化』 18집, 대구: 영남대학교 총학생회). 「명사가 보는 호남」(『海星文化』 16집, 목포: 木浦海洋專門大學).
- 2월 1일 「湖南 儒學의 特性과 人脈」(『錦湖文化』 1·2월호, 광주: 금호문화재단); 「시급한 古代文化의 발굴·정리: 王仁博士考」(『(월간)藝鄕』 통권5, 광주: 광주일보사); 「傳統倫理 위에 새 價值觀 定立」(『원광』 통권126, 익산: 원불교원광사); 「대학인과 냉전이데올로기」(『외대』 제20권 1호, 서울: 한국외국어대학 학도호국단).
- 6월 1일 「유교: 죽고 사는 것은 天命」(『원광』 통권130, 익산: 원불교원광사).
- 9월 1일 「茶山學 講論: "第5講 經濟論"」(『全南開發』 7집, 광주: 全南

地域開發協議會).

- 9월 15일 공저 『丁茶山硏究의 現況』(서울: 민음사, 대우학술총서, 다산학연구 1). 이 책에 수록된 글은 1982년 11월 11~14일 대우문화재단이 주최한 다산학 학술회의에서 발표한 「茶山經學 성립의 배경과 성격」이다.
- 9월 25일 「서양의 변증법 논리 극복할 '한'사상」(『廣場』 146호 <1985년 10월>, 서울: 세계평화교수아카데미사무국).
- 「한국실학개관」(10월 12~13일. 제15회 동양학 학술회의 '한국 근세문화의 특성-조선왕주후기(1): 한국실학개관'에서 강연한 것), 13일에는 좌담회를 가짐. 그 강연회초와 좌담회초가 『동양학』 16권 1호 부록(단국대학교 동양학연구소)에 실려 있음.
- 10월 28일 「지방문화: 지방문화의 발전을 위하여」(「대학신문」 4면, 서울: 서울대학교).
- 12월 1일 「儒敎의 觀点에서 본 人間의 救援」(『神學展望』 제71호, 광주: 광주가톨릭대학전망편집부). 「박물관 법 제정에 즈음하여: 문화의 용광로에 불을 지피자」(『전통문화』 통권150호, 서울: 월간문화재사). 「나의 서재」(『(월간)예향』 통권15, 광주: 광주일보사).
- 12월 20일 「孔子思想과 茶山 經學」(『(南村 朴世英 博士 古稀記念 論文集) 孔子思想과 現代』, 한국공자학회 엮음, 서울: 사사연).
- 12월 26일 「茶山學 講論: "第6講 經濟論(2)"」(『全南開發』 8집, 광주: 全南地域開發協議會).

77세(1986년)
- 1월 1일 「王人硏究의 現況」(『聖墓洞』 창간호, 서울: 王人博士顯彰協

會). 「정다산의 목민지도」(『仁齋』 5집, 부산: 인재대학).

- 2월 1일 「日本儒學과 韓國」(『錦湖文化』 1·2월호, 광주: 금호문화
  재단).

- 2월 5일 「한국풍류의 멋」(『조선일보』).

- 2월 12일 「제3의 豊臣秀吉」(『조선일보』).

- 2월 19일 「영산강 문화」(『조선일보』).

- 2월 23일 「전남지방의 사상적 고찰」(이 논문은 '전남고문화' 본
  격 재조명에서 발표한 것).

- 2월 28일 「王仁文化의 歷史的 背景」(『靈巖王仁遺蹟의 現況』, 왕인문
  화연구소·전라남도·영암군 공편, 왕인문화연구소).

- 3월 1일 「다산철학의 현대적 의의」(『철학』 제25집, 한국철학회).
  「茶山學 講論: "第7講 經濟論(3)"」(『全南開發』 9집, 광주: 全南地域
  開發協議會).

- 3월 26일 「버려진 탑들」(『조선일보』).

- 4월 1일 「삶을 생각하며: 기록 갱신」(『교보문고』 통권28, 서울:
  교보문고).

- 4월 15일 「韓國儒學史上 崔沖의 位置」(『海州崔氏宗誌』 창간호, 서
  울: 海州崔氏人宗會).

- 6월 1일 「茶山學 講論: "第8講 經濟論(4)"」(『全南開發』 10집, 광주:
  全南地域開發協議會).

- 7월 1일 「실로 반가운 고향소식」(『영광병원』 통권1, 영광군: 영
  광종합병원).

- 7월 10일 저서 『한 思想의 苗脈』(서울: 思社硏).

- 8월 1일 「茶山서거 1백 50주기를 맞아」(『오' 설록』 86년 8월호,

서울: 태명양).

- 9월 1일 「茶山學 講論: "第9講 政經論"」(『全南開發』 11집, 광주: 全南地域開發協議會).

- 9월 30일 「韓國實學槪觀」(『동양학』 제16집, 서울: 단국대학교 동양학연구소). 이 글은 1985년 10월 12일에서 13일까지 개최된 제15회 동양학학술회의록 강연한 것을 초록한 것, 1988년 『조선후기문화: 실학부분』(단국대학교 동양학연구소 편)으로 발간되기도 함(동양학학술회의총서 5).

- 10월 20일 수필집 『사다리꼴 인생』(서울: 思社硏).

- 11월 1일 「韓民族固有思想 한思想」(『民族知性』 통권9호, 서울: 대한교과서).

- 12월 1일 「茶山學 講論: "第10講 易理論"」(『全南開發』 12집, 광주: 全南地域開發協議會).

- 12월 15일 「(서평) 張東熙 著 『丁若鏞의 行政思想』」(『韓國學報』 45집, 서울: 일지사). 「明善錄解題」(『明善錄』, 민족문화사).

- 12월 30일 「茶山 康津 十八年」(『茶山學報』 제8집, 다산학연구원, 광주: 전남대학교 다산학보간행위원회). 「日本 國學과 姜沆」·「향토문화 개발을 위하여(내 고장 文化의 얼)」(『玉堂골 靈光文化』 제1호, 영광군: 영광문화원).

78세(1987년)
- 3월 1일 「봄, 봄─다시 봄이 오는 섭리」(『(월간) 안녕하십니까』 통권103, 서울: 한일약품공업).

- 4월 1일 「茶山學講座: "現代人을 위한 牧民心書"」(『全南開發』 13집,

광주: 全南地域開發協議會).

· 5월 2일 「강진유배 시의 정다산」(본 논문은 향토문화개발협회가 주최한 '향토문화개발 학술심포지엄'에서 발표한 것).

· 5월 15일 공저 『韓國哲學史』(上卷) · 『韓國哲學史』(下卷), 한국철학회, 서울: 동명사. 상권에 수록된 글은 '제2편 三國時代의 哲學思想'이고, 하권에 수록된 글은 '제6장 李濟馬의 四象哲學'이다.

· 5월 □일 사단법인 광록회(光綠會) 회장.

· 7월 5일 「茶山學講座: "現代人을 위한 牧民心書(2)"」(『全南開發』 14집, 광주: 全南地域開發協議會).

· 7월 15일 「한국철학과 유학」(『한배움』 통권 제4호, 서울: 청년유도회 중앙회).

· 7월 □일 「『日休堂實記』 譯刊序」(『海州崔氏日休堂集六義錄』, 광주: 일휴당실기육의록발간추진위원회, 1987년 9월 15일).

· 8월 1일 「우리 민족의 부활절」(『예술계』 통권27, 서울: 한국예술문화단체총연합회). 「일본, 善隣인가 宿敵인가」(『한국인』 6권 8호, 서울: 한국발전연구소).

· 8월 10일 「정약용: '人民에 의한 王 추대' 역설한 민권사상가」(『한국인의 원형을 찾아서』, 서울: 일념. 교수아카데미총서 11).

· 9월 15일 「茶山學講座: "現代人을 위한 牧民心書(3)"」(『全南開發』 15집, 광주: 全南地域開發協議會).

· 9월 19일 「芸菴 『明善論』 考 - 그의 儒學史的 意義 -」(『(斗溪李丙燾博士九旬紀念) 韓國史學論叢』, 서울: 지식산업사).

· 9월 26일 왕인박사(王仁博士)에 대한 '정화기념비문(靜化紀念碑文)' 근찬.

- 9월 30일 「단군조선의 현재적 의미」(개천철 '민족 뿌리 찾기' 학술모임에서 발표한 것).
- 10월 1일 「우리 단군은 지금 어디 계실까」(『한배달』 통권4, 서울: 한배달). 「한사상은 삼일원리이다: 단군을 어떻게 볼 것인가」(『광장』 170집, 서울: 세계평화교수협의회).
- 10월 1일 「한국을 생각한다: 지구촌을 누비는 우리 동포들」(『밀물』 통권118호, 서울: 해외건설협회).
- 10월 16일 「다산학의 연구동향」(본 논문은 '다산강좌' 기념강의에서 발표한 것이다).
- 11월 1일 「축간사」(『甑山思想硏究』 13집, 서울: 증산사상연구회).
- 12월 20일 「茶山學講座: "現代人을 위한 牧民心書(4)"」(『全南開發』 16집, 광주: 全南地域開發協議會). 「閔鼎重 燕行日記 解題」(『長興文化』 10호, 장흥군: 장흥문화원).

79세(1988년)
- 2월 6일 「사람아 … 어디로 갔느냐」(『조선일보』).
- 2월 21일 「축간사」(『향맥』 창간호, 영광군: 영광향토문화연구회).
- 3월 1일 「茶山學講座: "現代人을 위한 牧民心書(5)"」(『全南開發』 17집, 광주: 全南地域開發協議會).
- 3월 10일 「글과 술과 不屈의 意志」(『南鳳 金南中: 바삐 살다 간 사람』 광주일보사내남봉기념사업회, 광주: 광주일보사출판부).
- 4월 1일 「民族統一의 思想的 基調: 민족통일의 정치사상」(『民族知性』 통권26호, 서울: 대한교과서).
- 4월 20일 「牛溪의 實學精神」(『成牛溪思想硏究論叢』 파구준: 우계문

화재단).

- 5월 1일 「유배지에 심은 얼: 다산 정약용과 강진 18년간의 고난 속에서 다져진 다산학」(『한국인』 7권 5호, 서울: 한국발전연구소).
- 8월 1일 「진정 사람다운 삶은 가정에」(『엠디』 통권143, 서울: 종근당).
- 8월 23일 「地方문화의 활성화」(『동아일보』 5면 東亞時論).
- 9월 1일 「曺雲씨와 나: 주위에 사람 구름처럼 모이게 하던 '長者'」(『(월간)藝鄕』 통권48, 광주: 광주일보사).
- 9월 5일 「나의 인생 나의 건강」(『정식품』 통권52, 서울: 정식품).
- 10월 1일 「서두르지 말자」(『밀물』 통권130호, 서울: 해외건설협회).
- 11월 1일 「멋을 가꾸는 마음: 순수한데다가 감칠맛이 있어야」(『가든』 1988년 11월, 광주: 가든백화점); 「성현의 말씀을 두려워하라」(『法輪』 통권237, 서울: 법륜사).
- 12월 21일 「우리 문화는 어떻게 가꿀 것인가」(『玄山文化』 제3호, 광주: 현산문화재단)

80세(1989년)

- 1월 1일 「茶山思想의 理論과 實薦」(『汎韓哲學』 4집, 광주: 범한철학회). 「나의 茶論」(『오' 설록』 89년 1월호, 서울: 태평양).
- 4월 25일 「『論語古今註』 考」(공저 『丁茶山의 經學』, 서울: 民音社. 출간〈대우학술총서: 茶山學研究 3〉).
- 9월 30일 「茶山學 定立을 위한 管見」(『동양학』 19집, 서울: 단국대학교 동양학연구소). 「南道文化의 綜合的 考察」(『龜岩李敬洙博士 古稀紀念論 叢』, 광주: 龜岩李敬洙博士華甲紀念論叢刊行委員會).

· 12월 1일 「호남 經學의 본질」(『錦湖文化』 12월호 통권54호, 광주: 금호문화재단).

· 12월 6일 「이 지역의 원로들의 회고록」(『전남일보』).

· 12월 30일 「茶山學의 位相」(『茶山學報』 제11집, 다산학연구원, 광주: 전남대학교 다산학보간행위원회).

81세(1990년)

· 1월 1일 「90년대의 문턱에서」(『(월간)한사랑』 2권 1호, 서울: 자즐보).

· 5월 3일 「'한' 사상과 민족종교 학술회의 축사」(『한사상과 민족종교』 서울: 일지사).

· 5월 □일 「서문」(『(光山李氏)門中史談集』 李栽洙 編, 광주: 半島, 1990년 5월 15일).

· 5월 16일 「권두논단─5·18에 있어서 解冤相生의 길은 무엇인가─」(『전교학신문』) 수록.

· 6월 1일 「睡隱 姜沆의 生涯와 學問」(『全南開發』 22집, 광주: 全南地域開發協議會).

· 6월 6일 「敬菴兄 추모사」.

· 6월 25일 「韓錫池(芸庵)의 儒敎思想」(『孔子思想과 現代(2)』, 한국공자학회 엮음, 서울: 사사연).

· 여름, 「『조운문학전집』 책머리에」(『曹雲文學全集』, 광주: 남풍, 1990년 9월 17일).

· 7월 5일 저서 『茶山의 牧民思想과 公職者의 倫理』(서울: KBS 한국방송사업단).

· 7월 20일 「한思想論」(공저 『한사상과 민족종교』, 서울: 일지사. 출간).

· 9월 25일 「一圓相의 象數學的 理解」(『(如山柳炳德博士華甲紀念) 韓國哲學宗敎思想史』, 如山柳炳德博士華甲紀念論文集刊行委員會, 이리, 원광대학

교 종교문제연구소).
- 10월 10일 「약학도의 철학입문」(『중외약보』 통권10, 서울: 중외제약).
- 11월 1일 「축사」(『甑山思想研究』 16집, 서울: 증산사상연구회).
- 11월 23일 「茶山의 茶와 禪」(『(次山安晉吾博士回甲紀念論文集) 東洋學論叢』, 次山安晉吾博士回甲記念論文集刊行委員會, 광주: 차산안진오박사회갑기념논문집간행위원회).
- 11월 30일 공저 『한사상의 이론과 실제』 서울: 지식산업사, 출간. 이 책에 수록된 글은 『圓佛敎思想의 全開(上)』에 수록된 「'한' 사상의 구조적 성격과 역사적 맥락」과 대우문화재단이 주최한 다산학 학술회의에서 발표한 「다산경학 성립의 배경과 성격」.
- 12월 1일 「무등산 약수터 행렬」(『錦湖文化』 통권66호, 광주: 금호문화재단).
- □월 □일 「丁茶山の學問と思想(1)」(『韓國文化』 12-11, 일본 동경: 한국문화원).
- □월 □일 「南道文化의 特徵」(『研修敎材 '90-15: 중등 수학과 1正 자격연수』, 전라남도교원연수원 편).

82세(1991년)

- 1월 21일 『매일경제신문』 '필동정담'에 대담의 글이 수록(일시: 1991년 1월 11일. 장소: 전남 임란사편찬위원회사무실).
- 3월 □일 「序文」(『(釋山韓鍾萬博士華甲紀念) 韓國哲學史』, 익산: 석산한종만박사회갑기념논문집간행위원회, 1991년 6월 19일).
- 4월 28일 「韓國固有思想과 少太山思想」(『(少太山大宗師誕生百周年記念論文集) 人類文明과 圓佛敎思想』, 少太山大宗師誕生百周年記念論文集編纂委員會, 이리: 원불교출판사).
- 11월 1일 「자연과 함께하는 삶」(『(월간) 사람사는 이야기』 2호, 무등문화, 광주: 사람사람들).

- 11월 30일 「高峰의 經學思想」(『(鄕土文化의 探究 朝鮮名賢研究Ⅱ) 高峰의 哲學과 思想』Ⅱ, 광주직할시, 鄕土文化開發協議會). 이 논문은 1990년 고봉사상 학술대회에 발표한 것이다.
- 12월 1일 「한줄기 밝은 햇살을 찾아서」(『(월간) 사람사는 이야기』 3호, 무등문화, 광주: 사람사람들).
- 12월 30일 「發刊辭」, 「高峯學 序說」・『傳統과 現實』좌담회(이을호 외 5인)」(『전통과 현실』 창간호, 광주: 고봉학술원).

83세(1992년)

- 1월 1일 「朝鮮朝 儒學의 成立과 湖南儒學」(『全南文化』 5호, 광주: 한국문화원연합회 전라남도지부).
- 1월 25일 「睡隱 姜沆先生의 生涯와 學問」・「靈光얼의 近世史的 背景」 2편 (『玉堂골 靈光文化』 제6호, 영광군: 영광문화원).
- 2월 1일 「만남의 철학」(『(월간) 사람사는 이야기』 5호, 무등문화, 광주: 사람사람들).
- 2월 □일 다신계문화교실 대표
- 3월 1일 「늘 봄이어라」(『사람사는 이야기』 6호, 무등문화, 광주: 사람사람들).
- 3월 □일 「씀씀이가 더 어렵다」(『광주・전남경영계』).
- 6월 1일 「姜甑山의 人間論」(『甑山道思想研究』 제2집, 증산도교수신도회 편, 서울: 증산도교수신도회). 「하늘의 뜻을 두려워하자」(『사람사는 이야기』 9호, 무등문화, 광주: 사람사람들)
- 11월 1일 「명저해설: 토정비결」(『遞信』 통권406호, 서울: 체성회).
- 12월 30일 「霽峰의 時代와 生涯」(『(향토문화의 탐구 조선명현연구

Ⅲ) 霽峰의 思想과 救國精神』, 鄕土文化開發協議會, 광주직할시).

- 12월 30일 「발간사」(『茶山學報』 제13집, 다산연구원, 전라남도·광주지역개발협의회). 「高峰後學으로서의 謙齋學의 三大 課題」(『전통과 현실』 2호, 광주: 고봉학술원).

84세(1993년)

- 1월 1일 「鄕土紀行: 瀟灑園」(『全南文化』 6호, 광주: 한국문화원연합회 전라남도지부).
- 2월 15일 저서 『茶山의 易學』(서울: 민음사, 대우학술총서·인문사회과학 69).
- 4월 8일 「'茶山思想'으로 도덕회복: '茶信契'」(『뉴스피플=News &people』 2권 13호, 서울: 대한매일신보사).
- 7월 2일 「자연의 섭리에 순응하는 생존법칙」(『농민신문』).
- 10월 1일 수필집 『사람과 자연은 하나다: 身土不二 이야기』(서울: 지식산업사).
- 10월 23일 '河西 金麟厚의 文學과 道學思想'이란 주제로 호남문화연구소가 주최하고 향토문화개발협의 주관한 학술대회에 「河西의 時代와 生涯」를 발표함. 본 글은 1995년 5월 10일 『(향토문화의 탐구 조선명현연구Ⅴ) 河西 金麟厚의 道學과 文學思想』이 출간할 때 「河西의 生涯와 時代的 背景」으로 수록됨.
- 10월 29일 「儒學思想과 오늘의 韓國問題」(『儒學思想과 오늘의 韓國問題－光州圈 儒學의 義理精神을 중심으로－』, 韓國孔子學會). 이 논문은 1993년 한국공자학회 제27회 추계학술대회에서 기조 발표한 것.

· 10월 □일 다산학연구원 명예원장.

· 12월 20일 「총설」(『호남임진왜란사료집』(Ⅰ) 관변자료 편, 전라
남도임란사료편찬위원회, 광주: 전라남도).

· 12월 30일 「霽峰의 時代와 生涯」(『韓國思想史學』 4·5집, 한국사상
사학회, 서울: 사사연). 「다산사상의 현대적 수용」(『茶山學報』 제
14집, 다산학연구원, 광주: 전남대학교 다산학보간행위원회).

85세(1994년)

· 7월 13일 7월 사상의학과학회 월례학술집담회에서 「동양사상과
사상의학」을 발표하다.

· 9월 15일 「눈을 뜨라! 출구가 있다」(『(계간)철학과 현실』 통권
22, 서울: 철학문화연구소).

· 10월 □일 『새농민』 편집부와 '우리의 생명산업인 농업'에 대한
대화를 나누다. 편집부는 대담을 토대로 「생명운동 펼치는 광록
회 이을호 회장」(『새농민』 통권396, 1994년 10월 1일)을 씀.

· 12월 3일 「民族宗敎 會通論: 世界宗敎에로의 길」(『圓佛敎思想』 17·
18집, 익산: 원광대학교 원불교사상연구원).

· 12월 10일 『茶山의 易學』에 대한 연구업적으로 제13회 열암학술
상 수상.

· 12월 20일 「身土不二와 農漁村 文化」(『全南文化』 7호, 광주: 한국
문화원연합회 전라남도지부).

· □월 □일 「현대사회와 윤리」(『교수아카데미총서』 제7권 1호. 서
울: 일념)

86세(1995년)

- 2월 1일 「마음의 양식: 自彊不息」(『신용경제』 통권136, 서울: 한국산업경제연구원).
- 3월 25일 「지구의 운명 '나'에게 달렸다」(『시민신문』).
- 5월 1일 「서문」(『晉州鄭氏三世三綱實錄』, 함평군: 진주정씨삼세삼강실록편찬회, 1995년 8월 15일).
- 5월 10일 「河西의 生涯와 時代的 背景」(『(향토문화의 탐구 조선명현연구Ⅴ) 河西 金麟厚의 道學과 文學思想』, 鄕土文化開發協議會, 광주광역시).
- 6월 10일 중앙고교우회는 이을호 교우를 제8회 '자랑스러운 중앙인'으로 선정.
- 6월 30일 「茶山의 牧者像과 現代 公職者像」(『茶山學報』 제15집, 다산학연구원, 광주: 전남대학교 다산학보간행위원회).
- 10월 8일 「발간사: 韓國哲學史를 수놓아 준 學問的 資産」(『傳統과 現實』 제6호, 광주: 고봉학술원).
- 10월 19일 현곡학회 제27차 월례연구모임에서 「四象醫學의 철학적 배경」 발표.

87세(1996년)

- 1월 1일 「흙은 살아 있다=Earth is Alive」(『건축문화』 통권176, 서울: 월간 건축문화). 「추억의 사진 한 장」(『(월간)藝鄕』 Vol 136, 광주: 광주일보사).
- 3월 1일 「다섯 권의 저술과 만학도의 삶」(『錦湖文化』 통권129호, 광주: 금호문화재단).

- 3월 25일 「발간사: 高峯學 硏究의 時代的 使命을 自覺하자」(『傳統과 現實』 제7호, 광주: 고봉학술원).
- 4월 □일 광록회 명예회장.
- 10월 1일 「축사」(『智異山과 蟾津江』 통권1호, 서울: 지리산과 섬 진강).

88세(1997년)
- 1월 1일 「창간특집: 왜 생명인가, 환경문제를 생명운동으로 푼 다」(『(늘푸른)생명』 제1호, 서울: 광록회).
- 2월 25일 「四象醫學의 철학적 배경」(『제3의학: 현곡학회지』 제2 권 제1호, 현곡학회). 본 글은 1995년 10월 19일 현곡학회 제27 차 월례연구모임에서 발표한 것.
- 3월 1일 「생명칼럼: 만수무강하소서」(『(늘푸른)생명』 제3호, 서 울: 광록회).

89세(1998년)
- 1월 □일 「한국실학 自生論」 발표. 이 글은 선생의 마지막 논문 으로, 영남대학교 개교 50주년을 기념한 것. 선생 사후, 영남대 학교 민족문화연구소에서는 2000년 8월 31일 『한국문화사상대 계(Ⅱ)』에 수록하여 영남대학교출판부에서 출간.
- 3월 13일 광주광역시 북구 문흥동 금호아파트 105동 503호 자 택에서 06시에 영면(永眠). 동광주 병원 영안실에 빈소 설치. 3 월 15일 광주광역시 동광주 병원에서 영결식을 갖고 발인. 광주 박물관에서 노제(路祭)를 모시고, 선영인 영광군(靈光郡) 불갑면

(佛甲面) 봉동(鳳洞) 후록(後麓) 유(酉) 좌지원(坐之原)에 안장.
- 12월 30일 「한국실학 自生論」(『茶山學報』 제16집, 다산학연구원, 광주: 전남대학교 다산학보간행위원회). 이 논문은 영남대학교 민족문화연구소에서 2000년 발간하기 전, 다산학연구원에서 '현암 이을호 선생 추모 특집'으로 게재한 것.

사후(2000년)
- 1월 22일 사상체질의학회가 제정한 李濟馬賞(제3회)을 수상하다. 장소는 서울 팔레스호텔이다.

3) 출처 미확인 발표 글*

○ 『이을호전서』 ② 다산학 총론
「사상가로서의 다산」(590쪽)

○ 『이을호전서』 ④ 실학사상과 한사상
「성호의 사상과 유적」(218쪽), 「다산의 사상과 유적」(245쪽), 「단군 설화의 현대적 의의」(271쪽), 「현실적 존재로서의 단군」(279쪽), 「한 사상 형성의 배경」(355쪽), 「'한'의 '無生於有'에 대하여」(398쪽), 「한 국풍류도의 정맥」(435쪽), 「신라 원효사상의 도맥」(445쪽), 「유가의 묘합의 원리」(479쪽), 「전통과 외래사조의 교류」(498쪽), 「인내천의 묘리」(570쪽)

---

* 출처 미확인 발표 글은 『이을호전서』(2000년 발행)에 수록되었다. 다만 그 원출처를 확인할 수 없기에 그 모든 글은 수록된 『이을호전서』 권호와 쪽수를 밝힌다.

◦ 『이을호전서』 ⑤ 개신유학으로 본 한국철학사

「화랑의 풍류도」(132쪽), 「일이이의 구조적 성격」(501쪽), 「박세당의 경학」(581쪽)

◦ 『이을호전서』 ⑦ 사상의학과 생명의학론

「사상의학의 전망」(496쪽)

◦ 『이을호전서』 ⑧ 한국문화의 인식·국역간양록

「한국의 전통사상」(11쪽), 「한국문화의 소지와 형태」(25쪽), 「진리 탐구의 선각자들」(32쪽), 「토정과 토정비결」(51쪽), 「사림의 가치관과 위정척사사상」(92쪽), 「유학사상의 현대적 가치」(102쪽), 「전통문화와 교육」(161쪽), 「교원 문화와 윤리 의식」(190쪽), 「새로운 시대의 국가관의 모색」(193쪽), 「새 시대의 한일관계」(202쪽), 「8·15의 의미와 36기념관」(214쪽), 「한일 간의 상호 이해」(220쪽), 「한국 전통문화와 호남」(322쪽), 「호남의 위상」(332쪽), 「전남 지방의 '풍류도'」(335쪽), 「왕인의 이해」(340쪽), 「하서의 시대와 생애」(370쪽), 「동학사상」(479쪽), 「동학의 사상적 구조」(488쪽), 「전남 향토 문화 개발의 방향」(497쪽), 「호남학은 가능한가」(509쪽)

◦ 『이을호전서』 ⑨ 잡록·수상록·부록

「실학과 다산 정약용의 사상 세계」(15쪽), 「다산 정약용의 경제사상」(21쪽), 「전남지역에 남긴 정다산의 발자취」(33쪽), 「다산이 묵고 간 옛터」(36쪽), 「행운의 귀양길」(39쪽), 「다산 선생의 초당」(41쪽), 「다신계를 남긴 뜻은」(44쪽), 「다산 강진 18년」(49쪽), 「올라올 때 이른

찻잎을 따서 말려놓고 왔느냐」(68쪽), 「『여유당전서』와 더불어」(73쪽), 「민주주의의 토착화」(83쪽), 「民族中興論」, 「한문화의 뿌리」(97쪽), 「대학인의 자세」(109쪽), 「왕양명의 사상」(116쪽), 「동양이 의미하는 것」(122쪽), 「『간양록』의 역술을 마치고」(131쪽), 「기해예송의 반론」(142쪽), 「책은 읽을수록 맛이 달다－『논어』・『맹자』・『중용』・『대학』 등－」(250쪽), 「배운다는 것의 즐거움」(257쪽), 「안빈낙도」(261쪽), 「현실과 이상의 相距에서 고뇌하는 지성」(278쪽), 「젊은이여 인생을 이야기하자」(297쪽), 「온 겨레의 歡呼 속에서 맞는 공휴일이 그립다」(312쪽), 「아침논단 1」(324쪽), 「아침논단 2」(327쪽), 「學窓餘墨 1」(332쪽), 「港都片信」(403쪽), 「遊歌漫筆」(410쪽), 「선생은 시대의 귀감이셨습니다」(446쪽), 「덥혀진 차는 끊고 山僮은 잠들고」(458쪽)

4) 선생 서세 이후 사실

1999년 4월 30일
· 장자 이원태 후원 문인 안진오 주관으로 문집 간행 작업 시작.

1999년 8월 15일
· 대한민국 정부에서 광복에 이바지한 공로로 국민훈장 수여.

2000년 1월 21일
· 한국사상체질학회에서 선생의 사상의학 연구에 공헌한 공로로 사상의학학술상 수여.

2000년 10월 11일

· 배위(配位) 창녕조씨(昌寧曺氏)를 선생의 유택(幽宅)으로 천장(遷葬)하고 석물(石物) 등을 설치.

2000년 11월 10일

· 도서출판 예문서원에서 『이을호전서』 전 9책을 간행. 같은 날 광주 무등파크 호텔에서 출판기념회 개최.

2001년 10월

· 영광 우산공원에 현암 이을호 선생 사적비를 세움. 오종일이 전면의 비문을 짓고 연보를 정리하여 후면에 기록. 추진위원장은 정종, 명예위원장은 영광군수 김봉열.

2003년 10월

· 영광문화원 주최로 '현암 선생 서거 5주기를 기념하는 추모 강연' 개최. 장소는 영광군청 회의실, 강사는 정종과 오종일. 정종의 강연주제는 '현암 이을호 선생과 나', 오종일의 강연주제는 '현암 이을호 선생의 학문과 사상.' 이 추모 강연의 자리에서 선생을 기념하기 위한 현암로의 제정과 기념공원을 조성하기로 함.

2004년 10월

· 2003년 10월의 결의에 따라서 '현암로 제정 추진위원회'를 결성하고, 호연당 약국 4거리에서 종합고등학교에 이르는 길을 '현암로'로 제정하여 줄 것을 건의하기로 함.

2004년 10월 20일

· 오종일은 『우리 고장을 빛낸 인물－현암 이을호 선생』(영광문화
원)을 발간하여 배포.

2006년 5월

· 행정자치부의 도로 명칭 제정 추진사업과 '현암로 제정추진위원
회'의 건의에 따라서 현암로가 제정.

2006년 10월

· 선생의 생가에 표석을 세우고 사적을 기록.

2007년 6월

· 현암길 표지판 부착.

2007년 6월 10일

· 광주 시내 4개 대학(광주대·전남대·조선대·호남대)에 재직 중
인 인문학 교수 200여 명의 발의로 '광주시 문화예술상'에 이을
호학술상을 제정하여 줄 것을 청원.

2007년 8월 15일

· 문인 오종일은 현암 이을호의 평전을 지어 『현암 이을호』(한국
문화연합회 전라남도지회)를 발행.

2010년 10월 23일

· 국립광주박물관(관장 이원복) 주최 현암 이을호 선생 탄신 100

주년 기념강연회 개최. 주제: '현암 이을호 선생의 생애와 학문'
강사 오종일이 기념강연.

2010년 11월 19일
· 현암 이을호 선생의 유저(遺著)를 11월 20일까지 전남대학교 이
을호 기념강의실에서 전시.

2010년 11월 20일
· 한국공자학회 주최로 '현암 이을호 선생 탄신 100주년 기념 학
술대회' 개최. 장소는 '이을호 기념강의실', 주관은 전남대학교
철학연구센터. 발표자와 발표주제는 오종일의 「현암 이을호의
삶과 그 학문」, 윤사순의 「현암 이을호의 다산연구」, 최영성의
「한국철학 연구사에서 본 이을호의 업적과 그 학문적 가치」.

5) 유족

선생의 유족으로는 장남 이원태(李元泰), 차남 이성윤(李性胤), 장녀
이아영(李雅英), 차녀 이정선(李貞善), 삼녀 이현영(李賢英), 사녀 이정
미(李貞美), 오녀 이여란(李如蘭) 등 2남 5녀가 있다.

(1) 장남 이원태 가계
　　　장부: 김정화(金貞華)
　　　장손자: 이정헌(李政憲), 장손부: 황수진(黃秀眞)
　　　증손녀: 이기은(李基漵) · 이기영(李基榮)

손　자: 이정준(李政俊), 손부: 황진경(黃進景)

증손자: 이기문(李基聞)

손　자: 이정석(李政錫), 손부: 김아란(金雅蘭)

증손자: 이기범(李基氾)

(2) 차남 이성윤 가계

　　차부: 류미진(柳美眞)

　　손　자: 이정필(李政弼)

　　손　녀: 이혜연(李惠娟)

(3) 장녀 이아영 가계

　　사위: 차영식(車永植)

(4) 차녀 이정선 가계

　　사위: 전창훈(全昌勳)

　　외　손: 전재호(全宰鎬)

　　외손녀: 전승희(全丞姬) · 전희진(全希鎭)

(5) 삼녀 이현영 가계

　　사위: 차용석(車龍錫)

　　외　손: 차영모(車泳模) · 차영주(車泳周)

　　외손녀: 차유미(車有美) · 차유선(車有善)

(6) 사녀 이정미 가계

    사위: 한윤호(韓允昊)

    외　손: 한승기(韓昇圻)·한충기(韓忠圻)

    외손녀: 한수경(韓秀庚)

(7) 오녀 이여란 가계

    사위: 홍윤표(洪允杓)

    외손녀: 홍현승(洪賢丞)

2010년 10월 31일

찬자(撰者): 이형성(李炯性)

본 연보는 『(李乙浩博士 停年紀念) 實學論叢』에 수록된 약력 및 기타 사항을 참고하고, 다산연구원에서 편찬한 『李乙浩全書』에 수록된 글, 그리고 전서에 수록되지 않은 글을 일일이 검색하여 재구성한 것이다. 연보체제는 최대한 연월일까지 밝히는 것을 원칙으로 하였지만 밝힐 수 없는 것은 ㅁ으로 표시하였고, ○표는 서문 또는 발문에서 '年'과 '月'을 썼으나 '日'을 쓰지 않았을 때 표기한 것이다. 자료 검색은 국립중앙도서관·국회도서관 이하 20여 개의 대학교 도서관을 이용하였다. 유족 사항은 장남 이원태 님의 도움을 받았다.

3. 조사(弔辭)

　　오늘, 존경하는 선생님을 영결하는 이 자리에, 평소 선생님의 높으신 학덕을 흠모하고 인자하신 정을 잊지 못하는 많은 제자들과 후학들은, 이제 다시 뵈올 수 없는 먼 길을 떠나시는 선생님의 영전에 엎드려 복받치는 슬픔을 주체하지 못하고 있습니다. 그뿐 아니라 지금까지 온갖 선(善)을 가꾸고 모든 악(惡)을 미워하는 선생님의 가르침에 따라 올바른 생각으로 우리 사회를 이끌고자 하였던 많은 지도자는 물론 학계, 문화계, 예술계 그리고 새 생명운동에 동참하였던 후배들은 지금 태산북두가 무너지는 것을 겪는 심정으로 망연자실한 마음을 어찌할 줄 모르겠습니다.

　　돌이켜 보면 선생님께서는 일제의 강점이 시작된 1910년 경술년에 이 땅에 태어나셨습니다. 칠흑 같은 암흑기에도 서울유학을 마치고 고향에 돌아오신 후에는 민족독립운동에 가담하시기도 하였으며, 해방 후에는 교육계에 투신하셔서 전남대학교에서 일생을 보내다시피 하셨습니다. 정년 후에는 국립 광주박물관장, 다산학연구원장 등

문화활동에 전념하시면서 우리의 참다운 정신을 올바로 세우기 위한 노력을 게을리하지 않으셨고, 만년에는 새로운 생명운동을 이끄시며 우리의 산하를 아름답게 가꾸는 일에 힘쓰셨습니다.

이러한 선생님의 일생은 크게 세 단계의 상향곡선으로 점철되신 것을 알 수 있습니다. 그 처음이 1910년 이 땅에 태어나 36세로 해방을 맞이하실 때까지 청년기의 방황과 고뇌의 시절이었고, 두 번째가 해방 후 교육계에 투신하시면서부터 1976년 봄 65세의 나이로 정년퇴임을 하실 때까지 많은 학문적 업적을 남기시고, 한국학의 새로운 이정표를 제시한 시기였으며, 세 번째가 정년 이후 문화활동과 생명운동에 앞장서시면서 우주와 인생의 문제에 대한 새로운 철학을 정립하신 만년이었습니다.

선생님의 학문은 학생 시절에 동양 한의학에 관심을 갖고 동무(東武) 이제마(李濟馬)의 사상의학(四象醫學)에 심취하시어 『동의수세보원(東醫壽世保元)』 등을 학습하면서 의학과 철학의 결합에 관심을 갖게 된 것이 그 출발이었습니다. 또한 독립운동에 가담하여 영어(囹圄)의 몸이 된 선생님께서는 옥중에서 사서삼경(四書三經)과 철학서적을 섭렵하시면서 철학과 인생의 문제를 새롭게 인식하고 학문적 개안을 맞이하는 계기를 마련하였습니다. 그리고 이러한 학문적 기반과 관심은 마침내 조선조 실학의 최고봉인 다산(茶山) 정약용(丁若鏞)의 학문과 사상의 연구로 진입할 수 있었습니다. 그리하여 선생님께서는 1967년 다산경학사상연구(茶山經學思想研究)로 서울대학교에서 박사학위를 취득하신 이후 놀라운 학문적 성장과 발전을 이루게 되었습니다. 이 기간에 선생님께서는 한국실학의 연구, 개신유학사의 정리, 단군사상의 탐구 등 이루 다 헤아릴 수 없는 빛나는 업적을 쌓으셨습니다. 또한 선생님의 학문적 열정은 다산학 연구원을 개설하여 후학들을 지도하고 채찍질하셨으며, 최근에는 새로운 우주관과 인생관을 정립하고 새 생명운동에 마지막 정성을 바치시면서 저술활동에 여념이 없으셨습니다. 이때의 뜻밖의 저술이 바로 『사람과 자연은 하나이다』입니다.

이와 같이 선생님께서는 실로 해방 이후 지금까지 한국의 학계에서 가장 많은 논문과 저서를 남기신 한 분이십니다. 이는 어느 누구도 그 추종을 불허하는 업적으로서, 어떤 이름으로서도 선생님을 대신할 수 없는 영원불멸할 금자탑이 아닐 수 없습니다. 이에 한국의 학계나 문화, 예술계에서도 선생님의 학덕을 기리기 위하여 많은 상을 드렸지만 선생님께서는 모두 남에게 알리기를 사양하셨고, 다만 열암학술상이나 자랑스러운 중앙인상을 말씀하신 정도였습니다.

이제 선생님의 학문과 그 삶을 돌아보면, 선생님의 학문은 이제마(李濟馬)의 연구에서 시작하여 다산학(茶山學)의 정립으로 전개되었고, 만년의 학문적 달관의 경지에서는 새로운 우주관을 정립하여 이를 새 생명운동으로 승화시켰다고 할 수 있습니다. 그리고 선생님의 삶은 깊으신 뜻과 앞날을 예견하는 높은 학문적 열정을 가지시고 일제의 암흑기로부터 현대사회에 이르는 동안 전통적인 한국학을 현대의 실학으로 새롭게 정립하신 것이었습니다. 이는 실로 높으신 학문적 경지를 이룩한 지선한 삶의 모습을 보여 주신 것이라고 하겠습니다.

선생님! 이제 이곳을 떠나셔야 할 시간이 다가오고 있습니다. 지금 나라는 어렵고 이 땅의 많은 지성인들은 선생님의 가르침을 목말라하고 있습니다. 특히 온 나라가 경제위기를 맞이하여 해야 할 일들이 산적한데 우리들을 버리시고 훌훌히 어디로 가시렵니까. 그러나 선생님! 다시 돌이켜 보면 우리 모두가 다시 태어난다고 해도 선생님의 학문과 인생과 그 인품을 만의 하나라도 따를 수 없음을 생각할 때 다른 한편으로는 선생님의 만족하신 삶의 영전에 환희의 송가를 바치고 싶은 심정입니다. 그러나 남아 있는 우리들은 이 슬픔을 어디에 하소연할 수 있겠습니까.

이제 이 땅에는 봄이 오고 있습니다. 푸른 새싹이 움트고 약동하는 새 기운이 다시 살아나고 있습니다. 선생님! 못다 하신 일들을 저희들에게 남기시고, 선생님의 위대하신 영혼은 이 민족과 국토와 산하를 영원히 굽어살펴 주실 것으로 믿사옵니다. 부디 걸림 없는 무애의 경지에서 편히 쉬옵소서.

1998. 3. 15.

제자 대표 안진오(安晋吾) 근곡재배(謹哭再拜)

4. 현암 이을호 선생 사적비문

앞면

현암 이을호 선생 사적비

선생은 1910년 영광읍 백학리에서 출생하였다. 27세 때 민족운동 단체인 영광체육단과 갑술구락부를 주도하여 독립운동을 일으켰으며 광복과 함께 영광 민립 중학교를 설립하고 초대 교장에 취임하여 후학을 양성하였다. 1955년 전남대학교 문리과대학에 교수로 부임하고 호남 문화와 한국사상 연구에 심혈을 기울여 민족 얼을 새롭게 일깨웠다. 1967년 다산 경학사상 연구로 박사학위를 취득한 후 백여 편의 논문과 많은 글들을 통하여 한 민족의 고유한 정신과 한국 유학의 독자성을 밝혀 국학연구의 기초를 마련하였다. 1998년 89세를 일기로 저서 24권 9책을 남기고 서거하셨으니 그 학문적 업적과 우리 고장에 끼친 공로는 일월처럼 영원할 것이다. 이에 우리는 그 빛

남과 자랑스러움을 추앙하여 나라사랑의 높은 뜻을 영원히 기리기 위하여 선생이 거닐던 옛 동산에 이 비를 세운다.

뒷면

현암 이을호 선생 연보

1910년 음력 10월 15일 영광읍 백화리에서 태어나 영광보통학교 영광중학원 서울중앙고등보통학교 경성의학전문학교를 졸업함.

1933년 영광읍에 호연당약국을 개업하고 지역주민들에게 민족의식을 고취하는 한편 중앙의 신문과 학술지에 동무 이제마의 사상의학설을 처음으로 연재하고 동서의학의 종합을 주장하는 논문을 발표하여 학계의 주목을 받음.

1937년 영광체육단과 그 산하 갑술구락부 조직을 주도하여 민족의 각성을 깨우치는 독립운동에 헌신하다가 9월 13일 일경에 체포되고 목표형무소에 투옥됨. 수형생활 중 경학과 다산학에 심취함.

1945년 광복과 함께 교육을 통하여 새로운 나라를 세우고자 사재를 출연하여 영광민립중학교를 설립하고 초대 교장으로서 후학을 양성함.

1948년 광주의과대학병원 약국장에 취임하고 약제학을 강의하면서 동양의 철학과 한국의 문화를 연구함.

1952년 일본에 처음으로 주자학을 전수한 우리 고장의 유학자 강항 선생의 간양록을 발굴 번역하여 그 가치를 인정받도록 하는 등 언제나 예향의 일념으로 영광의 역사와 정신을 개발하여 향토문화

발전에 크게 이바지함.

1955년 전남대학교 문리과대학 교수로 부임한 후 다산학 연구에 전념하면서 출판부장 호남문화연구소장 박물관장 학장 등을 역임함.

1959년 다산에 관한 논문을 발표하여 학계의 이목을 끌었으며 그 업적으로 연세대학교에서 연구비를 지원받아 다산경학을 전공함.

1967년 서울대학교에서 박사학위를 취득하고 다산학 연구의 선도자가 되었으며 1976년 정년을 맞이할 때까지 실학을 통하여 조선조 유학을 탐구함으로써 한국의 사상은 중국과 다른 독자성이 있음을 밝혀냄.

1978년 국립광주박물관장 초대관장으로 취임한 후 지역문화 발전의 초석을 마련하기 위하여 박물관대학을 개설하는 등 한국의 역사와 사상을 올바로 인식하게 함. 한편 실학사상 연구논문집 다산학보를 창간함.

1983년 다산학연구원을 창설하고 원장으로서 다신계 문화교실을 열어 실학정신의 대중화에 진력함.

1987년 광록회장에 취임하고 자연을 살리기 위한 푸른생명 가꾸기 운동을 펼쳐 환경의 소중함을 일깨움.

1998년 3월 13일 89세를 일기로 영면할 때까지 일생을 하루같이 학문과 저술을 통하여 국학연구의 새로운 방향을 제시하고 우리 문화의 앞날을 밝히는 커다란 횃불이 됨. 유족으로는 장남 원태와 성윤 정선 현미 정미 여란 등 2남 4녀를 두었고 묘소는 불갑면 봉동에 있음.

1999년 8월 15일 광복에 이바지한 공로로 정부로부터 국민훈장을 추서받았으며 생전에 여러 차례 학술상과 자랑스러운 인물상 등을 수상함.

　건립위원

　강종만 고재기 기세훈 김경옥 김범무 김충렬 김태랑 나두종 노영필 류근성 문형만 박내영 박석무 박윤종 박택렬 배옥영 백은기 백형주 서 단 성진기 송석구 송진요 안동교 안병주 안진오 오종일 윤동환 윤사순 윤찬성 이강재 이경인 이근철 이남영 이대로 이상식 이순정 이영권 이종근 이향준 이홍기 임영택 장복동 장준길 장진기 전태갑 정설영 정영길 정시채 정진백 정환담 조기정 조남식 조영기 조윤호 지건길 지춘상 최근덕 최대우 최웅 한희천

　황원구 고문 영광군수 김봉열 위원장 정종

　　　　　　　　현암 이을호 선생 사적비 건립위원회 세움

5. 현암 이을호 선생 묘비명

현암(玄庵) 선생이 세상을 떠난 2년 뒤인 2000년 5월 문인(門人) 오종일(吳鐘逸) 교수가 「행장」을 비롯한 글을 가지고 와서 내게 묘비명을 부탁했다. 이때 나는 후미진 시골에 내려와 있는 보잘것없는 몸이었다. 지위나 명예 어느 모로 보나 선생의 뛰어난 면모를 높이 펼치기에는 부족해서 사양했으나 허락을 받지 못했다. 이에 선생의 뜻과 행적을 서술하여 후세에 남긴다.

선생의 휘(諱)는 을호(乙浩), 호(號)는 현암(玄庵)이며 본관은 전주(全州)로서 고려 말 충절문하시중(忠節門下侍中) 완풍대군(完豊大君) 휘 원계(元桂)의 후예다. 완풍대군의 둘째 아드님은 휘 천후(天祐)인데, 탁월한 용맹함으로 어렸을 적부터 숙부인 성계(成桂)를 시종하면서 몸을 던져 보위하고 창과 화살을 피하지 않았다. 조선을 개국할 즈음에 태조(太祖)가 문을 닫고 거절했지만, 오직 공만이 방에 들어가 부축하고 나아와 왕위에 오르도록 권유했다. 개국공신(開國功臣)에 녹훈되었고 완산부원군(完山府院君)에 봉해졌으며 시호는 양도(襄度)

이니, 이분이 선생의 21대조다.

양도공의 아들 여양군(驪陽君) 휘 굉(宏)이 일찍 세상을 떠나자 정부인(貞夫人) 김씨(金氏)는 어린 네 아들을 데리고 담양(潭陽)으로 내려왔다. 여양군의 셋째는 월산군(月山君) 휘 경인(敬仁)이고 월산군의 아들은 통덕랑(通德郎)을 지낸 휘 효지(孝枝)다. 통덕랑의 셋째는 현감(縣監)을 지낸 휘 세문(世文)이고, 현감의 셋째인 휘 영석(永碩)은 덕을 감추고 벼슬을 살지 않고서 무장(茂長)으로 옮겨 터를 잡았는데, 이로부터 영광(靈光)에 세거(世居)하게 되었다. 고조는 휘 정흠(廷欽)이요, 증조는 휘 순삼(淳三)이며, 할아버지는 휘 흥린(興麟)으로 모두 문행(文行)이 있어 대대로 무장서원(茂長書院)의 내임(內任)을 지냈다.

아버지의 휘는 갑영(甲榮, 1884-1912)으로, 혼란스러운 시대를 만나 옛것을 버리고 새로움을 좇았으며, 인근의 김성수(金性洙), 송진우(宋鎭禹) 등과 함께 교우를 다지며 광우학교(光友學校)에서 가르치면서 영광 사회를 일깨우고 이끌었다. 어머니인 창녕(昌寧) 조씨(曺氏)는 사인(士人) 찬승(燦承)의 따님으로 영덕(令德)과 정절(貞節)을 갖추었다. 1910년 10월 15일 선생은 영광읍의 향리에서 태어났다.

선생은 나면서부터 남다른 자질을 갖춰 넓은 이마와 다부진 입, 빛나는 눈과 큰 귀에 정신이 총명해서 보는 이들이 기특하게 여기며, 장차 크게 될 것이라 기대했다. 불행하게도 세 살에 아버지를 여의는 바람에 선생은 오대독자가 되었고, 아버지 없는 외로운 신세로 모자가 서로에게 의지하는 것이 운명이 되었으나, 모부인이 자식을 훈도하는 마음이 간절해서 일찍부터 향숙에 들어가 사서를 외우고 읽었다.

여러 방면으로 비용을 마련해서 경사로 보내, 2년 기한의 중앙고보(中央高普)에 입학했다. 졸업하는 해 위독한 병에 걸려 거의 생명이 꺼져 갈 무렵 천운으로 명의로 이름난 해초(海初) 최승달(崔承達) 선생을 만났고, 아울러 문인이 되어 『동의수세보원(東醫壽世保元)』과 동무(東武) 이제마(李濟馬)의 사상의학(四象醫學)을 배웠다. 선생은 사상의학을 윤리의학(倫理醫學)으로 인식했기 때문에 사상의학을 깊이 탐구하려면 반드시 역(易)을 먼저 탐구해야 하고, 결국에는 동양철학에 근원을 두어야 한다고 생각했다. 이로 인해 경성의전(京城醫專)에 진학해서 널리 동서양의 약리(藥理)를 섭렵했다. 약제사(藥劑士)의 자격을 취득했고, 고향에 돌아와 호연당약방(浩然堂藥房)을 열었다. 이 당시에 한의학자(漢醫學者)인 장기무(張基茂) 씨는 조선일보(朝鮮日報)에 글을 실어 한의학을 부흥시키고, 학회를 조직해야 하며, 연구소를 설립하고 학회지를 발간할 필요성이 있다고 주장했다. 이에 대해 서양의학자인 정근양(鄭槿陽) 씨는 장 씨(張氏)의 주장을 반박하면서 서양의학은 과학으로서 한의학보다 뛰어나기 때문에 먼저 서양의학을 부흥시키는 것이 마땅하다고 주장했다. 결국 이로 인해 논쟁이 일어났는데 선생은 두 의론을 조정하면서 종합의학을 수립할 것을 전제로 한의학을 부흥시켜 서양의학의 부족한 점을 보충하자는 견해에 찬성을 표하면서 한의학의 존재 가치를 긍정했다. 선생이 글을 발표한 것은 14회에 불과했지만 많은 독자들의 공감과 인정을 받았고, 조헌영(曺憲泳)이 주간(主幹)하는 『동양의학』의 창간에 도움을 주었다. 이때 선생의 나이는 24세로서 주변의 선생과 유자들로부터 청출어람의 신예라는 칭찬을 받았다.

이보다 앞서 YMCA에서 정말체조(丁抹體操) 및 시국의 변화와 당세의 실무에 대해 들었고, 귀향해서 배운 것과 뜻한 것을 힘껏 실천

했다. 밖으로는 체육활동을 보급한다는 것을 명목으로 갑술구락부(甲戌俱樂部)라는 조기(早起) 모임을 조직해서 항일 독립 정신을 고취시키는 구실로 삼았다. 손기정(孫基禎)이 베를린 올림픽[柏林奧運]에서 금메달[金牌]을 따자 장거(壯擧)를 축하한다는 핑계로 군민들을 모아 달리기 대회를 개최하면서 은밀히 전단을 뿌리고, 군중들의 마음을 격발시켜 큰 소리로 독립을 부르짖고 만세를 외쳤다. 당시에 이를 체육단사건(體育團事件)이라 불렀는데, 만세 사건의 비밀 문건에 의하면 선생은 주모자로 체포되어 결국 1년 8개월의 옥살이를 하게 되었다. 옥에 갇힌 동안에 되풀이해서 경서를 읽었고, 일본 유학 중인 벗 정종(鄭瑽)이 보내 준 서양철학 서적을 널리 섭렵했다. 제법 철학적 소양과 방법론을 갖춘 뒤인 1935년 다산(茶山) 선생 서거(逝去) 100주년을 기념해서 『여유당전서(與猶堂全書)』 및 한학(韓學)의 원전 자료들이 간행되었고, 비로소 '조선학(朝鮮學)'이란 이름이 있게 되었다. 당시의 지식인들이 조선학 연구의 학풍을 조성했는데 선생 또한 이런 영향을 받아 한국 유학 사상을 정리하고, 스스로 한국철학의 길을 개척했다. 선생의 철학적 기초는 곧 옥중에서 괴로움을 참아 가며 독서하고 사색하는 와중에 이루어진 것이다.

이로부터 선생의 뜻과 사업은 약학과 현실로부터 철학과 교육으로 방향을 바꾸었다. 광복 후에는 지기(知己)인 정종 선생과 영광중학(靈光中學)을 세웠으니 결국 민족 혜명(慧命)의 존망(存亡)을 깨닫고서 앉아서 담론하는 것을 부끄럽게 여기고 분기해서, 교장(校長)을 맡고 나서 한편으로는 학문을 쌓고 다른 일면으로는 인재를 길렀던 것이다. 오래지 않아 좌익과 우익이 나뉘고 이어서 신탁통치 반대운동이 일어났다. 좌익과 우익 모두 선생을 데려다 자기편으로 끌어

들이려 했으므로 선생은 처신의 어려움 속에서 학교의 일을 그만두
도록 독촉을 당했기에 영광을 떠나 광주로 옮겨 광주의전(光州醫專)
의 약국장(藥局長)을 맡았다. 약학사(藥學史) 및 『동의수세보원』과 사
상의학을 강의하면서 동서 의약의 회통을 도모했고 동양철학을 깊
이 탐구했다. 한국전쟁이 발발하자 목포로 피난을 가서 문인(文人)
조희관(曹喜灌)을 만나 잠시 문학에 발을 들여놓았고, 강수은(姜睡隱)
의 『간양록(看羊錄)』을 출판했고, 『논어』, 『맹자』를 번역 풀이하면서
경전의 대의(大義)를 깊이 터득했다. 문화 정신을 창조 진전시키고
학술사상을 개척하고 밝혀서 학계가 점전 선생의 철학의 수준과 성
과를 알게 되었다. 1955년 전남대학교 철학과의 특별 초빙을 받아
동양철학 강의를 담당하게 되자 『대학공의(大學公議)』와 『중용자잠
(中庸自箴)』을 강의했다. 처음으로 「유불 상교의 면에서 본 정다산(以
儒佛相交立場看茶山學)」이란 논문을 저술했는데, 이 논문이 『백성욱
(白性郁) 박사 화갑 기념 논문집』에 실렸고, 연세대학교 총장 백낙준
(白樂濬) 박사가 가장 뛰어난 논문으로 선발해서 상금으로 연구비
500달러를 주었으며, 『다산경학사상연구(茶山經學思想硏究)』로 서울
대학교 철학박사 학위를 취득했다. 이 글은 을유문화사(乙酉文化社)
에서 간행한 『한국학총서(韓國學叢書)』 제19집에 선정 수록되었다.
이로부터 학계에서 모두 선생을 다산학(茶山學)의 전문가로 인정하게
되었다. 전남대 출판부장(出版部長), 도서관장(圖書館長), 박물관장(博
物館長), 호남문화연구소장(湖南文化硏究所長), 문리대학장(文理大學長)
등의 직책을 차례로 맡으면서 한국문화의 예술 활동에 참여했고, 호
남지방의 문헌과 자료를 수집해서 연구의 기반을 조성했다. 다산학
에 대한 연구도 그치지 않아서 한국사상과 문화를 널리 연구했고,

한국유학의 특성을 힘주어 설파했다. 1975년 정년퇴직하면서 『실학논총(實學論叢)』을 편집 간행했다.

선생은 정년퇴직 이후 1978년부터 11년 동안 국립 광주박물관장을 지내면서 호남전통문화를 천명 발휘하는 데 힘을 기울였다. 강진(康津)의 다산 유적을 복원했고, 『다산학보(茶山學報)』를 창간했으며, 다산학연구원(茶山學研究院)을 설립 지속하면서, 과거에 생각했고, 썼던 글을 아울러 사회활동에서 얻은 실제 경험에 투사해서 거듭 새롭게 하고, 고쳐 나갔으니, 선생의 학술적 탐구 노력과 입론의 엄밀함이 이와 같았던 것이다. 박물관장으로 있을 때는 동호회를 조직하고, 강좌를 개설했으며, 고적(古蹟)을 답사하고 고고학을 널리 대중화했다. 박물관을 떠난 후에도 건강이 여전히 좋아 다신계(茶信契)를 조직하고, 사회 정화 운동을 추진했다. 1993년 대우재단(大宇財團)의 도움으로 『다산의 역학』을 저술하는 데 힘썼고, 이 책으로 열암학술상(洌巖學術賞)을 수상했는데, 당시 나이가 85세였다. 수상 소감에서 "지금에 이르러서야 비로소 내 학문의 방향이 시작되었음을 알겠다"고 해서 듣는 이들을 놀라게 했다. 선생은 나이가 많을수록 덕이 높았고 세상을 구하려는 마음도 더욱 도타웠다. 자연에 감사하면서 인생을 가엾게 여겼고, 몸소 자연을 사랑하고 아끼는 운동과 상록(常綠) 생명 운동에 참여해서 광록회(光綠會)에서는 선생을 높여서 명예회장으로 추대했다. 이것은 선생이 만년(晩年)에 우주를 관찰하고 느끼고 인생을 몸소 체험하고서 심오한 사색과 그윽한 명상을 통해 회광반조(回光返照)하신 경지에서 '자연과 인생이 둘이 아니다'는 시적인 마음을 토로하신 것이었다. 임종을 맞이하기 며칠 전에도 펜을 놓지 않았고, 애써 일어나 「한국실학자생론(韓國實學自生論)」을 저술하셨으니 '한 숨이라도 남아 있다면 조금도 게으르지 않는' 생명의 힘이라 할 것이다. 선생은 완인(完人)이었던 것인가!

선생의 부인은 창녕(昌寧) 조씨(曹氏)이고, 2남 4녀를 낳아 길렀다. 큰아들 원태(元泰)의 부인은 김정화(金貞華), 둘째 아들 성윤(性胤)의 부인은 유미진(柳美眞)이요, 큰딸 진선(眞善)의 남편은 전창훈(全昌勳), 둘째 딸 현영(賢英)의 남편은 차용석(車龍錫), 셋째 딸 정미(貞美)의 남편은 한윤호(韓允昊), 넷째 딸 여란(如蘭)의 남편은 홍윤표(洪允杓)이다. 맏손자 정헌(政憲)의 부인은 황수진(黃秀眞)이고, 그 밖의 손자로는 정준(政俊), 정석(政錫), 정필(政弼)이 있고, 증손자는 기은(基溵)이다. 부인 조씨는 1982년 11월 13일 먼저 세상을 떠났다. 선생은 1988년 3월 13일 광주의 자택에서 향년 89세로 세상을 떠나, 영광군(靈光郡) 불갑면(佛甲面) 봉동(鳳洞) 뒷산 유좌(酉坐)의 언덕에 장례를 지냈다.

이에 아래와 같이 명문을 짓는다.

영물의 들고 남에 정해진 운명 있어
오대독자로 세 살에 아버지 여의었네.
하늘이 큰일 맡기실 제 먼저 심지 괴롭히니
위중한 병 딛고 일어나 옥에서도 형설의 공 닦았어라
동서 의학 논쟁할 때 중도로서 보화했고
약을 짓고 재물 모아 학교 세워 인재 키웠네.
유불 서로 사귀었다고 다산을 제기했고
많은 글은 책을 이뤄 사림에 우뚝했네.
글과 생각 분발했고 찬술 계속 이어져

수사 근원 거슬러서 실학으로 돌이켰네.
감춰진 것 드러내서 혜명 밝게 되살리고
근본을 확립해서 한국철학 널리 밝히었지
세상 구하겠단 의지 늙을수록 도타웠고
마음은 신명에 머물고 인정은 산하를 채웠네
마음은 깨끗이 비우고 서책 중에 삶을 마쳤으니
장수는 천명이요, 남긴 덕은 영원하리.

2000년 경진 입추일에 중천 김충렬은 짓고 쓰다.

玄庵 李乙浩先生 墓碑銘(并書)

新千年五月, 玄庵先生歸山之後二年, 門人吳鐘逸教授, 持其狀文, 屬余珉銘. 時余落僻荒, 身且寒微, 位望俱不敷揚先生盛懿. 懼辭不獲, 歷敍志事, 以永後世. 謹按先生諱乙浩, 號玄庵, 貫全州, 麗季忠節門下侍中完豊大君諱元桂之后. 完豊大君次男諱天祐, 神勇卓越, 自少侍從叔父成桂, 挺身捍衛, 不避鋒鏑, 開國爾時, 太祖閉門不納, 唯公入室扶掖而出, 勸進登極. 錄開國功臣, 封完山府院君, 諡襄度, 寔先生21代祖也. 襄度公男驪陽君諱宏早殁, 貞夫人金氏, 負携四幼, 南下潭陽. 驪陽君三男月山君諱敬仁, 月山君男諱孝枝通德郞, 通德郞三男諱世文縣監, 縣監三男諱永碩隱德不仕, 徙基茂長. 從此世居靈光. 高祖諱廷欽, 曾祖諱淳三, 祖諱興麟, 皆有文行, 繼歷茂長書院內任, 考諱甲榮(1884-1912), 際會板蕩, 革舊從新, 與隣邑金性洙, 宋鎭禹諸賢交善, 執教光友學校, 開導靈光社會. 妣昌寧曺氏士人燦承之女, 有令德貞節, 1910年10月15日生先生於靈光邑里.

先生生有異質, 顙寬口直, 目炯耳大, 神識穎悟, 人見奇之, 期以遠大. 不幸三歲失怙, 因先生爲五代獨子, 孤零無親, 母子相依爲命. 母夫人敎子心切, 早入鄕塾, 誦讀四書. 百般備資, 送至京師, 考入中央高普二年. 卒業之年, 患絶症, 正在頹挫之際, 天遇名醫海初崔承達先生而獲治, 並收爲門徒, 受學「東醫壽世保元」及東武李濟馬之四象醫學. 先生認爲四象醫學爲倫理醫學, 故要深究四象醫學, 則必先治易, 窮究源於東洋哲學. 因而進學京城藥專, 廣涉東西藥理, 考取藥劑士. 還鄕開業浩然堂藥房. 正在此時, 漢醫學者張基茂氏, 於朝鮮日報登文, 主張復興漢醫學, 組織學會, 設立硏究所, 發刊學誌之必要. 對此西洋醫學者鄭槿陽氏反駁張氏主張而說; 西洋醫爲科學, 優於漢醫, 故應先復興西洋醫學. 遂引起爭論, 先生爲調解兩論, 以樹立綜合醫學爲前提, 贊同復興漢醫學,

以補洋醫學之不足, 肯定漢醫學之存在價值. 先生發文互14次, 大受讀者讚許, 協贊曺憲泳主幹東洋醫學創刊 時先生年24, 師儒皆曰可畏之青氷.

先在YMCA講受丁抹體操及世情之變當務之實. 下鄉力行所學所志, 外以普及體育爲名, 組織早起會, 甲戌俱樂部, 藉以掀吹抗日獨立. 正值孫基楨從柏林奧運摘來金牌, 借祝壯擧, 募開郡民競走大會, 暗撥傳單, 擊發群心, 大叫獨立, 高呼万歲. 時稱體育團事件, 万歲事件之秘案, 先生以主謀被逮, 竟坐一年四個月之獄刑. 囹圄期間, 重讀經書, 廣涉留日學友鄭瑢寄來之西哲書籍. 稍具哲學素養及方法之後, 1935年, 茶山先生逝去百周年, 爲記念刊行『與猶堂全書』及韓學資料. 始有'朝鮮學'之名. 時彦研究成風, 先生亦受影響, 整理韓國儒學思想, 自開韓國哲學之路. 蓋先生之哲學基礎, 卽在獄中苦讀思成者也.

從此先生之志事, 從葯學與現實, 轉向哲學與敎育. 而光復後, 與知己鄭縱先生創辦靈光中學, 竟悟民族慧命之存亡, 恥坐言而奮起, 自任校長, 一面積學一面育英. 未久左右分裂, 仍起信反託運動. 左右各拉先生爲黨與, 先生維難, 逼辭校務, 避往光州醫專任葯局長. 講授葯學史及東醫壽世保元與四象醫學, 圖謀東西醫葯之滙通. 而深究東洋哲學. 韓戰敎(勃)發, 避難木浦, 會遇文人曺喜灌暫涉文學, 出版姜睡隱『看羊錄』, 釋解論孟, 深得經典大義. 係於創進文化精神, 開明學術思想, 學界漸知先生之哲學造詣與成果. 1955年全南大哲學科特聘, 主講東洋哲學. 講大學公議與中庸自箴. 始撰「以儒佛相交立場看茶山學」論文, 載白性郁博士華甲論集, 延大總長白樂濬博士選爲最佳論文, 賞給研究費五百美元. 以「茶山經學思想研究」論文獲得서울大學哲學博士學位. 其文選入乙酉文化社所刊『韓國學叢書』第19集. 從此學界共許先生爲茶山學專家. 歷任全南大出版部長, 圖書館長, 博物館長, 湖南文化研究所長, 文理大學長等職. 參與韓國文化藝術活動, 蒐輯湖南地方文獻資料, 而造成研究基盤, 從此不止茶山學, 廣研韓國思想與文化, 力說韓國儒學之特性. 1975年年滿退休, 編刊『實學論叢』.

退休後, 1978年特任國立光州博物館長, 達11年之久, 其間先生費盡發揚湖南傳統文化. 復元康津茶山遺蹟, 創刊茶山學報, 而主持茶山學研究院, 並把以往所思所文, 透過社會活動所得之實際經驗, 重新審訂, 先生學究之勤立論之嚴蓋如此. 主館時組織同好會, 開設講座, 踏查古蹟, 以廣考古學之大衆化. 離館後健康尚佳, 組織茶信契, 推行社會淨化運動. 1993年大宇財團之助, 力著『茶山易學』, 以此受冽嚴學術賞, 時年85, 受賞辭曰 ; "到今才知我學之方始"使人驚愕. 先生年高德邵, 淑世之念愈篤. 感恩自然, 悲憫人生, 而身參敬愛自然運動, 常綠生命運動, 光綠會尊崇先生, 推以爲名譽會長. 是先生晚年, 觀感宇宙體察人生, 玄思冥想回光返照之化境, 吐出'自然與人生不二'之心韻. 臨終前數日, 猶不釋筆, 强起而著「韓國實學自生論」, 可謂'一息尚存, 不容少懈'之生命毅力. 先生其完人也歟.

先生娶夫人昌寧曺氏, 生育二男四女, 長男元泰婦金貞華, 次男性胤婦柳美眞, 一女眞善婿全昌勳, 二女賢英婿車龍錫, 三女貞美婿韓允昊, 四女如蘭婿洪允构. 長孫政憲孫婦黃秀眞. 孫政俊, 政錫, 政弼. 曾孫基澂. 夫人曺氏於1982年11月13日先逝. 先生則1988年3月13日卒于光州私邸, 享年89, 歸葬于靈光郡佛甲面鳳洞後岡酉坐之原.

爰爲之銘曰 ; 靈物隱顯, 命各有數. 五代獨子, 三歲失怙. 天降大任, 先苦心志. 絶症回生, 堅獄螢窓. 東西醫爭, 中道保和. 劑藥殖財, 建學育英. 儒佛相交, 提企茶山. 雄文壓卷, 聳動士林. 發憤文思, 絡續撰述. 溯究洙泗, 終歸實學. 抉隱發微, 昭蘇慧命. 植根立本, 弘益韓哲. 淑世職志, 老而彌篤. 心宅神明, 情浹山河. 大心虛懷, 終老書城. 壽考天命, 遺德長存.

新千年庚辰立秋日　中天 金忠烈 撰並書表

기록사진

『이을호전서』(24권 9책, 예문서원 간, 2000년)

어린 시절 선생의 모습: 앞줄 왼쪽 두 번째가
민족시인 조운, 그 다음 선생이다.

선생이 경성약학 전문학교 시절에 처음 조직한 사상한의학 독서회 오늘의 학생들보다 더 열심히 하였음을 알 수 있다. 중앙이 이제마와 함께 사상의학을 연구한 최승달 선생이다. 선생은 최승달선생의 왼편에 있다.

선생이 개업한 호연당 약국

남승룡 선수를 초청하여 군민 체육대회를 열고 민족의식을 고취하는 운동을 일으킬 때의
체육단 간부들. 원내의 얼굴은 총무인 조운씨 중앙이 남승룡선수, 선생은 맨 왼쪽에 있다.

감옥에서 출소한 직후의 모습으로 서 있는
분이 선생이다. 두 사람의 짧게 깎여진
머리가 이채로우며, 같이 있는 분은 함께
옥고를 치른 정욱씨이다.

선생의 『한글논어』

『한국개신유학사시론』   우리의 민족정신은 한사상에 있음을 밝힌
                                        『한 사상의 묘맥』

선생은 십여년 동안 광주박물관장직에
있으면서 향토문화의 발전과 우리들의
의식개혁에 힘썼다.

현암 이을호 선생, 1910~1998   자택의 서재에서(1991)

새생명을 위한 어린이 환경 교육(1991)

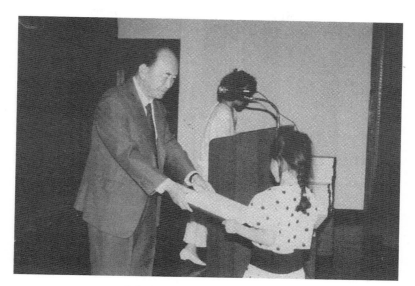

새생명을 위한 어린이 미술제에서(1989)

『사람과 자연은 하나다』 출판기념회에서(1991)

망중한의 모습(1990년 초)

"영광군 백학리 현암길 조성 3면 기념비(2013)"

"영광군 백학리 현암길 조성 3면 기념비(2013)"

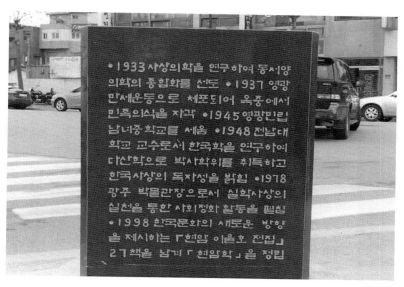

"영광군 백학리 현암길 조성 3면 기념비(2013)"

『수은 간양록』(1952, 43세)

『한글 맹자』(1958, 44세)

『다산경학사상연구』(1966, 57세)

『다산의 역학』(1993, 84세)

四象醫學 原理를 解得

開業이후 오래 長夢 속에 품어두었던
壽世保元을 우연한 기회를 만나 1970年度
에 四象을 넘겼더니 一句 막힘없이 걸이
연했다. 이 웬 일일까. 그것은 지금까지 해온
改新醫學 공부가 결코 헛되지 않고 걸작이가
되어주었음을 다시 말할 나위도 없다.

이 또한 天命 神授의 醫篇
構圖의 一環 이라 아니할 수 없다.

그동안 熱中했던 茶山學 改新醫學
兩者妙合 슴三歸 등이 하나가 되어 四
象醫學속에게 용해 되어 비리로서 나의
長夜夢을 풀어 나간 만 셈이다

친필유고 『米壽後論』의 일부

발문

이 책을 발행하게 된 것은 <이을호 전서> 초간본이 품절되어 찾는 독자들이 많았고, 전서의 증보와 보완이 있었으면 좋겠다는 여망에 따른 것입니다. 전서가 발행된 이후에도 특히 번역본에 대한 일반 독자의 수요가 많아서 『간양록』을 출간하였으며, 『한글 사서』(한글 중용·대학, 한글 맹자, 한글 논어)는 비영리 출판사 '올재 클래식스'가 고전 읽기 운동의 교재로 보급하였고, 인터넷에서도 공개하고 있습니다. 『한글 논어』는 교수신문에서 '최고의 고전번역'으로 선정되기도 하였습니다.

그간 선친의 학문에 대한 관심의 고조와 함께 생전의 행적을 기리는 몇 가지 사업들이 있었습니다. 서세(逝世) 이듬해에 '건국포장'이 추서되었습니다. 선친께서는 생전에 자신의 항일활동을 굳이 내세우려 하지 않으셨기 때문에, 일제강점기에 임시정부를 지원하고 영광만세운동과 관련하여 옥고를 치렀던 일들을 사후에 추증한 것입니다.

향리 영광군에서도 현창사업이 있었습니다. 생애와 업적을 기리는 사적비(事績碑)가 영광읍 우산공원에 세워졌습니다. 그러나 금석(金石)의 기록 또한 바라지 않으신 것을 알기에 영광군에서 주관한 사적비의 건립 역시 조심스러웠습니다.

서세 5주년 때는 '선각자 현암 이을호 선생의 내면세계'를 주제로 한 학술심포지엄이 영광문화원 주최로 영광군에서 열렸습니다. 그의 학문이 "한국의 사상과 역사를 새롭게 연구하고, 우리 문화의 미래적 방향을 제시한 것"이었음이 알려지자, '한국문화원연합회 전남지회'에서는 『현암 이을호』라는 책을 간행하여 여러 곳에 보급하기도 하였습니다. 이후 영광군에서는 전국 도로명주소 전환 사업 시 고택(故宅) 앞 길을 '현암길'로 명명하였습니다.

학계에서는 전남대학교가 '이을호 기념 강의실'을 옛 문리대 건물에 개설하여 그곳에 저서를 전시하고, 동양학을 주제로 하는 강의와 학술모임을 하고 있습니다. 선친의 학문 활동은 일제시대 중앙일간지와 『동양의학』 논문지 등에 기고한 논설들이 그 효시라 할 수 있지만, 그 이후 학문의 천착은 일생 동안 몸담으셨던 전남대학교에서 이루어졌음을 기린 것입니다. 지금은 생전에 많은 정성을 기울이셨던 '호남의 문화와 사상'에 대한 연구도 뿌리를 내리게 되어 '호남학'을 정립하려는 노력들이 활발하게 이루어지고 있습니다. 또한 한국공자학회에서 논문집 『현암 이을호 연구』를 간행하였고, 최근 출간한 윤사순 교수의 『한국유학사』에서 그 학문적 특징을 '한국문화의 새로운 방향을 제시한 업적'으로 평가하였습니다.

이제 하나의 소망이 있다면, 그 학문이 하나의 논리와 체계를 갖춘 '현암학'으로 발전하는 것입니다. 이 출간이 '책을 통하여 그 학문과 삶이 남기'를 소망하셨던 선친의 뜻에 다소나마 보답이 되었으

면 합니다. 덧붙여서 이 전집이 간행되기까지 원문의 번역과 교열에
힘써 준 편집위원 제위와 이 책을 출간하여준 한국학술정보(주)에도
사의를 드립니다.

2014년 첫봄

장자 원태 삼가 씀

편집 후기

　2000년에 간행된 <이을호 전서>는 선생의 학문과 사상을 체계적으로 이해하도록 편찬하였었다. 따라서 다산의 경학을 출발로, 그 외연으로서 다산학 그리고 실학과 한국 사상을 차례로 하고, 실학적 관점으로 서술된 한국 철학과 국역 『다산사서(茶山四書)』, 『다산학제요』 등을 실었던 것은, 다산학을 중심으로 형성된 한국적 사유의 특징을 이해하도록 한 것이었으며, 그 밖의 『사상의학』과 『생명론』은, 선생이 한때 몸담았던 의학에 관계된 저술이었다.

　지금은 초간본이 간행된 지 14년의 세월이 흘러, 젊은 세대들은 원전을 이해하지 못하는 사람들이 늘어나고, 그 논문의 서술방식 또한 많이 바뀌어 가고 있다.

　이러한 상황의 변화에 따라 새로운 전집의 간행이 이루어졌으면 하는 의견들이 많아 이번에 <현암 이을호 전서>를 복간하게 된 것이다.

　이 책의 편차는 대체적으로 선생의 학문적 흐름을 쉽게 이해할 수 있다는 점에서 이미 간행되었던 <이을호 전서>의 큰 틀은 그대로 유지하면서도 각 책을 따로 독립시켜 각자의 특색이 드러나도록 하였다. 특히 관심을 기울인 것은 원문의 번역과 문장의 교열을 통하여 그 내용을 쉽게 이해할 수 있도록 한 것이다.

그 과정에서 가장 중점을 둔 것은 원문의 국역이었다. 저자는 문장의 서술과정에서 그 논증의 근거를 모두 원문으로 인용하였다. 그러나 이번에 인용문은 모두 국역하고 원문은 각주로 처리하였다. 또한 그 글의 출처와 인명들도 모두 검색하여 부기함으로써 독자들의 이해를 돕도록 한 것이다.

또한 이전의 책은 그 주제에 따라 분책(分冊)하였기 때문에 같은 주제에 해당하는 내용은 모두 한 책으로 엮었으나 이번 새로 간행된 전집은 다채로운 사상들이 모두 그 특색을 나타내도록 분리한 것이다. 이는 사상적 이해뿐 아니라 독자들의 이용에 편의를 제공하고자하는 뜻도 있다.

또 한 가지는 서세 후에 발견된 여러 글들을 보완하고 추모의 글도 함께 실어서 그 학문세계뿐 아니라 선생에 대한 이해의 폭을 더욱 넓히는 데 참고가 되도록 하였다.

이제 이와 같이 번역·증보·교열된 <현암 이을호 전서>는 선생의 학문이 한국사상연구의 현대적 기반과 앞으로 새롭게 전개될 한국 문화의 미래적 방향을 제시하는 새로운 이정표로서 손색이 없기를 간절히 기대한다.

갑오년(甲午年) 맹춘(孟春)

증보·교열 <현암 이을호 전서> 복간위원회

안진오 오종일 최대우 백은기 류근성 장복동 이향준 조우진
김경훈 박해장 서영이 최영희 정상엽 노평규 이형성 배옥영

『현암 이을호 전서』 27책 개요

1. 『다산경학사상 연구』

처음으로 다산 정약용의 철학을 체계적으로 연구한 저서이다. 공자 사상의 연원을 밝히고 유학의 근본정신이 어디에서 발원하였는가 하는 것을 구명한 내용으로서, 유학의 본령에 접근할 수 있는 지침서이다(신국판 346쪽).

2. 『다산역학 연구 I』

3. 『다산역학 연구 II』

다산의 역학을 체계적으로 연구한 책으로서 다산이 밝힌 역학의 성립과 발전적 특징을 시대적으로 제시하고 다산이 인용한 모든 내용을 국역하였다(신국판 上, 下 632쪽).

4. 『다산의 생애와 사상』

다산 사상을 그 학문적 특징에 따라서 현대적 감각에 맞도록 정치, 경제, 사회, 문화 등 각 방면의 사상으로 재해석한 책이다(신국판 260쪽).

5. 『다산학 입문』

다산의 시대 배경과 저술의 특징을 밝히고, 다산의 『사서오경(四書五經)』에 대한 해석이 그 이전의 학문, 특히 정주학(程朱學)과 어떻게 다른가 하는 것을 주제별로 서술하여 일표이서(一表: 經世遺表 / 二書: 牧民心書, 欽欽新書)의 정신으로 결실되기까지의 과정을 서술한 책이다(신국판 259쪽).

6. 『다산학 각론』

다산학의 구조와 경학적 특징, 그리고 그 철학 사상이 현대정신과 어떤 연관성이 있는가에 대해 상세하게 논한 저서이다(신국판 691쪽).

7. 『다산학 강의』

다산학의 세계를 목민론, 경학론, 인간론, 정경학(政經學), 『목민심서』 등으로 분류하여 다채롭게 조명하여 설명한 책이다(신국판 274쪽).

8. 『다산학 제요』

『대학(大學)』, 『중용(中庸)』, 『논어(論語)』, 『맹자(孟子)』의 사서(四書)는 물론 『주역』, 『시경』, 『악경』 등 모든 경서에 대한 다산의 이해를 그 특징에 따라 주제별로 해석하고 그에 대한 특징을 서술한 방대한 책이다(신국판 660쪽).

9. 『목민심서』

다산의 『목민심서』를 현대정신에 맞도록 해석하고, 그 가르침을 현대인들이 어떻게 수용하여야 할 것인가 하는 것을 재구성한 책이다(신국판 340쪽).

10. 『한국실학사상 연구』

조선조 실학의 특징을, 실학의 개념, 실학사상에 나타난 경학(經學)에 대한 이해, 조선조 실학사상의 발전에 따른 그 인물과 사상 등의 차례로 서술한 것이다.(신국판 392쪽)

11. 『한사상 총론』

단군 사상에 나타난 '한' 사상을 연구한 것이다. 단군사상으로부터 '한' 사상의 내용과 발전과정을 서술하고, 근대 민족종교의 특성에 나타난 '한'의 정신까지, 민족 사상을 근원적으로 밝힌 책이다(신국판 546쪽).

12. 『한국철학사 총설』

중국의 사상이 아닌 한국의 정신적 특징을 중심으로, 한국철학의 형성과 발전과정을 서술한 것이다. 이 책은 한국의 정신, 특히 조선조 실학사상에 나타난 자주정신을 중심으로 서술한 것으로서 이는 중국의 의식이 아닌 우리의 철학 사상의 특징을 밝혔다(신국판 611쪽).

13. 『개신유학 각론』

조선조 실학자들의 사상적 특징, 즉 윤휴, 박세당, 정약용, 김정희

등의 사상을 서술하고 실학자들의 저서에 대한 해제 등을 모은 책이다(신국판 517쪽).

14. 『한글 중용·대학』

『중용』과 『대학』을 다산의 해석에 따라 국역한 것이며, 그 번역 또한 한글의 해석만으로서 깊은 내용까지 알 수 있도록 완역한 책이다(신국판 148쪽).

15. 『한글 논어』

다산이 주석한 『논어고금주』의 내용을 중심으로 『논어』를 한글화한 책이며 해방 후 가장 잘된 번역서로 선정된바 있다(신국판 264쪽).

16. 『한글 맹자』

『맹자』를 다산의 『맹자요의』에 나타난 주석으로서 한글화하여 번역한 책이다(신국판 357쪽).

17. 『논어고금주 연구』

『여유당전서』에 있는 『논어고금주』의 전체 내용을 모두 국역하고, 그 사상적 특징을 보충 설명한 것이다. 각 원문에 나오는 내용과 용어들을 한(漢)나라로부터 모든 옛 주석에 따라 소개하고 다산 자신의 견해를 모두 국역하여, 『논어』에 대한 사상적 본질을 쉽게 알 수 있도록 정리한 책이다(신국판 665쪽).

18. 『사상의학 원론』

동무(東武) 이제마(李濟馬, 1838~1900)가 쓴 『동의수세보원』의 원문과 번역, 그리고 그 사상에 대한 본의를 밝힌 것으로서 『동의수세보원』의 번역과 그 내용을 원론적으로 서술한 책이다(신국판 548쪽).

19. 『의학론』

저자가 경성약학전문학교를 졸업한 후 당시의 질병과 그 처방에 대한 자신의 견해를 밝힌 의학에 대한 서술이다(신국판 261쪽).

20. 『생명론』

저자가 만년에 우주에 대한 사색을 통하여 모든 생명의 근원이 하나의 유기체적 관계로서 형성되고 소멸된다는 사상을 밝힌 수상록이다(신국판 207쪽).

21. 『한국문화의 인식』

한국의 전통문화에 나타난 특징들을 각 주제에 따라서 선정하고 그것들이 지니는 의미를 서술하였으며 또한, 우리 문화를 서술한 문헌들에 대한 해제를 곁들인 책이다(신국판 435쪽).

22. 『한국전통문화와 호남』

호남에 나타난 여러 가지 특징들을 지리 풍속 의식과 저술들을 주제별로 논한 것이다(신국판 415쪽).

23. 『국역 간양록』

정유재란 때 왜군에게 포로로 잡혀갔다가 그들의 스승이 되어 일본의 근대 문화를 열게 한 강항(姜沆)의 저서『간양록』을 번역한 것이다(신국판 217쪽).

24. 『다산학 소론과 비평』

다산의 사상을 논한 내용으로서, 논문이 아닌 조그마한 주제들로서 서술한 내용과 그 밖의 평론들을 모은 책이다(신국판 341쪽).

25. 『현암 수상록』

저자가 일생 동안 여러 일간지 및 잡지에 발표한 수상문을 가려 모은 것이다(신국판 427쪽).

26. 『인간 이을호』

저자에 대한 인품과 그 학문을 다른 사람들이 소개하여 여러 책에 실린 글들을 모은 책이다(신국판 354쪽).

27. 『현암 이을호 연구』

현암 이을호 탄생 100주년을 기념하는 논문집으로서 그 학문과 사상을 종합적으로 연구하고 그 업적이 앞으로 한국사상을 연구하는 기반을 닦았다는 것을 밝힌 책이다(신국판 579쪽).

현암 이을호 전서 26
인간 이을호

초판인쇄 2015년 6월 19일
초판발행 2015년 6월 19일

지은이 다산학연구원
펴낸이 채종준
펴낸곳 한국학술정보㈜
주소 경기도 파주시 회동길 230(문발동)
전화 031) 908-3181(대표)
팩스 031) 908-3189
홈페이지 http://ebook.kstudy.com
전자우편 출판사업부 publish@kstudy.com
등록 제일산-115호(2000. 6. 19)

ISBN 978-89-268-6917-8 94150
        978-89-268-6865-2 94150(전27권)